Ye's Viewpoint on Customer Relationship Management

叶问之客户关系管理

理论与实务

Theory and Practice

叶开 刘钢◎著

成都时代出版社

图书在版编目(CIP)数据

客户关系管理之叶问．理论与实务／叶开，刘钢著
—— 成都：成都时代出版社，2011.7
ISBN 978-7-5464-0398-4

Ⅰ．①客… Ⅱ．①叶…②刘… Ⅲ．①企业管理：供销管理－研究 Ⅳ．①F274

中国版本图书馆 CIP 数据核字（2011）第 057073 号

客户关系管理之叶问——理论与实务
KEHU GUANXI GUANLI ZHI YEWEN LILUN YU SHIWU
叶开 刘钢 著

出品人 段后雷 罗晓
责任编辑 蒋雪梅
责任校对 马千双
装帧设计 光焰文化
责任印制 莫晓涛

出版发行 成都时代出版社
电 话 (028) 86742352（编辑部）
(028) 86615250（发行部）
网 址 www.chengdusd.com
印 刷 北京人教方成彩色印刷有限公司
规 格 170×240mm
印 张 24.5
字 数 380 千
版 次 2011 年 7 月第 1 版
印 次 2011 年 7 月第 1 次印刷
书 号 ISBN 978-7-5464-0398-4
定 价 45.00 元

序
Preface

我在长期的企业信息化实践中，看到了一个非常有趣的现象：很多人都在不断地追逐着一些时髦的新名词，比如MIS、GRC、SCM、ERP、CRM、EPM、MES、DSS、KDD等等，但是没有几个人能够真正准确地说清它们的确切意思，更不要说在实践中加以正确的应用了。于是，在中国的信息化实践历程中，“曲解”成了一种普遍现象。这种“曲解”在CRM的实践中显得尤为突出，极大地损害了CRM的实效性。我们有必要对在CRM的认识与实践中的一些误区加以重点指出。

CRM首先不是技术问题，而是管理问题。一说CRM，很多人的第一反应就是这是个软件系统。完整的理解，CRM应该是管理的方法论与软件及IT能力的综合。技术只是工具，运营管理方法才是本质。

CRM不仅是战术问题，更是战略问题。它不仅是企业整体战略的一个部分，更应当成为企业战略的核心。

CRM不是一个局部性问题，而是全局性问题。它的实施、它的成效与企业运营管理中的各个环节都密切相关。如果只把它当做一个或少数部门相关的问题加以对待，CRM的效果就会大打折扣，甚至无法真正实施。

理论上，客户是上帝，CRM是一个获取、保持和增加可获利客户的方法和过程，为企业更多地获利，CRM 的重要性自然是毋庸置疑的，但是企业在实际运营中常常表现为叶公好龙。

令人高兴的是，中国的 CRM 的春天终于要到来了。这是市场经济发展的必然结果。市场从生产主导转变为需求主导，从产品的时代转变为服务的时代，尤其是电子商务时代的到来，客户关系管理将成为企业间竞争的最核心的问题。未来的世界是客户的世界，是客户主导的世界，企业的制胜之道就根本而言就是“客户为王”。谁能够有效地掌握了客户、有效地掌握了客户关系，谁就掌握了未来。企业要适应竞争的要求，就必须从“以产品为中心”的运营理念与方式转变为“以客户为中心”的运营理念与方式。CRM 就是帮助企业实现这种转变的方法。

当然，CRM 的应用与发展，也得益于 IT 技术与互联网的革命性发展，它们为系统性、自动化、精细化的客户关系管理的实现提供了可能性，并使之在商务中的价值不断提升。

希望本书能够对于读者在更准确地理解客户关系管理和更有效地开展客户关系管理的实践方面有所帮助。

刘　钢

于复旦

目　录

第一章

基础知识

1　起源与发展

目标：在读完本节后，您应该能够——

了解 CRM 的起源和发展背景；

了解推动 CRM 不断发展的动力；

认识不同类型的 CRM；

认识 CRM 在企业管理中的作用。

导言

世界上唯一不变的就是变化，就如同 ERP 的曲折发展过程一样，CRM 也同样经历了一个发展演变过程。在电子商务大潮中崛起的客户关系管理，一直在演变着发展之路。下面我们就来共同了解 CRM 的发展和演变过程。

1.1 CRM 起源

1990 年前后，许多美国企业为了满足日益竞争的市场需要，开始以联系人管理软件（典型代表为 ACT）为基础，开发销售力量自动化系统 (SFA)，随后又着力发展客户服务系统 (CSS)。1996 年后一些公司开始把 SFA 和 CSS 两个系统合并起来，再加上营销策划 (Marketing)、现场服务 (Field service)，并以此为基础，再集成 CTI(计算机电话集成技术)形成了集销售 (Sales) 和服务 (Service) 于一体的呼叫中心 (Call Center)。这样就逐步形成了我们今天熟知的 CRM。

特别是 Gartner Group 正式提出的 CRM（Customer Relationship Management）概念，更加速了 CRM 的产生和发展。狭义来讲，CRM 客户关系管理的技术载体就是 Call Center,1998 年以后随着电子商务的兴起，CRM 向 eBRM/eCRM 方向发展。由此可见，在 CRM 概念提出之前，CRM 已经经历了一个比较长的发展过程。

CRM 发展大事记

1990 年前后	销售自动化系统（SFA）
	客户服务系统（CSS）
1996 年	CTI（计算机电话集成技术）
	营销销售策划（Marketing）
	现场服务（Field Service）
	呼叫中心（Call Center）
	CRM 雏形形成
2000 年	On-demandCRM 产生

1.2 CRM 产生的原因

在管理信息化的演变发展过程中，为什么会产生 CRM 呢？这仅仅是一个新概念的炒作还是企业内在的管理需求呢？在探讨这个问题的过程中，我们会发现 CRM 的产生与企业的管理是分不开的。我们来看一下企业管理思想的变化：

1） **企业管理的关注点的转变**

企业从过去的关注内部管理转向更多地关注企业与客户之间的互动关系管理，这也就是为什么企业以前采用ERP系统，而现在都开始选择CRM系统的原因之一。

现今社会是一个不断变化的世界，从企业管理角度讲经历了三个阶段：大规模生产时代、质量时代和电子商务时代。

在大规模生产时代，企业管理强调的是规模经济，将资金和生产力集中在一起产生规模效应；通过规模和各种方法手段来控制成本，以提高生产制造的成本优势；产品考虑实用性而缺少创新和花样等，在发展过程中往往是大的企业吞并小的企业。

而在质量时代，消费者开始注重质量，在企业管理方面有很多围绕质量的标准、管理思想等被提出来，强调产品和服务的一致性、可靠性、耐久性，在产品和服务发生问题时注重补救性服务，以满足客户的需要。

但是在电子商务时代，企业生产、销售和物流是全球性的，而客户获取资讯和购买范围也是全球性的，在一个庞大的买方市场，客户感兴趣的不仅仅是产品，而是企业能够提供的增值解决方案，而且要求最短时间内的零时间配送，提供客户化服务，也就是面向客户的个性化服务。在这个时代，出现的更多的是“快鱼吃慢鱼”的模式，对市场和客户需求反应慢的企业来讲，无论大小都有可能被快鱼吃掉。

2） **4 P向4C的转变**

企业的管理正在从“以产品为中心”向“以客户为中心”转移，以产品为中心强调的是“4P”：Product—产品；Price—价格；Place—地点；Promotion—促销。而以客户为中心强调的是“4C”：Consumer needs wants—消费者的需求与欲望；Cost—消费者愿意付出的成本；Convenience—购买商品的便利；Communication—沟通。

这两种模式，强调的主体是不同的，生存的环境也是不同的。前一种是以企业为主，按部就班地生产制造、推广销售，强调规范管理；后一种是以客户为主，充分适应市场和客户的变化，强调的是满足客户需求。

3) IT 技术的进步

在当今的信息时代，作为企业管理得以实现的手段和工具的 IT 技术包括硬件方面和软件方面都有了长足的进步。

在硬件方面：PC 机的普及，Internet 的迅速推广应用。

在软件方面：SFA，Call Center 等专用软件的发展；越来越成熟的数据仓库，数据挖掘技术；强大的系统应用集成技术等。

IT 技术的发展使客户关系管理这一理念可以以流程化形式固化下来，为 CRM 的实现提供了技术支撑，促成了客户关系管理系统的诞生。

1.3 CRM 的发展动力

在过去的几年中，CRM 管理思想和实现方式不断地发展和进步着，是什么在推动 CRM 的发展呢？这也就是本章要讨论的内容。总体来说，CRM 的发展动力来自以下四个方面。

1) 空前激烈的市场竞争

企业生存在一个宏观的环境当中，环境的变化对企业的经营和发展产生着深刻而巨大的影响。从 20 世纪 80 年代起企业开始面临前所未有的激烈竞争，而今天这种竞争愈演愈烈。主要表现在以下四个方面。

● 竞争的全球化。

大家也许听说过托马斯 · 弗里曼的《世界是平的》这本书，很畅销，书中的内容主要是描写经济全球化的势不可挡，经济全球化带来的不仅仅是机遇，同时也带来了竞争的全球化。随着中国加入 WTO，中国向全球化迈进了一大步。国内的企业将面临来自全世界的竞争，传统的竞争优势将不复存在。所有的企业将在同一起跑线上竞争，所有的资源将按照利益最大化的原则分配，最终的结果必将是优胜劣汰，要想不被淘汰就必须利用一切可以利用的手段不断增强企业的竞争力。

● 竞争力方向的转移。

多年前凭借先进产品和技术获得竞争优势的时代已经一去不返，产品和技术的差距正在逐步缩小，尤其是在中国，即使有的企业率先采用了新技术，生产了新产品，一夜之间，类似的产品和技术就会铺天盖地。有的时候，甚至是企业自己也难以说清自己的产品和竞争对手的产品到底有多大的差异。企业竞争力的重点已经转向产品之外的增值部分比如服务和客户支持。以此满足客户多层次的需求，最终提高客户的满意度和忠诚度。

- 内部潜力的挖掘已难以产生明显的竞争优势。

上个世纪，我国引入了很多先进的生产经营理念，诸如JIT、看板、全面质量管理等等，对于很多企业来说，内部的潜力已经挖掘殆尽，甚至没有潜力可挖。如同福特公司的汽车生产流水线的生产速度一样，很难超越。企业纷纷将目标转向外部资源，特别是国内企业经历了众多软件商的一次次ERP普及风暴后，内部管理已经达到了一定的水平。对外部资源的管理相对空白，使企业意识到，要想提高企业竞争力，就必须提高企业对外部资源的管理能力。

- 传统产业受到了前所未有的冲击。

很多新兴的IT企业有着强劲的发展势头，有的甚至已经超越了一些传统产业，像Dell等企业，虽然最近饱受产品质量问题的困扰，但毕竟它的成功模式，让我们看到了电子商务给企业带来的巨大影响。

2）客户需求的变化

纵观中国的经济发展，从改革开放到现在，人民的生活水平有了显著的提高。消费者的需求层次在发生变化，改革开放初期，由于受计划经济体制的影响，消费者需求停留在满足基本的需求上，现在人们的这种需求已经基本得到了满足。根据马斯洛的需求层次理论，人们便开始追求更高层次的需求，因此必将导致市场需求发生根本性的变化。传统的企业经营模式和对于客户的理解已不能适应市场的变化，难以满足客户的需求。

3） 企业内部管理的需求

管理是永恒的课题，同时也在不断地创新。现在很多企业引入了ERP系统，实现对生产、财务等的科学管理，然而ERP并不能有效地整合其他重要资源，尤其是在管理客户资源时显得更加力不从心，造成企业客户管理上的短板。下面我们来看企业中常见的现象：

- 信息孤岛现象。

很多企业与客户在完成交易的过程中需要多个部门协调和配合，而各个部门之间客户信息的传递和共享不畅。客户与企业的每次接触都感觉是陌生，甚至一件事情要重复做好多遍。比如，一个装饰公司，在你已经给市场部提供了自己的房屋面积、结构、装修预算和要求的情况下，到了设计部又要从头再来，因为你的信息提供给的是市场部而不是设计部。服务效率和客户满意率可想而知。

- 销售人员带走客户。

很多企业当销售人员离职时都会造成企业客户的流失，根本原因在于销售人员手中掌握了大量的客户信息并与客户保持了良好的关系，当销售人员离职时企业的其他员工根本无法了解客户信息，甚至不知道客户的联系人是谁。客户成了销售人员的个人财富，从而导致企业资源的流失。

4) 信息技术快速发展提供的技术支撑

20 世纪 90 年代大型的关系数据库、局域网技术、分布式处理技术的计算机的广泛普及和应用为 CRM 的实现提供了技术支撑，为 CRM 发展注入了强大的动力。而强大的数据存储、传输、分析能力，使很多管理思想易于实现，也使企业的决策更加科学合理。

1.4 CRM 的分化

从最初的接触管理，到客户管理，到客户关系管理，再到呼叫中心、客户管理、商业智能和电子商务结合在一起的管理，CRM 在发展过程中也产生了不同的分支。

当我们探索 CRM 的核心概念时，客户关系管理已经从最原始的直观认识发展成为今天非常清晰的 CRM 的两大类型：运营型 CRM 和分析型 CRM。下面是具体的定义：

1) 运营型 CRM（Operational CRM）

主要为实现所有业务流程的流线化和自动化，包括经由多渠道的客户“接触点”的整合、前台和后台运营之间的平滑的相互连接和整合。同时是客户数据采集、绩效考核指标采集的主要系统实现手段。

2) 分析型 CRM（Analytical CRM）

对在运营型 CRM 中获得的各种数据进行科学分析，进而为企业的经营、决策提供可靠的量化的依据。这些分析需要依靠许多先进的数据管理和数据分析工具完成，如数据仓库、OLAP 分析和数据挖掘技术等。

两种 CRM 的类型都来自于企业运营和管理的需求，但各自的侧重点不同，适用于不同经营模式的企业，有的企业则需要将两者结合起来应用。

在此需要特别指出的是：商业智能（BI）供应商提供的客户关系管理主要是分析型的客户关系管理，同时又能同运营型的客户关系管理进行平滑的集成和协同工作。BI 供应商提供的客户关系通常包含的分析和应用如下：客户群体分类分析和行为分析、客户效益分析和预测、客户背景分析、客户满意度分析、交叉销售、产品及服务使用分析、客户信用分析、客户流失分析、欺诈发现、市场分类分析、市场竞争分析、客户服务中心优化等。

1.5 CRM 的作用

CRM 与 ERP、SCM 并称提高企业竞争力的三大法宝。CRM 与 ERP、SCM 不同的是 CRM 是面向外部客户的，管理的重点在于传统管理思想和管理手段中没有涉及的到客户，为企业内部系统和外部客户之间搭建一座进行有效沟通和联系的桥梁。随着企业间竞争的进一步加剧和竞争焦点由产品向客户的转移，CRM 必将成为企业生存和发展的护身符。CRM 的作用主要体现在以下几个方面：

1) 改善服务

CRM 向客户提供主动的客户关怀，根据销售和服务历史提供个性化的、一致性的服务，在知识库的支持下向客户提供更专业化的服务以及严密的客户投诉跟踪，这些都将成为企业改善服务的有力保证。

2) 提高效率

由于 CRM 建立了客户与企业交互的统一平台，客户与企业的一点接触就可以完成多项业务，因而办事效率大大提高。另一方面，前端 Office 自动化程度的提高，使得很多重复性的工作（如批量发传真、邮件）都可通过计算机系统完成，工作的效率和质量都是人工无法比拟的。

3) 降低成本

CRM 的运用使得团队销售的效率和准确率大大提高，服务质量的提高也使得服务时间和工作量大大降低，这些都无形中降低了企业的运作成本。同时，精确的过程管理和绩效考核将有效地降低营销成本、销售成本和服务成本。

4) 扩大销售

销售成功率的增加和客户满意度的提高，使得销售的扩大成为必然。对销售线索的跟进能力提升、对合作伙伴的管理的透明度增加、客户关怀和客户投诉处理所促进的客户满意度的提升等，都会直接协助企业扩大销售。

摘要

企业关注焦点的改变、营销管理从 4P 到 4C 的管理和 IT 技术的发展引发了 CRM 的产生，最早出现在美国的 CRM 经历了由 PIM、CM 并到与呼叫中心、客户服务中心集成的过程，形成今天的 CRM。现在的 CRM 分化成了分析型和运营型两个重要种类。竞争的日益激烈、客户需求的变化、企业内部管理的需要和 IT 技术的支撑推动着 CRM 不断向前发展。而 CRM 在企业中发挥的改善服务、提高效率、降低成本、扩大销售的作用也日益明显。

思考

1.1 CRM 和其他的管理思想是否有共同的产生背景？

1.2 为什么会产生 CRM？

1.3 推动 CRM 发展的动力会长期存在吗？

1.4 你认为 CRM 将会向什么方向发展？

1.5 CRM 的作用有哪些？

2 基本概念

目标：在读完本节后，您应该能够——

了解不同角度的 CRM 定义；

认识 CRM 的本质；

了解 Social CRM；

辨别对于 CRM 概念的错误认识。

导言

从 CRM 进入中国到现在，已经有几年的时间了，也许人们认为 CRM 的概念应该已经深入人心了，但当前人们对于 CRM 基本概念的理解仍然存在误区，正确地理解 CRM 是 CRM 成功的必要条件。我们下面来看什么是 CRM。

2.1 CRM 定义

什么是 CRM？这个看似简单的问题，直到现在也没有形成统一的认识，对于 CRM 基本概念，不同的企业、不同的人有不同的看法。

普遍认为：CRM 是一种策略，是一种以客户为中心的经营理念，通过对客户的细分，实现对有价值客户的识别、获取、保留等一系列活动，达到企业和客户的双赢。与传统经营管理理念最大的不同是，CRM 是在识别客户的独特需求以及解决客户问题的基础上与客户建立长期合作关系，而传统的以产品和销售为中心的经营管理思想则是在短期内将产品销售出去，

CRM 最初是由 Gartner Group 提出的，就如同它提出 ERP 一样。Gartner Group 作为全球比较权威的研究组织，对 CRM 的定义如下：

CRM 是企业的一项商业策略，它按照客户细分情况有效地组织企业资源，培养以客户为中心的经营行为以及实施以客户为中心的业务流程，并以此为手段来提高企业的获利能力、收入以及客户满意度。

CRM 的实现是基于客户细分的一对一营销，所以对企业资源的有效组织

和调配是按照客户细分而来的，而以客户为中心不是口号，而是指企业的经营行为和业务流程都要围绕客户,通过这样的CRM手段来提高利润和客户满意度。

我们继续来看一下其他的权威定义：

CRM定义1： CRM是一种以客户为中心的经营策略，它以信息技术为手段，对业务功能进行重新设计，并对工作流程进行重组。

CRM定义2: 客户关系管理是指企业通过富有意义的交流沟通，理解并影响客户行为,最终实现提高客户获得、客户保留、客户忠诚和客户创利的目的。该定义的核心是“管理与客户的关系”。

—— 史威福特(Swift)NCR

CRM定义3: 客户关系管理包括企业进行识别、挑选、获取、发展和保持客户的整个商业过程。IBM把客户关系管理分为三类：关系管理、流程管理和接入管理。它的侧重点在于整合客户各方面信息。

—— IBM

CRM定义4: CRM是一种业务战略或活动，其目标在于利用自己所拥有的客户数据进行分析，以更有利可图和更有效的方式获取、保留、开发高价值客户，从而获得客户可支配收入中更大的份额。

—— 麦肯锡

CRM是一种基于企业发展战略上的经营策略，这种经营策略是以客户为中心的，不再是产品导向而是客户需求导向；信息技术是CRM的实现所凭借的一种手段，这也就说明了信息技术对于CRM不是全部也不是必要条件。CRM实现什么？是重新设计业务流程，对企业进行业务流程重组（BPR），而这一切都基于以客户为中心，以信息技术（CRM系统）为手段。

简单定义，CRM是一个获取、保持和增加可获利客户的过程。CRM是首先是一套先进的管理思想及技术手段，它通过将人力资源、业务流程与专业技术进行有效的整合，最终为企业所涉及到的客户或消费者的各个领域提供了完美的集成，使得企业可以更低成本、更高效率满足客户的需求，并与客户建立起以学习型关系为基础的一对一营销模式，从而让企业可以最大程度地提高客户满意度及忠诚度，挽回失去的客户，保留现有的客户，提高现有客户的赢利，不断发展新的客户，发掘并牢牢地把握住能给企业来最大价值的客户群。

CRM 的核心内容主要是通过不断的改善与管理企业销售、营销、客户服务和支持等与客户关系有关的业务流程并提高各个环节的自动化程度，从而提高客户满意度、缩短销售周期、降低销售成本、扩大销售量、增加收入与赢利、抢占更多市场份额、寻求新的市场机会和销售渠道，最终从根本上提升企业的核心竞争力，使得企业在当前激烈的竞争环境中立于不败之地。CRM 将先进的思想与最佳的实践具体化，通过使用当前多种先进的技术手段最终帮助企业实现以上目标。

CRM 在整个客户生命周期中都以客户为中心，这意味着 CRM 将客户当作企业运作的核心。CRM 简化了各类与客户相关联的业务流程（如销售、营销、服务和支持等）并将其注意力集中于满足客户的需求上。CRM 重视通过与客户交流的渠道，如面对面、电话接洽以及 Web 访问等，提供全面一致的客户服务。这样，企业根据客户的喜好使用适当的渠道及沟通方式与之进行交流，并能从根本上提高员工与客户或潜在客户进行交流的有效性，同时提高了企业对于客户需求变化的反应速度。与企业 ERP 系统直接集成在一起的 CRM 解决方案使得企业可通过一个闭环式的、定义明确的步骤和流程来满足客户的需求，因而可以更好地把握住潜在客户和现有客户。

2.2　对 CRM 定义的理解

（1）三个关键词

对于 CRM 定义的理解，我们可以拆分为三个关键词：客户、关系、管理。从逻辑关系的角度来看，需要从后面往前来分析。

管理　意味着 CRM 属于企业管理的范畴。这就直接说明了 CRM 不是一套软件，而属于企业管理的范畴，涉及到企业的运营战略、组织架构、业务流程、绩效考核、企业文化等方面。

关系　意味着这种管理是一种关系管理。人类自形成社会之后，就存在人与人的关系；在工业生产和规模经济之后，企业与企业、企业与人的关系就日益复杂重要，而且越来越影响着企业的发展，所以形成了关系管理的范畴。

客户　意味着CRM是以客户为中心的关系管理，客户是焦点。企业的最终产品是消费者，而现在最有发展潜力的行业——服务型企业，它的产品就是服务，更是基于消费者的基础，产品的生产过程就是为客户服务的过程，一旦客户不存在了，产品和企业也就不复存在。因此CRM的以客户为中心不是喊喊口号，而是要从客户的角度重新看待工作。

客户有广义和狭义之分，狭义的客户指的是购买企业产品或者服务的顾客。广义的客户泛指产品和服务的购买者、企业的内部员工、合作伙伴、价值链中上下游伙伴甚至竞争对手等。所以CRM管理的客户不仅仅是消费者，而是与企业经营有关的任何客户。甚至于集团企业的经营部门或者分公司相当于中心职能部门的内部客户。

企业与客户的关系不是静止的、固定的，而是一种互动的学习型关系，企业与客户之间是互动的沟通和交流，互相地了解和影响，企业能够在接触过程中进行学习从而更好地了解客户并提供更适合的产品或者服务，客户也会提高对于企业的忠诚度；反之客户则会流失。

管理是指对企业资源的有效管理，对于CRM而言就是对客户资源的有效整合和管理，企业如何在经营理念和业务流程中有效地整合客户资源，利用客户关系来提升销售利润就是一个永恒的管理问题。

（2）管理的目标在于客户

几十年前，管理大师德鲁克就说过：企业的目标在于创造客户。

虽然客户一直是企业所关注的，但是在获得、保持客户和建立良好客户关系等方面，企业却一直未能有大的突破，随着信息技术手段的丰富，关系管理、数据仓库、数据挖掘等IT技术促进CRM领域飞速发展，围绕企业的核心目标——

客户的客户关系管理，就成为企业发展的又一个新的起点。

从企业的战略角度而言，产品和价格是可以在短期的竞争中取得优势，但是企业的长期生存和发展则需要关注客户，客户关系管理对于企业而言有着长远的战略意义，它必将成为当今信息社会企业的核心竞争力之一。

如果说管理的目标在于创造客户的话，那么客户关系就是企业生存和发展的生命线。客户关系不仅仅创造新的客户，还要维持老客户，提高客户的满意度与忠诚度，提升客户的价值和利润。它所蕴含的资源和商机，将为企业提供一个崭新而又广阔的利润空间。

(3) 关系管理的基础在于客户

客户关系管理的提出是伴随着工业社会急速发展进入信息社会，产品极大丰富，巨大买方市场的形成而产生的。这其中就有着一个从“客户得到的就是他们所想要的”到“客户得到他们所想要的”的演变，也就是一个产品导向变革为客户需求导向的过程。

在这个以客户为基础的管理中，CRM的核心是“了解他们，倾听他们”，一切围绕客户，这也是所谓的“以客户为中心”、“360度关怀客户”等概念的根基。

企业与客户的关系是很复杂而又微妙的，这种复杂而微妙的关系却常常影响着一个企业的生存与发展。而最新的理论实践中，不仅仅是CRM的了解与关怀，而且还是要将企业与客户建立一种新型关系：客户联盟。

对于任何一个想从经营发展泥泞中脱离出来或者想对自己企业有一个更大发展的企业管理者来说，实践客户关系管理无疑是一项比较明智的选择。

有很多因素影响着客户及客户行为，从而改变他们对于企业的价值，我们看一下图2.2.1（图见下页）：

对于我们的客户，我们还需要了解更多的东西才能更加有效地管理我们与客户的关系。比如下图所示。

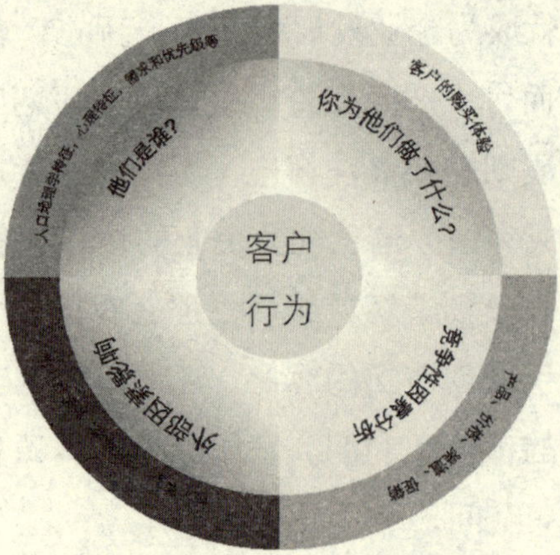

图 2.2.1 客户行为影响因素

(4) **我们的客户都是谁?**

他们的人口地理特征是怎样的?有什么心理特征?各自的需求和优先级是怎样的?

从这些角度而言,我们可能对自己的客户是不熟悉的,尽管我们自认为了解自己的客户,而事实上恰恰相反。当然,了解客户的这些属性并不是随意为之,而必须根据企业关注的方面和客户需求所关系的方面加以衡量,不是随便多加几个字段就可以的。

(5) **我们为他们做了什么?**

仅仅是卖给他们产品?还是有良好的服务?还是让客户有特殊或者个性化的购买体验呢?

产品激烈竞争,决定了获得和维持客户的已不再是产品,而是客户的购买体验,但客户的购买体验却是像海市蜃楼一般缥缈的东西。企业现在不仅仅是要卖产品给他,而是要卖服务加感觉,或者是更不可理解的东西,这种东西是符合客户需求甚至引导客户需求的,就凭你的想象了,你为客户做了什么和竞争对手为客户做了什么,其实就是差距和市场的存在。

(6) **竞争性因素分析**

竞争产品的分析，竞争对手的价格策略、渠道策略、促销活动等，都直接影响着客户的购买行为，做客户关系管理不能只管理自己的客户关系，还要进行横向比较，与竞争对手的客户关系进行比较，从而能够知己知彼，百战不殆。

有时候，企业还要跟自己竞争，当一种产品对客户的价值成本与自身成本有差距时，怎样依据目标成本法缩减自己的成本，这就是在跟自己竞争。

(7) **外部影响因素**

从外部的大环境来看，包括：技术革新使采用了新技术的产品更加吸引客户；经济环境的不景气造成客户的消费行为缩水；一些特殊事件造成突发性的不可预见性的影响等。这些宏观方面的影响因素左右着客户的行为。

古人曰“人算不如天算”，意指人计划得再好也没有办法改变外部的宏观因素。作为企业管理而言，要有风险管理的意识，虽然不能控制，但要分析预测并做好风险控制，这样才会将天算的影响降低到最小。

所以说，客户要管理，而且要基于关系来管理。客户的关系管理是很复杂的，不是将一个客户的信息进行采集记录就万事大吉了。

客户关系管理（CRM）是一个尽可能自动化和持续的过程，最大化利用客户的各种信息，有效地提高客户对企业产品的忠诚度和满意度，并且能够同所选择的客户群体保持长期和有效的业务关系。CRM 就是把合适的产品和服务，通过合适的渠道，在适当的时候，提供给适当的客户。因而 CRM 的主要目标是：

◇　与企业的目标客户建立长期有效的业务关系

◇　在与客户的每一个“接触点”（contact point）上都更加接近客户、了解客户

◇　最大限度地增加利润（客户利润）和利润占有率（客户忠诚度）

在应用过程中，CRM 采用循序渐进的方法，通过先进的数据库和决策支持技术收集各种客户信息，帮助企业把这些数据转化为对企业有利的信息。通过优化和利用客户信息，企业可以更好地监控和了解客户的行为。通过这些新近得到的客户智能，企业重组他们的前后台系统来确保为客户提供他们确实需

要的产品。CRM 提倡为客户带来利益，这就意味着保留现有客户并且向客户出售升级产品，这就要求从客户的每一个“接触点”收集大量数据，然后实现基于新业务知识的改变。

有效的 CRM 依赖于客户端的各种各样的信息，包括：谁是我们的客户、客户的喜好是什么、客户的行为举止怎样、他们在公司的状况（过去和现在）如何、他们的购买历史如何、客户在人口统计学方面和心理历史学方面信息的分类情况怎样。为了充分利用这些数据，必须建立一个单独的、以客户为中心的“客户数据仓库”。然后，这个整合过的综合的客户视图，为这种分析提供数据，如呼叫行为分析、客户的需求分析、客户群体划分以及促销活动管理和分析等。

除了先进的数据管理和分析技术的应用之外，CRM 的实施通常包括一个重大的企业商业策略改变，这就要求企业不仅要重组后台过程，而且要在许多案例中重组与客户更为紧密的业务功能和业务流程。因为当企业把市场重点集中在采取“以客户为中心”的策略时，“以产品为中心”的策略就显得没有什么效率了。企业就必须进行调整，巩固和分析所有来自客户“接触点”的信息和其他顾客的相关信息。

（8）商业的驱动力—客户关系管理

在信息时代，伴随着 Internet 技术的蓬勃发展，全世界范围内的各个企业都在经历着一场深刻的变革，各企业都在利用 Web 无所不达的特性来提升自己将商品和服务推向市场的能力，但同时由于 Internet 的存在，客户的期望也是水涨船高。客户需要即时访问各类信息，并不断比较您和您的竞争对手的情况。因此，在 Internet 时代，谁能在正确的时间以正确的价格交付正确的产品，谁就是赢家。那么，企业在扩大市场、提高效率和保持客户的原始商业驱动力不变的情况下，如何继续保持竞争的优势关系着企业在未来的发展命运。有远见的公司都会意识到，只有将自己建成能够对客户作出迅速反应的公司才能获得诸多收获，这些收获包括收入、新客户、客户满意度、客户回头率以及公司效益的增加，从而使竞争力大为提升。

在 20 世纪 80 年代中期及 90 年代初，许多企业开始重新设计其商业流程，以期降低成本并提高效率和竞争能力。同时，这些企业也意识到，要达到这些目的，所需要开发的技术耗资巨大、复杂且耗时过长。因此，许多公司转而求助于企业资源规划（ERP）应用系统。这些应用系统帮助它们实现了内部商业流程，如财务、制造、库存管理和人力资源的自动化和优化，从而将企业从战术性的日常商业运作事务中解放了出来。

自此以后，企业关注的焦点逐渐由改进内部运作转移到更多地关注客户上来。各类人士和商业机构都开始要求得到更多的关注和更及时的服务，许多公司都开始调整自己的商业模式，并将更多的注意力投向外部。由于需要将更多的注意力集中到客户身上，许多企业都再度开始寻求技术的帮助，即求助于客户关系管理（CRM）软件。和 ERP 一样，CRM 解决方案着力于提高企业运作的自动化和改进业务处理流程，建立客户关系管理（CRM）系统的目的是赋予企业更完善的与客户交流的能力，即从潜在客户识别、生成有需求的客户，到销售完结、付运订单以及不断进行服务和支持，提供全过程的自动化处理和更好的协调与合作，以提高客户满意度和客户忠实度，从而增加市场机会和销售利润，为企业发展服务。

今天，许多企业中的销售、市场营销和客户服务 / 支持部门都是作为独立的实体来工作的。由于部门界限的存在，这些不同的业务功能往往很难以协调一致的方式将注意力集中在客户身上。例如，如果一名销售人员盲目地打电话给客户推销某产品，而他根本不知道客户正在为几个尚未解决的服务问题而恼火，那情况会怎么样呢？但若通过提供一个各业务部门共享的客户信息交流平台，那情况就大不一样了，CRM 解决方案将使这类问题不复存在。

CRM 的重点是在销售、市场营销、客户服务和支持等前端办公领域。它可以帮助企业最大限度地利用以客户为中心的资源（包括人员和资金投入等），并将这些资源集中应用于客户和潜在客户身上。正如实施 ERP 可改善企业的效率一样，CRM 能够尽可能缩减销售周期和销售成本，及时发现扩展业务所需的新市场和新渠道，提高客户价值、满意度、赢利能力以及客户的忠实度，增强企业的市场竞争力和利润率。同时，CRM 还能为企业在方兴未艾的关键领域，如电子商务方面，抓住新的商业机遇，开辟新的道路，为企业未来的发展服务。

(9) 客户关系管理的概念理解

CRM服务的焦点是针对企业的销售、市场营销、客户服务和支持等同客户有关的部门，使其业务处理的流程更加自动化和更有效率，从而全面提高同客户的交流能力。CRM既是一套企业管理的原则制度，也是一套技术实现方法和应用软件的集合。它的目标是缩减销售周期和销售成本、增加收入、寻找扩展业务所需的新的市场和渠道以及提高客户的价值、满意度、赢利性和忠实度。CRM系统通过不同的应用软件将最佳的实践过程具体化和流程化，并使用了先进的技术手段实现信息的充分共享和工作流机制，以协助企业实现这些目标。

CRM应用软件将客户当作企业运作的核心，简化协调了各类业务功能（如销售、市场营销、服务和支持）的过程并将其注意力集中于满足客户的需要上。CRM应用软件还将多种与客户交流的渠道，如面对面交易、电话接洽以及Web访问协调为一体，这样，企业就可以按客户的喜好使用适当的渠道与之进行交流。

从设计上来说，CRM应用软件还能提高与客户或潜在客户进行交流的雇员的工作效率。使用CRM应用程序可改善雇员对客户的反应能力并对客户的整个生命周期有一个更全面的了解。与ERP系统直接集成在一起的CRM解决方案尤其令人兴奋，因为企业可以通过一个闭环式的定义、明确的步骤和流程来满足客户的需求，因而可以更好地抓住潜在客户和现有客户。

最令人兴奋的是，CRM具有促进和实现电子商务的能力，这是一种在公司及其客户、供应商和业务伙伴之间建立无缝的通过Web进行协作的能力。CRM应用软件可通过包括Web在内的多种渠道来跟踪和管理与客户进行的交易过程。对于那些已具备传统渠道，如直销队伍的公司，CRM可通过提供一个管理的框架来将这些原有的渠道扩展至Web。CRM还能使客户在线购买产品或服务并获得基于Web的服务和支持，而且，所有的这些功能都是个性化的，可以为单个客户量身定做。

2.3 社会化客户关系管理

社会化客户关系管理（Social CRM，简称 SCRM）是社会化媒体营销与企业 2.0 的交集，左手是社会化媒体营销，右手是企业 2.0。

微博与社会化网络

微博未来不仅仅是新媒体平台，更是信息交互、应用分发、电子商务平台，把微博仅仅理解成为媒体是狭隘、短视的，基于复杂网络理论基础之上的人际实时交互关系网络是微博逻辑的核心。

微博的每个人具有不同的标签，不同的人口学特征，对社会化网络资源的占有以及网络关系不是随机分布的，形成的结构也不同，并出现了诸如“V”名人认证这样的特殊群体；同时，由于其碎片化特性，在不断迭加的集聚和不断的沿分布指数转播中，其社会化网络是非静态的，这些都增加了微博的社会化网络的复杂性。传统的人脉网络分析基于二方、三方关系，利用密度、距离、中心性以及派系等概念对网络结构进行分析，但忽略了社会化网络形成的动态过程对结构的影响；也不能对社会化网络的度分布、最短距离、聚类系数、强链接（明星效应）等进行深入分析和合理解释，从而难以深刻揭示微博的社会化网络的结构组成以及动态变化特征，更难于在微博上进行电子商务传播和营销了。

由于国内微博具有典型的人口众多、复杂的地域特色，使网络出现小世界现象与无标度特征。随机网络中节点之间的相互关系是随机的，体现出一种近乎理想的“民主”（所以目前微博上几乎是目前最民主的互联网阵地之一，很多关注民生或者弱势群体的呼唤和事件都来自于微博的发起和传播）；小世界网络静态地反映网络特征，表明“这个世界真小”是由于存在“短路径”的结果；而无标度网络则体现出一种动态、突出核心节点在网络中的作用。

在社会网络中，那些具有相对较强、直接、紧密、经常或积极关系的个体的集合又称为凝聚子群，是社会网络研究的重要内容。网络社区结构与凝聚子群的含义基本一致。微博由于受到发源人、发出地、人口社会学特征等因素，很容易依据自己的组织潜规则，在组织行为上体现出小团体行为。而一小部分跨社区的集聚节点，比如跨领域的媒体从业人员、明星等集聚系数较高又将众多的社区进行动态的集聚，从而形成复杂的社会化网络。

Social CRM 的本质和核心

SCRM 借助社会化媒体营销的平台工具，企业可通过 SCRM 进行智能化的社会关系网络管理，鉴别和评估社会化网络中个体消费者的价值和需求，认知和管理个体的社会化网络结构和最佳最短路径，选择合适的社会化媒体进行适合的交互，最终通过满足个体的个性化需求而实现社会关系的转变和忠诚。

Social CRM 的两个核心主体是人和话题。Social CRM 的核心基础是微信息、微价值和微网络，微信息是核心主体人和话题的信息数据模型，微价值是社会化网络中人或话题的资产价值评估模型，微网络是人或话题的社会化网络结构模型。

微信息处理的是主体的信息维度以及识别、采集、使用和交互的数据模型，并能够与企业的 CRM 或业务系统的数据模型进行映射。

微价值是评估人或话题的社会化媒体影响力的标准体系和模型。基于社会化网络的特点，主要从度分布、度强度和集聚系数等进行评估，度分布围绕数量、度分布层级、最长距离 / 最短距离等，度强度围绕影响力、活跃程度、互动率、回应率、动作权重等，而集聚系数从群体角度围绕分组、群、标签和分类等维度进行评估。

微网络强调网络的正向和反向，即跟随者和关注者的两个方向的网络分布结构，包括度分布层级、人的数量和话题数量、节点强弱等。

Social CRM 的应用模型

Social CRM 在核心基础上，根据企业的实际社会化业务需求延伸出多个应用模型：微细分模型、微生命周期模型、微管道模型、微忠诚模型，有效组成 Social CRM 的运营体系基础。

微细分模型，即分类方法，基于人和话题的信息进行分类，主要有 4 个分类方法：价值分类、行为特征分类、生命周期分类和关系网络分类。其中，价值分类是基于微价值评估后对客户进行不同级别分类；行为特征分类根据人在社会化网络中的行为特征信息来分类，按 Forrester 的分类方法分为创造者、会话者、评论者、收集者、参与者、围观者和休眠者七类；其他各自不一，但是需要强调的是微细分是动态的，不是唯一不变的。

微生命周期模型，可以分人的生命周期模型和话题的生命周期模型，社会化网络中的人与你或企业的关系处于不同的生命周期阶段，而每一个话题也有其生命周期阶段，分析并认清生命周期曲线并有效的进行延展和激活，可以更好的提升其整体的生命周期价值。

微管道模型，关注企业在社会化网络中的销售 - 营销 - 服务的管道路径，从分享、消费者感知、转化兴趣到内部的线索等不同阶段，并设计不同业务场景下的智能话术进行话题响应，从而形成一个社会化网络与内部 CRM 相融合的微管道。

微忠诚模型，将企业的客户和会员逐步引导到社会化俱乐部中，提供积分、激励、礼品、促销等，通过客户和会员的社会化网络进行自分享、自服务和群服务，并能够吸引和推荐更多的社会化网络中的消费者进入到企业的微管道。

运营体系与最佳实践

对于企业而言，利用社会化媒体进行营销服务的 Social CRM 体系不是只去开几个微博就万事大吉的，首先，需要建立 SCRM 的运作流程；其次，建立 SCRM 的组织结构；同时，构建 SCRM 的相关绩效考核指标。这样才能真正建立起有效的社会化客户关系管理体系。

对于准备尝试或者计划中的企业，国外企业在微博上的应用中总结了一些最佳实践，企业可以基于这些简单的做法来建立你的跟随者，品牌和客户的信任：

1. 分享。分享照片和包含你的业务相关的场景信息。更妙的是，给一点正在进行中的项目或事件的一点点窥视，消费者来获取和分享最新的动态，所以把它给他们！

2. 听。定期监听关于你的公司、品牌和产品以及竞争对手的内容话题。

3. 问。用心去问你的追随者问题,来收集有价值的观点,同时表明你在倾听。

4. 回应。响应问候和关注，实时反馈。

5. 奖励。及时更新有关特别优惠、折扣和限时购买等微博。

6. 展示更多的领先优势和知识常识。推荐与你的业务相关的带有大图的文章和链接。

7. 拥护你的关系利益者。公开转发和回复你的追随者和客户发的很棒的微博。

8. 建立正确的声音。 微博消费者往往更喜欢直接、真诚及可爱的语气所以如何考虑你的声音对应你的微博。你想怎么样出现在微博社会中呢?

摘要

CRM，客户关系管理，不同的人从不同的角度给出了不同的定义，但万变不离其宗，CRM是一种以客户为中心的经营管理理念，通过对客户的细分，实现对有价值客户的识别、获取、保留等一系列活动，达到企业和客户的双赢。而社会化客户关系管理（Social CRM）则是社会化媒体营销与企业2.0的交集。

思考

2.1　你以前对CRM是如何认识的?

2.2　什么是CRM？

2.3　如何理解CRM的定义?

3 管理实践

目标：在读完本节章后，您应该能够——

了解 CRM 管理的思想；

认识 CRM 在管理中的实践应用；

了解 CRM 管理思想的延伸。

导言

CRM 行业正在逐渐成熟，在度过了一段时间的虚热和炒作后，整个市场进入务实的阶段。作为最终用户，企业更加明确地认识到：我们需要的不是概念，而是切合实际的管理、真实可行的实践。过去讲的那些概念，已经成为明日黄花，因为概念是基于实践的，而没有实践基础的概念只是空中楼阁、水中月。

在实践的阶段，大家都面临一个最基本的问题，就是要重新审视 CRM 是什么？在明确这个问题后，就要关注 CRM 能够给企业带来什么？这是个很实际的问题，每个企业的规模实力不同、行业侧重不同、实际情况不同，它对于 CRM 的理解和认识以及 CRM 能够带来的变化和效应也是不同的。

CRM 是好东西，每一个研究、实践它的人都知道。但是，好东西并不是适合每一个人每一个企业的。企业在部署 CRM 之前要认真了解：CRM 能够给自己带来什么？是变化，是价值，是成本，还是其他？变革是企业的一个很关键的工程，它带来的将不完全是理想状态，还有可能是误区或者僵境。基于风险控制，企业一开始就要做好准备。

3.1 CRM 管理实践

3.1.1 CRM 的意义与策略

对于企业而言，当前客户关系的重要性已经不同以往，企业需要比较务实地理解客户关系的因素和变量，熟悉企业应该采用的客户关系管理的基本策略、理论原则和方法。但这些方法是不能够照搬的，企业要根据自己公司的情况和所处的市场地位，从客户的实际情况、对手情况以及竞争状况出发进行选择和运用。尤其注意的一点是，不一定非要采用 CRM 系统才能实现 CRM 企业。

1）客户关系管理的意义

客户是企业最重要的资源。越来越多的企业认识到客户资源的重要性，但是客户关系管理不仅仅是保护客户资源，而是要将客户关系价值最大化。

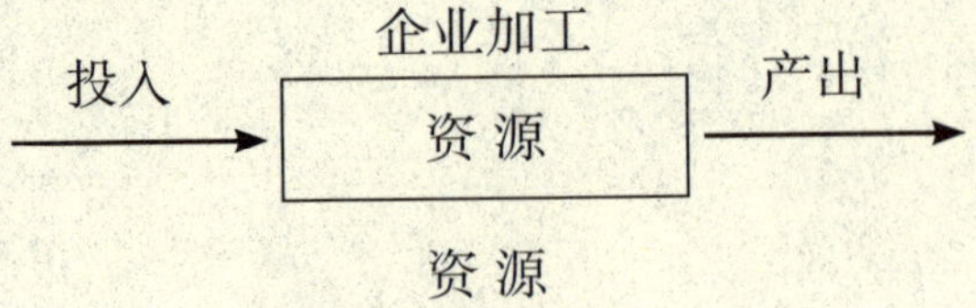

图 3.1.1 企业资源

客户关系是企业最重要的市场关系。现在的市场经济是一种关系经济，市场的两端是供求和买卖、企业与客户的关系，而企业又是另外一个价值链中的客户，因此企业最主要的关系就是客户关系。

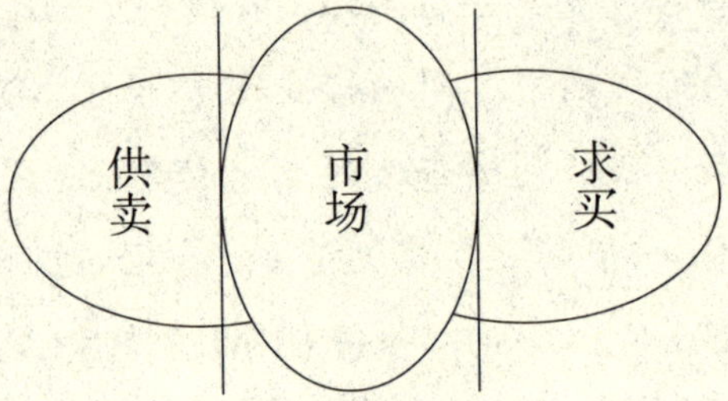

图 3.1.2 市场经济关系

客户是我们企业活动的中心。市场是由客户组成的，以往大生成时代的企业自顾自而生成的现象没有了，更多的是企业的经营活动都以客户为中心。

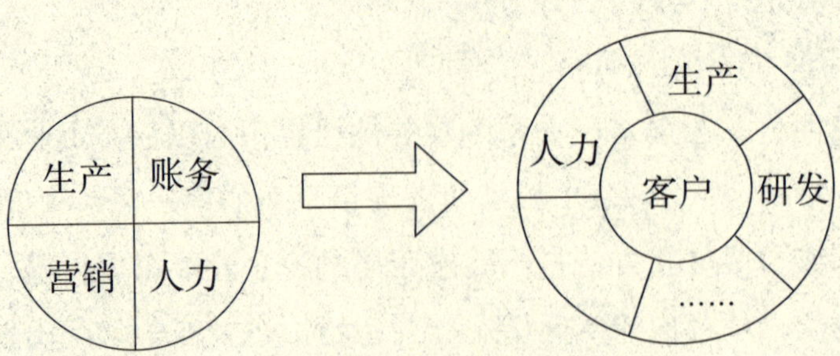

图 3.1.3 企业架构

市场中的客户毕竟是有限的，开拓一个新客户的成本远远大于维护老客户的成本，而失去老客户的间接损失有形象损失、客户资源流失、信誉损失以及相关商业机密和技术机密的流失等等，因此客户关系成为企业的重中之重。

2）基本策略与方法

实现客户关系管理有一定的策略和方法，前面我们提到企业不一定非要部署 CRM 系统，遵循 CRM 的基本策略和方法也是可以实现企业的客户关系管理的。下面是一些企业 CRM 应用的策略和方法，虽然比较浅显，但却是直接有效。

● **牢固树立“客户为本”的经营理念**

企业经常也在说：客户是企业的衣食父母；客户是企业的“摇钱树”；客户是“上帝”，客户至上；客户永远是对的；即使客户错了，我们也要主动引导帮助客户纠正错误，从这个意义上讲，客户永远是对的；全心全意为客户服务。

但是，总不能说说就可以实现真正的以客户为本，而是要牢固地树立这种理念和意识，并且潜移默化到企业经营文化中去。

● **培养客户忠诚的“惠顾”精神**

满意和信任是客户忠诚的基石，因此要培养员工爱企业、爱客户、爱产品的忠诚感情，这样才能使在第一线接触客户的员工培养客户的忠诚。

偏好是客户惠顾的前提，这种偏好就是一种需求被满足后的满意，它包括商品偏好、服务偏好、文化偏好，或者是品牌偏好、企业偏好等。

实际上，企业是在卖一种产品，也是在卖一种精神和文化。企业传递给客户的是一种思想文化和精神，价值取向的认同感、归属感、自豪感、怀旧感。同时，企业也在帮助客户造梦，使客户通过购买产品和服务圆梦，实现关系营销。

● **建立客户组织**

建立客户组织可以维系客户关系，减少客户流失，降低营销成本。客户组织化是客户固定化的有效策略，组织化是一种制度化、经常化、规范化。要建立客户组织，需要根据产品特征、客户特征、购买特征、使用特征、服务特征等对客户进行分类、分群、分级，从而进行组织。

一般的形式有俱乐部制和会员制。会员优先获取产品信息、优惠打折、接受企业的特别优待，另外会员身份也是一种特殊社会地位的象征。

用户协会或者利用其他关系和媒介建立的客户组织，甚至是利用已有的中介组织、专业团体、民间团体、社会组织等建立的客户组织都是非常有效的客户组织方法。但要注意灵活运用，不能照搬。

● **开展客户教育营销**

客户在某种程度上是比较无知的，市场既是桥梁，也是鸿沟，存在着生产与消费的矛盾。客户往往被市场所屏蔽，不能有效的获知生产者的准确信息。

因为市场分工、市场关系与市场隔阂等原因，客户不能直接获取信息；而在市场上由于众多因素的引导、市场信息与市场知识的不对称，客户很容易进入信息误导。开展客户教育营销不但是有效的维系客户关系的策略，也是一种非常好的促销手段。

尤其是技术含量高的产品，一定要先卖知识，后卖产品；先开脑袋，后看钱袋。大量的产品营销广告也体现了这一点，当然广告中所说的知识科学权威性的真假就是广告公司的问题了。

知识经济是学习的经济、教育的经济。开展客户教育营销可以通过广告教育、公关教育、消费学校、用户讲座、客户培训等方式进行。

● **建立客户信用体系**

客户信用是一种客户关系，但是客户信用是有风险的，企业建立客户信用要考虑安全问题，以保证资金的安全收回。在客户信用体系中客户信用额度与客户信用审查是关键环节。

企业客户信用体系的主要形式表现为：对信用良好的客户的赊销；对经销商、零售商的铺货，增强其经销信心；通过银行进行的分期付款；对特殊良好信用的客户的记账式服务等。

客户信用营销和租赁营销是一种超前营销、化整为零的营销、使用权营销，包含有融资信贷的因素，使人们通过负债的方式来购买、经营、消费、投资。合理运用客户信用体系可以有效地提升客户生命周期内的总价值。

● **建立客户投诉制度**

客户投诉并不可怕，可怕的是不重视客户投诉。一个高效的客户投诉处理体系是维系客户关系的有力渠道。企业应认真对待每一位客户投诉，建立客户投诉处理机构，配置专用电话、受理人员等；建立客户投诉处理程序，要有合理的流程记录、内部处理流程等；及时回复并总结每一位客户投诉，并能够区分善意投诉与恶意投诉，防止不正当竞争。

● **建立客户档案**

由于客户流动、营销人员流动以及市场变化的加快，需要加强客户管理、信息管理、客户情报管理，从而实现信息共享，提高工作效率。因此建立客户档案成为企业的势在必行之举。

客户档案的内容包括任何与客户相关的资料、公司基本资料。它的形式可以为：卡式——客户资料档案卡；簿式——客户资料记录簿；袋式——客户资料档案袋；客户管理系统软件，这是比较先进的方法。无论采用哪种方法，要根据实际情况，因人而异，灵活运用。

客户档案管理主要是为了管理客户资源并共享客户资源。客户档案应该是公司的财产，通过客户档案实现资源共享，人走客不走。

在客户档案管理中还要加强企业的商业机密保护，确保企业的重要客户资源不流失。

● **开展客户营销活动**

客户营销的核心在于与客户的关系，派出客户经理，实行重点客户管理，是大客户营销的一个基本做法。向客户传播公司的文化理念，传递公司产品信息，进行客户沟通，处理客户危机，教育帮助客户，处理公司与客户日常联系。

与客户相关的营销活动还有：定期和不定期的访问、互访以发展友谊、增进关系；招待客户，例如举办招待会、见面会、联谊会等，可以有效地稳定客户关系；重大节日、庆典活动，实现与客户的良好沟通。

● **提供优良的客户服务**

客户服务与服务营销是相辅相成的，服务已经成为一个重要的利润来源，企业要为客户提供及时、优良、全面的服务。

只有优质的服务才能让客户满意，才能建立客户的忠诚度，服务创新也是一种营销创新。

● **忠诚客户优惠计划**

客户有很多种类：潜在客户、客户、常客户、过客、老客户。对常客户实行优惠计划可以减少客户流失，培养客户忠诚度，同时可以减少促销费用，让利于客户，互惠互利，共同发展。

薄利多销是很多人都知道的，有时候把利润拿出一点回馈给忠诚客户，企业获得的收益会出乎意料。常用的优惠方法有：优惠、折扣、让利、赠送、会员卡；其他方法如特种服务、信息服务、新产品服务等。

● **客户联盟**

企业客户关系的顶级就是与客户形成客户联盟。它可以减少新客户开发阻力，减少交易成本，这是一种战略营销，以建立起一种战略伙伴关系。

3.1.2 CRM 能给企业带来什么?

权威机构对成功实现 CRM 企业的调查表明：成功实施 CRM 之后，每个销售员的销售额增加了 51%，顾客的满意度增加了 20%，销售和服务的成本降低了 21%，而销售周期减少了 1/3，利润增加了 20%。

这是一组令人振奋的数据。企业当然对这样的数字和指标感兴趣，但是企业更加想了解的不仅仅是这些数字，还有在 CRM 管理上能够给企业带来什么?

1）以客户为中心的业务流程

CRM 首先为企业建立起一个真正的以客户为中心的业务流程，而不是在那儿喊喊“客户是上帝”的口号。

在对一个客户进行吸引、获得、保持和管理的过程中，涉及到了企业的市场、销售、服务和其他部门，甚至每一个员工。因此要在企业中建立起一个以客户为中心的业务流程，在客户中树立一个统一的、良好的企业形象，每一个接触客户的部门和人都作为客户接触点来管理，让客户真正感觉到做了一回上帝。

因为客户可能在接触企业时遇到的并不是负责客户管理的部门或者人员，但恰恰是这个第一接触点就会给客户留下企业印象并最大地影响到客户的购买行为，所以 CRM 不仅仅是客户服务部门的事情，而是所有企业人员都要参与的，要全企业皆 CRM。

更糟糕的是各个部门在遇到问题时推诿责任，将客户推来推去，客户可能反映的是一个小问题，一分钟就可以解决，却被市场部推说“我们不负责这件事，去找销售部吧”，销售部说“已经销售的产品请找客户服务部”，客户服务部说“供应商的修备件没有了，正在联系”等等，让客户在晕头转向中迷失了保持的可能性。

2）市场链自动化流程

CRM围绕市场营销为企业建立一个自动化的市场链流程。在这个市场链自动流程中，企业可以进行客户细分与产品定位，进行市场推广和产品推广，并针对细分的大客户执行大客户销售策略。同时，整合合作伙伴进行渠道销售，加强客户服务的协作，从而能够对整个营销流程进行丰富的信息分析，以作为营销决策的参考。

3）便捷通畅一致的客户沟通渠道

企业与客户的接触点越来越多。通过CRM建立畅通的客户沟通渠道，无论是传统的面对面沟通、电话沟通，还是通过呼叫中心、先进的网络沟通等等，都可以便捷地接入到一致的客户沟通中心。

4）丰富的客户数据信息库

客户是企业发展最重要的资源之一，CRM可以通过与客户的多种交互渠道有效地建立一个客户信息库。

5）准确的客户细分与评估

CRM能够支持企业进行精准的客户细分，并且可以是多维度的细分。而且在客户细分的基础上，再进行客户价值评估和定位。以前企业是没有客户价值评估，或者是笼统的，现在有了价值评估，也能够进行价值量化。

6）针对性一对一市场营销

以前企业的市场营销是针对大众的、面对所有客户的通用性营销方案。现在的营销是基于客户细分而进行的一对一营销，通过对应不同的客户细分和客户需求来进行差异化营销。

7）高效规范科学的营销管理方法

通过CRM，可以有效地进行营销方案的响应管理和效果评估，确保营销的精确投放；通过销售漏斗，建立科学的销售预测与销售控制；通过销售过程分阶段管理，建立对销售的过程管理和量化管理。

8）快速市场反应、监控能力

以前企业没有监控，现在可以实时监控；以前企业是人为监控，现在是系统监控。基于客户关系建立快速的市场反应监控能力有助于提升企业的核心竞争力。

9）良好的自学环境

CRM 协助企业塑造一个学习型组织，加强企业的知识管理，让企业的每一位员工都能够在一个良好的自学环境中不断提升自己，从而提升企业的整体价值。CRM 提供远程培训、方法论辅导、丰富的案例库和知识库等学习环境。

3.2 CRM 管理延伸

3.2.1 社会化网络的客户关系管理

CRM，客户关系管理，我们不再狭义地理解 CRM 只是企业用来管理销售和服务的工具了。互联网时代的真正到来，已经为 CRM 赋予了全新而广阔的含义，CRM 不再限于企业管理理念和应用产品的范畴，互联网使它得以被每个人应用。

1）人与社会关系

人，就是一切社会关系的总和。我们每个生活在现实社会中的人，都无时无刻不在运用着关系管理。家庭关系、亲戚关系很重要，人情世故要处理得当；工作关系很重要，同事朋友、上司老总，上下左右的关系都要搞好；市场经济中我们每个人都在不断寻找机会、销售自己，学生毕业找工作，不断寻求跳槽、升迁，谁不觉得累？关系多了，照顾不过来，可需要的时候又发现自己关系太少。血缘、姻缘、地缘、宗缘、友缘，这些都是我们赖以生存的关系网络。

有意思的是，我们的这些关系中，有男的有女的，有同事有客户，有上级有下级，有家人有邻居，有同学有同好，我们对不同的关系始终是区别对待的，其复杂和灵活程度远胜于 CRM 中的客户细分。一个男人不能把对自己女朋友说的话对普通的女性朋友说，也不能把对自己的酒友讲的牢骚话对女朋友讲。

其实，我们遇到的各种困难和烦恼，都是因为我们在处理这样或那样的关系时没有做好。

2）社会关系管理（SRM）

CRM 能帮到我们每个人吗？能！互联网使我们每个人从没像现在这样接近过，互联网时代的 CRM，不再是海市蜃楼，而是完全属于我们每个人的日常应用。不过，如果还把它叫做 CRM，也应该叫做“后 CRM”，其实，新的含义也赋予了它新的名字 —— 社会关系管理 (Social Relationship Management)。

社会关系管理，包括两个密不可分的部分：社会关系网络和对这个网络的管理。也就是说，如果有一种社会关系管理系统问世的话，它应该可以把每个使用者的完整的社会关系网络真实而形象地展现出来，而且，使用者可以用它来管理、拓展这个网络，并不断利用这个网络来达到自己的目的。

SRM 不仅仅是个人的关系管理，也是企业应用的领域。每一个人都可能隶属于一个企业，都可能与多个企业存在关系。而每个企业，又由股东、员工、客户等不同类别的个人组成，而这些个人的关系的复杂程度远远超过于企业与企业之间的关系，甚至是涵盖。每一个人，每一个企业，都不能脱离社会而存在，因此它必然生存在一个社会关系网络中，当这个网络不再为一个个的孤岛，而在一定的隐私保护规则下链成一个大的网络时，你与网络中的其他人或者其他企业都会有一条链路到达，无论是曲折的还是多传递的。

3）SRM 的实践

在国外对于 SRM 的研究和实践已经落地开花，www.spoke.com 就是一家以社会关系管理为中心的网络载体，现在已经同 Siebel、SalesForce 等形成战略联盟，有效地将个人关系网络和企业的个人关系网络结合。国内的微博、SNS 网络等各种社会化网络应用也层出不穷，越来越多的人开始在社会化网络平台中构建和运营自己的社会关系网络。

社会关系网络有了，能有什么用呢？为什么大家都要把自己的朋友圈子搬到网上来呢？这就需要刚才讲的，要有管理这个网络、使之产生价值的功能。现实生活中，即使是你最要好的朋友，你恐怕也只知道他的一小部分朋友是些什么人，并不是因为他对你保密，而是因为没有一种机制。但在社会化网络上，你能看到他所有的朋友，其中可能就有你的潜在客户，甚至就有你期待的伯乐。而要实现这一点，你必须把自己的朋友尽可能多地邀请到这家网站上来。你邀请来的朋友数越多，在别人眼里你的价值就越大，就越会有更多的人试图与你成为朋友，你拓展社会关系网的机会就越大。如果你是销售代表，可以在社会化网络上管理你的客户、联系人信息以及销售机会；如果你是销售团队的负责人，社会化网络其实就是一个精致的销售团队管理系统；如果你想推销自己、求职或跳槽，也可以在网站里管理你的各种机会。

在未来的某个时候，成千上万的销售代表、保险推销员、咨询顾问、猎头、律师、大学生在家里、公司、网吧、宿舍、路上使用着互联网带来的新型的社会关系管理，这才是真正的网络社会化。当家庭主妇为了筹办生日晚宴，手持遥控器从壁挂式信息家电上了解来宾的口味喜好和到达时间，从冰箱的信息屏上采购 eHome 的食品酒水，从微博上了解来宾的位置和到达时间，SRM 才真正把 CRM 带入寻常百姓家。

3.2.2 社会关系管理——如何管理个人关系创造价值?

商品经济的发展和膨胀使社会的价值体系无限扩大，互联网应用的深入和普及使沟通和交易变得错综复杂，区域经济已经超出国家区域开始延伸到星球区域，这些基于社会科学领域的变化促使了社会关系管理的产生 (Social Relationship Management)，这很可能会改变每个人和每个企业的行为模式，最终改变社会。

1）人的社会与企业的社会

客户关系管理（CRM）方面的理论研究和项目实践，自从 CRM 向 SRM 演变以来，社会化网络（Social Networks）的动态也越来越重要，因为社会性网络像 CRM 一样也需要向 SRM 发展。

目前 CRM 领域的人士对社会化网络很不屑，认为企业主要是管理客户的关系；而社会化网络领域的人士认为 SN 就是人的关系，与企业毫无瓜葛。这就如同把一个事物的两个面割裂开来，我们则需要跳出局限看待它。

人类组成了社会，作为社会的一个分子，人又是企业的组成部分。所以人的社会基于人的关系和价值而存在；企业的社会基于企业的关系和价值而存在。

然而，人的社会和企业的社会实际上是一个统一的社会，只不过在这个唯一的社会之中，人的一面体现着个人的价值，人的另外一面体现着企业的价值，而社会关系管理的目标就是将个人和企业的社会关系都凝聚在人的关系上，从而提升社会的整体价值。

2）社会关系的初级阶段——娱乐与交友

国外已有众多的提供社会化网络服务的网站，国内现在至少也有一二十家了。看来看去，感觉这些网站可分为三个侧重方向：一是以休闲娱乐为目的的交友；二是以文会友的博客；三是职业人士的商务交友。早些做 SN 的大多走交友路线，虽然一再强调是“第二代交友网络”，但也明显摆脱不了第一代交友网站的宿命。既然是交友找乐，自然是以吸引眼球、聚集人气为宗旨，所以在这些网站上大多充斥着俊男靓女的美图、黄色笑话和情感故事。去年有几家社会网络走的是博客风格，以论坛聚声势，以文会友，但还没有看到有什么明确的应用价值。去年开始还出现了几家专门为“职业人士”服务的严肃些的网站，主要在写字楼白领、MBA 们、大学校友等群体中传播。这些网站的页面也都很类似，一定会有几个人的照片再加上现身说法：“我”如何利用这个网站找到了好工作、找到了好雇员、签成了大合同。到这些网站里看过，的确比那些纯交友网站多了些深度，但总感觉好像就是一种新颖些的求职招聘平台。

在一家做 SN 的网站首页上看到，它的一些会员的好友数加上好友的好友数已经有数千数万之多。这数千人应该都是不同的人，即是排除重复后的统计数字。比如，我有甲、乙两个好友，甲和乙又分别是好友，所以甲、乙既是我的好友，甲又是我的好友乙的好友，乙又是我的好友甲的好友，而我的好友数加上好友的好友数结果应该是 2，而不能是 4，重复统计是没有意义的。假设这数千人都没有重复，再假设每个人的好友数大致一样多，那么可以设想是我有六七十个好友，而我的每一个好友也有六七十个好友，才能得出这数千人的数量级。我要关照好这六七十个好友，也需要他们都能关照好他们的六、七十个好友中的我，这个网络对我才有意义，否则就像我和数千人同在一幢公寓楼居住、和数千人同在一幢写字楼上班，似乎关系很近但其实谁也不认识谁一样了。根据以往搞 CRM 的经验，这样的一个关系网络需要很强大的管理工具才能管好，而我发现，这家网站似乎还没有提供什么管理功能。大家在这家网站里“玩”了挺长时间,不少人把它当作一个成人玩具来“玩”的。“玩”什么呢?就是“玩玩看”能够有多少个朋友。所以当我们邀请了一些人成为好友，再看他们又分别邀请了多少好友，就像滚雪球一样把好友数越滚越大。我们把雪球滚到不能再大或滚到厌烦了，会怎么做呢？我们就把雪球扔在那里，直到太阳把它晒化为止。在这家网站里把好友数积累到无法管理或厌烦了的时候，大家也就不再去看了。

无法生存，也就谈不上发展。社会网络网站们如何获得收入呢？互联网经济主要就是三种收入模式：广告、会员费、交易提成。以交友为主的社会网络显然是想靠广告挣钱的，但恐怕前景不乐观，因为交友网站的会员数量和浏览量都远比不上大门户和大社区网站，而且会员的含金量不高，以没有经济实力的少男少女为主，不容易吸引广告客户。面向职业人士的商务交友网站，力图朝求职招聘方向发展，自然是想让公司客户来发一些职位广告，个人会员最好也交些会员费，如果能撮合成新的好友关系甚至是雇佣关系，自然也想收一些手续费。财源涵盖三种收入模式，但恐怕哪种也不容易。现在的51JOB和招聘网等众多求职招聘网站已发展成熟，没有太多空间留给新来者。白领们开始时可能在这些交友网站上玩得开心，看着自己的一圈圈朋友越来越多，但玩具总有玩腻的时候，找工作还是会用传统的方式去找。想靠撮合收取手续费也不容易，因为这些网站现在能提供的服务太有限，功能也弱，没有做到会员不通过网站就无法交易的程度，会员有别的路走，想收过路费也就难了。

至于博客风格的社会网络网站，倒是比这些娱乐交友的SN网站更前进了一步，因为它开始强调人的关系以群分，博客社会网络更多围绕主题而进行社会关系的深入交流与沟通，这就是微博。

3）社会关系的高级阶段——创造社会价值

最新的社会化网络应用应首推微博了，在新浪微博注册后乐此不疲，同时也一直研究它的动态，这都是因为我总感觉它里面有一些CRM的味道。传统的人脉网络分析基于两方、三方关系，利用密度、距离、中心性以及派系等概念对网络结构进行分析，但忽略了社会化网络形成的动态过程对结构的影响，也就不能对社会化网络的密度分布、最短距离、聚类系数、强链接（明星效应）等进行深入分析和合理解释，从而难以深刻揭示微博的社会化网络的结构组成以及动态变化特征，也就更难于在微博上进行电子商务传播和营销了。

但是我们在社会化网络上，比如微博中，可以把“我”的众多“好友”像在CRM中管理联系人一样管理起来，还可以把“我”通过好友关系能接触到的众多公司用CRM管理中“Account”的方法管理起来。

在现实生活中，建立了关系，就要维持它，才能在需要时利用它。SN网站借助互联网的力量可以让我们以现实中无法做到的速度和广度来建立新的关系，但必须同时提供管理这些关系的工具，否则这些虚拟关系就可能永远是虚拟的，难以真正体现价值。

SRM不仅仅是个人的关系管理，也适合企业应用。每一个人都可能隶属于一个企业，都可能与多个企业存在关系。而每个企业，又由股东、员工、客户等不同类别的个人组成，而这些个人的关系复杂程度又远远超过甚至是涵盖企业与企业之间的关系。每一个人、每一个企业都不能脱离社会而存在，因此它必然生存在一个社会关系网络中，当这个网络不再是一个个孤岛，而是在一定的隐私保护规则下链成一个大的网络时，你与网络中的其他人或者其他企业都会有一条链路到达，无论是曲折的还是经过多次传递的。

企业为了自身的业务发展，为员工提供了不少开展工作所需的资源，如企业电子邮箱。而员工或多或少都在利用企业提供的资源来经营自己的社会关系。比如，员工用企业为他配的电子邮箱、用公司的电话、用公司报销费用的手机来和他的朋友们保持密切的联系。而员工的这些社会关系，如果能在自愿的前提下、在隐私保护手段的支持下，实现员工间的共享，那么对每个员工的工作和私事都会有帮助，每个员工都会是受益者，而最大的受益者就是企业。企业范畴的社会关系管理，很可能是互联网为企业带来的一个新应用，也可能会丰富企业的工作和经营模式。

CRM向SRM演变，就要从只“面向企业”朝也“面向个人”发展；SN到现在完全是个人范畴，也应该向企业拓展。我之所以关注社会化网络上，也是因为它已经正式推出了“团队版”并宣称即将推出“企业版”，即使不算“为天下先”，起码是“独一份”。我“玩”了一下它的团队版，成员之间可以共享“联系人”、“关联公司”和“联系计划”，功能还不完善，更谈不上强大，但其志不在小。

4）人与企业回归社会的和谐

人总不能脱离社会，而企业也不能脱离社会。现在更多的企业讲社会责任，讲更多地融入社会，其最关键的途径就是人，人的关系。如果能够有效地管理人与企业的社会关系，那么整个社会价值体系中的交易损耗、沟通损耗以及无效作用等将会得到极大的节省，同时节约了社会资源，整个社会会更趋向和谐。

关系只是资源，还不是财富，只有对关系加以管理，才能更好地利用资源，创造财富。既然管理能够创造价值，那么这种价值就能为个人用户和企业用户所接受，困扰 SN 的向谁收费、如何收费和如何赢利的问题可能也就有了新的思路。

3.2.3 社群——社会关系的商业价值载体

社会关系管理 (Social Relationship Management) 是基于客户关系管理 (Customer Relationship Management) 和社会化网络 (Social Networks) 发展而来的，而社会关系网络中能够产生商业价值的主要载体则是——社群 (Community)。

1）终极目标是价值而不是娱乐

社会性网络 (SN) 从娱乐起步，其最初的主题大多数是交友，六度理论强调的是人与人之间的链路不超过 6 个人，但这种以个体娱乐为起点的模式价值前景不明。

社会关系管理 (SRM) 从商业起步，其最初的主题是将每个人的社会关系形成网络并最终为个人或企业不同程度的共享所用，即关系网。关系网开始强调将个人的社会关系与企业或者组织结合在一起从而创造社会价值或者商业价值。

在娱乐性的社会性网络中，社群即俱乐部，是一个新进入网络的人在没有接触点的时候第一个寻找的与自己相近的群体，通过这个有共同爱好的群体展开自己的交友链路。而 SRM 的社群是娱乐和价值的结合体，它有效地整合了多个角度的资源，从而能够更多地体现价值而不是娱乐。营销的目的是吸引和保留客户，而社群是吸引网络受众并在社群的互动中保留住受众的最佳方式之一。社群的内容可能是娱乐的，但是结果是不断吸引新的受众和保留住受众，体现的是营销的商业价值。

2）SRM 的商业价值模式

SRM 强调一对一的关系网层次，即作为一个起点无论是搜人还是搜公司，终点只是一个，这种定位过程是精确的而不是模糊的，受众也是一个点，即一对一的模式。在一对一的模式中，有一个最大的问题，即很多企业或者个人并不知道需要去吸引或者影响的是哪一个点，或者本来就希望去吸引或者影响的是多个点。很大程度上，大部分营销在吸引阶段并不会精确地知道目标受众会是谁，而且营销的目标受众大多是模糊的而不是精确的。

SRM 强调一对多的社群层次，即作为一个起点影响的受众是一个社群或者多个符合营销目标的社群，这样的网络受众是模糊的，多个点，最重要的是通过一对多的模式与社群中的网络受众进行互动并寻找到符合营销目标的多个个体受众，从而又回归到与个体目标受众的一对一模式中。

结合关系网和社群，SRM 将网络受众有效地组合成一个个忠诚群体。在忠诚社群中，SRM 的商业价值模式将会变得可以实现和易于实现。

3）网络上的客户细分

以微博为例，微博内部很容易受时间、发起地点、明星强链接、促销效应等原因影响而形成一些关系丰富的子网络，加之由“V”这类特殊名人微博形成的更加广泛的链接，很容易使网络具有小世界现象。这就是社会化网络的社群，也类似于 CRM 的客户细分群。

社群的分类是一个学问，这实际上是网络中的客户细分，网络上的大多数消费者都有共同的特征，将他们细分为一个社群，比如许多购买方便面的消费者形成一个单身汉社群；而大多数企业在交易上甚至内部员工工作上，只要在某些方面有共同的需求特征，就可以细分为一个社群。

突出娱乐性时，社群（俱乐部）的分类大多会以娱乐主题为细分要素；而突出价值时，社群的分类一定要以网络上的需求和行为为细分要素。这也对应着客户细分的两个层次，娱乐性社群以人口属性或者最简单的需求来划分，比如旅游、读书等等；而价值性社群以网络上的消费需求和行为来划分，比如超级车迷、全职妈妈等等。

在社会网络中，那些具有相对较强、直接、紧密、经常或积极关系的个体的集合又称为“凝聚子群”，是社会网络研究的重要内容。网络社区结构与凝聚子群的含义基本一致。微博由于受到发源人、发出地、人口社会学特征等因素，很容易依据自己的组织潜规则在组织行为上体现出小团体行为。而一小部分跨社区的集聚节点，比如跨领域的媒体从业人员、明星等凭借较高的集聚系数又将众多的社区进行动态的集聚，从而形成复杂的社会化网络。

虽然有时候跨社区的集聚节点看起来是重叠的，但是体现的内容是不一样的。比如全职妈妈社群在娱乐性方面突出的是大家交流做妈妈的经验，而在价值方面突出的是全职妈妈对婴幼儿用品、婴幼儿咨询等商业元素的兴趣。而商业价值的体现则在于社群里体现的商业需求和行为，只有基于价值进行网络客户细分，才可以使社群成为商业价值的载体。

4）社群的客户许可和忠诚度

在一个社群里主要存在两个问题：一个是许可，一个是网络忠诚。

社群的客户许可意味着该社群中网络受众的层次是不同的，同样是在一个社群中，有的受众是完全许可，比如许可定向促销、电子邮件、分析行为等；而有的受众仅仅许可电子邮件。客户细分是多层次的，在社群分类后，在社群中又对受众进行细分，这样细分之后根据客户的许可程度、许可范围等可以有效地进行互动或者营销。

社会关系网络的忠诚度是一个关键要素。一个受众在这个社群的时间、频度、行为以及口碑宣传等，直接构成了网络忠诚要素，它会影响整个社群的价值。如何有效地吸引和保留这个社群受众并能够使其不断地获得和增加价值，是网络忠诚所必须关注的。

积分计划是社群提升受众网络忠诚度的有效方式之一。基于社群的积分可以超越个体受众积分的限制，比如社群积分共享、积分合并或者交换等，这比单纯的客户俱乐部有着更高层次的意义，强调了个体和社群的互动，有效地提高个体受众和整个社群的网络忠诚度。

5）基于社群的网络受众营销

社会关系管理，从体现商业价值的角度来讲，就是营销。是指社会关系网络中一方对另外一方或者一个社群进行影响、销售或者服务，这实际上就是营销，因为营销的对象不仅仅是产品和服务，人、思想、观点和体验都是可以营销的。

一般的营销过程都是先影响模糊受众，再在与模糊群体受众的互动中识别个体意向受众，从而继续跟踪和影响个体受众，最终通过个体受众的累积达到影响群体意向受众的结果。在这个过程中，社群首先是社会关系网络影响模糊受众的主要手段，而最终意向群体受众又形成一个新的社群，这个社群有着共同的需求和消费行为，从而产生一个新的有着产生商业价值可能性的社会关系群体。

建立社会关系管理的关系网和社群，需要有庞大的网络受众基础，即受众动员能量，否则这种模糊受众的影响价值就很小。最适合 SRM 模式的是门户网站和专业网站，比如新浪、腾讯以及携程、淘宝等，它们庞大的网络受众基础，让每一次网络营销活动轻易地就可以影响数十万数百万人次，每一个社群都可以超越万级十万级的门槛。

随着社会越来越多的网络化，或者被网络映射，以前基于人情世故的关系脉络也开始数码化为社会关系网络，而这种社会关系网络既可以娱乐，也可以创造价值。如何有效地利用网络进行价值再生是一个长远的话题，基于 SRM 的社群和网络忠诚将是网络时代的核心发展元素之一。

摘要

CRM 的主要管理范畴包括营销管理、销售管理、服务和技术支持三个方面，将 CRM 应用于经营管理中。

思考

3.1　CRM 对于企业管理有哪些意义?

3.2　CRM 的策略有哪些?

3.3　CRM 管理有哪些延伸?

3.4　如何看待 CRM 管理的延伸?

3.5　你认为还有哪些可能的 CRM 延伸方向?

4 系统剖析

目标：在读完本节后，您应该能够——

认识CRM系统的基本功能；

对CRM系统形成初步认识。

导言

CRM的管理实现体现为CRM系统的功能，CRM软件的基本功能包括客户管理、联系人管理、时间管理、潜在客户管理、销售管理、电话销售、营销管理、电话营销、客户服务等，有的系统还包括了呼叫中心、合作伙伴关系管理、商业智能、知识管理、电子商务等。接下来我们就来看看CRM系统的功能概览，简单了解一下CRM系统的大体功能内容。

4.1 客户管理

主要功能有：客户基本信息；与此客户相关的基本活动和活动历史；联系人的选择；客户关联关系；组织结构图；客户统一视图等。

4.2 联系人管理

主要作用包括：联系人概况的记录、存储和检索；跟踪同客户的联系，如时间、类型、简单的描述、任务等，并可以把相关的文件作为附件；联系人角色关系概况；活动和接触历史记录。

4.3 时间管理

主要功能有：日历；安排会晤、活动计划，有冲突时，系统会提示；进行事件安排，如任务、会晤、会议、电话、电子邮件、传真；备忘录；进行团队事件安排；查看团队中其他人的安排，以免发生冲突；把事件的安排通知相关的人；任务表；预警、提示；记事本；电子邮件；传真。

4.4 潜在客户管理

主要功能有：业务线索的记录、升级和分配；销售机会的升级和分配；潜在客户的跟踪。

4.5 销售管理

主要功能包括：管理销售信息和销售漏斗信息，如客户、销售机会描述、联系人、时间、销售阶段、销售额、可能结束的时间等；产生各销售机会的阶段报告，并给出机会所处的阶段、所需的时间、成功的可能性、历史销售状况评价等等信息；对销售机会给出战术、策略上的支持；销售地域管理；根据利润、领域、优先级、时间、状态等标准，用户可定制关于将要进行的活动、机会、客户、联系人、会晤等方面的报告；销售费用管理；销售配额和佣金管理。

4.6 电话营销和电话销售

主要功能包括：电话本；生成电话列表，并把它们与客户、联系人和销售机会建立关联；把电话号码分配到电话销售人员；记录电话细节，并安排回电；电话营销脚本；电话统计和报告；自动拨号。

4.7 营销管理

主要功能包括：产品和价格配置器；在进行营销活动（如广告、邮件、研讨会、网站、展览会等）时，能获得预先定制的信息支持；把营销活动与销售机会、客户、联系人建立关联；显示任务完成进度；跟踪特定事件；安排新事件，如研讨会、会议等，并加入合同、客户和销售代表等信息；信函书写、批量邮件，并与合同、客户、联系人、销售机会等建立关联；邮件合并；生成标签和信封。

4.8 客户服务

主要功能包括：服务请求的快速录入；服务请求的安排、调度和重新分配；事件的升级；搜索和跟踪与某一销售机会相关的事件；生成事件报告；服务协议和合同；退换货处理；订单管理和跟踪；问题及其解决方法的数据库。

4.9 客户交互中心

主要功能包括：呼入呼出电话处理；互联网回呼；呼叫中心运营管理；软电话；电话转移；IVR 流程设置；报表统计分析；管理分析工具；通过传真、电话、电子邮件、打印机等自动进行资料发送；呼入呼出调度管理。

4.10 合作伙伴关系管理

主要功能包括：对公司数据库信息设置存取权限，合作伙伴通过标准的 Web 浏览器以密码登录的方式对客户信息、公司数据库、与渠道活动相关的文档进行存取和更新；合作伙伴可以方便地存取与销售渠道有关的销售机会信息；合作伙伴通过浏览器使用销售管理工具和销售机会管理工具，如销售方法、销售流程等，并使用预订义的和自定义的报告；产品和价格配置器。

4.11 知识管理

主要功能包括：在站点上显示个性化信息；把一些文件作为附件贴到联系人、客户、事件概况等上；文档管理；全文检索；根据用户定义的关键词对 Web 站点尤其是竞争对手的 Web 站点的变化进行监视。

4.12 商业智能

主要功能包括：客户管理驾驶舱；预订义查询和报告；用户定制查询和报告；以报告或图表形式查看潜在客户和销售机会可能带来的收入；通过预订义的图表工具进行潜在客户和销售机会的传递途径分析；将数据转移到第三方的预测和计划工具；柱状图和饼图工具；系统运行状态显示器；能力预警等。

4.13 电子商务

主要功能包括：个性化界面、服务；网站内容管理；产品目录和购物车；订单和销售机会处理；电子邮件 /IM 交互；在线线索捕捉；在线订单配置；客户自助服务；账单支付等。

摘要

通常客户关系管理系统包括：客户管理、联系人管理、时间管理、潜在客户管理、销售管理、电话销售、营销管理、电话营销、客户服务等，有的系统还包括了呼叫中心、合作伙伴关系管理、商业智能、知识管理、电子商务等基本功能。

思考

4.1 CRM 的功能与你以前接触过的软件（财务、ERP、SCM）有哪些区别和联系？

4.2 本章介绍的模块中你最熟悉的功能有哪些？

4.3 你目前使用的 CRM 系统是否具有这些功能？

4.4. 本章介绍的各个模块分别和 CRM 中的哪些管理思想是对应的？

第二章

理念思想

5　战略理念

目标：在读完本节后，您应该能够——

定义什么是企业的 CRM 战略；

认识 CRM 战略的重要性；

了解 CRM 战略的制订过程。

导言

企业的CRM要想成功必须以明确的CRM战略作指导。什么是CRM战略？如何制订企业的CRM战略？本章我们将进行详细介绍。

5.1 CRM战略的重要性

5.1.1 以客户为中心的CRM战略

CRM是什么？产品？理念？

这是个无休止的讨论，而且随着国内CRM事业的不断发展，它的涵义和范围也是在不断地变化。从国内的CRM厂商来看，大多数都是基于研究国外的优秀CRM系统如Siebel等，通过本地化的功能进行特色处理或者直接进行逼真的模仿。这也是没有办法的办法，因为CRM毕竟在中国只是个新事物，也是近几年刚刚发展起来。要追赶世界潮流，只有先走这条捷径，使我们的产品看起来与国外CRM产品没有什么差距，甚至敢于宣称我们的产品已经是业界第一!

基于这样的基础，众多的国内CRM厂商在CRM项目上重产品而轻实施，将CRM项目作为一个软件过程产品来处理，而非作为一个管理工程来做。

1）CRM的以客户为中心

我们又回到原来的问题：CRM是什么?

没有权威来定义一个CRM的概念，但是，CRM绝不仅仅是产品，其最重要的在于它的战略思想和互动流程，这就是CRM的灵魂。而我们与国外CRM的差距就在于CRM的战略思想和互动流程，一个系统的灵魂没有了或者欠缺了，那么从外表上看去再美丽的系统也是苍白的。

真正地讲，CRM是一种很虚的、缥缈的东西，灵魂当然是缥缈不定、转眼而逝的。它不像ERP系统可以依据生产理论来科学地计算、安排，它是一种企业的文化，一种企业的经营战略，一种企业的宏观流程。我们为一个用户实施CRM，最终目的就是要将这种CRM的灵魂传递到企业用户的灵魂中去。

这种战略思想，就是我们常常挂在嘴边却不昧真谛的“以客户为中心”。

一个企业，要建立起以客户为中心的企业文化需要一个过程，它不仅仅要求企业的经营战略要围绕它来规划，还要求企业的宏观流程、微观流程要围绕它来执行，还要求企业的每一位员工都要围绕它来运作。在这个过程之中，需要更多的引导，甚至需要组织变革、流程变革，就是我们所熟悉的BPR（业务流程重组）或者 BPI（业务流程优化），而这种变革最容易使项目变得不可控，甚至失败。

2）目标：一对一营销

我们的战略基于以客户为中心，而我们最终要实现的目标是一对一营销。

CRM 追求的终极目标就是一对一营销。而这个追求的过程是很复杂、很艰难的，是需要在以客户为中心的战略思想的指导下结合宏观流程、微观流程来实现的。

CRM 战略就是要促使企业用户从最初的盲目大量化营销，到目标营销，再到客户需求导向营销，最终到一对一营销。在实现一对一营销后，才是真正抓住了最有价值、最有潜力的客户，进行不同级别、不同价值的客户的差异化服务，进行针对性更强、个性化更高的市场营销，甚至将客户互动进来，使其既是消费者又是市场推动者。

针对粗放型经营，企业用户大多是根据经验、预测和与往年的比较来安排市场营销，或者组织人员对市场做市调和预测分析，这样一来，市场营销有相对较多的人为因素，受众也比较广泛，使费用和回应率没有真正关联起来。

随着市场竞争的日益激烈与成熟，更多的企业用户趋向于精细型经营。其中，粗放型经营向精细型经营的转变，就是一种经营战略的变革，基于生产的精细型经营就体现在 ERP 上，基于客户的精细型经营就体现在 CRM 中。

5.1.2 CRM 经营战略的四部曲

实现以客户为中心的 CRM 经营战略，主要可以分四个部分：客户识别、差异化、互动、客户化。

1）客户识别

客户识别：潜在客户细分、目标客户定位、客户价值识别、客户预测。

以客户为中心，对于市场营销就是角度的不同。不再从产品和服务角度出发去考虑市场怎么做，而是先分析、挖掘我们的潜在客户有哪些，潜在客户在不同类型条件下是怎么细分的，他们的主要特征、兴趣、购买动向等，怎么样开发。

根据往期销售、同行业销售、现有销售的客户资料来分析潜在客户群中，我们的目标客户定位为哪一类客，他们的主要特征是什么在需要做什么样的有针对性的跟进。

2）**差异化**

差异化：阶段管理、服务差异化。

对于意向客户，我们需要将商机跟进的销售过程分阶段管理，进行量化和规范化管理，不同阶段的重点在哪里，不同阶段的购买价值为多少，不同阶段的资源配置怎么做不同阶段的差异化体现等。

另外，对于不同阶段以及不同购买价值的客户，提供的服务也是有差异的，我们要确保80%的资源分配在产生80%价值的20%客户身上，而不是平均用力。

3）**互动**

互动：客户互动、分析提炼信息。

与客户的交流是一个互动的过程，在一个客户的购买生命周期中，这是一个不断迭代的、互动的过程。不断变化的客户需求和购买价值，在每次客户跟踪和跟进过程中反馈的信息，在每次购买后客户的反馈和投诉等等，企业与客户在不断地互动，不断地分析、提炼新的客户信息从而反馈进客户生命周期管理之中。

4）**客户化**

客户化：客户化的产品、服务、持续的客户生命周期。

现在提倡的是个性化服务，千篇一律的服务只是将客户掏钱的手又放回口袋。然而提供个性化服务，决不是一句口号就可以了，要做到真正地让客户感动并掏出远远超出产品成本的体验价格时，需要深入地从客户角度出发，从客户的喜怒哀乐出发，从客户的一举一动一言一行入手，分析挖掘客户愿意为之付出的价值点在哪里，从而将客户的生命周期持续，交叉产生不同的购买价值。

5.1.3 企业的宏观和微观经营战略

1）**企业的价值链**

我们讨论过了CRM的经营战略中心和目标，而在实际的企业应用中，以客户为中心的 CRM 经营战略包括两部分：宏观和微观。简单地说，CRM 的宏观流程就是客户互动；CRM 的微观流程就是业务流程。

我们强调以客户为中心的经营战略，不仅仅包括宏观上的围绕客户的互动发展战略，还包括微观上的围绕客户来进行优化和调整的业务流程。在过去的粗放式经营中，更多的业务流程是围绕产品来做的，如 4P 理论，基于企业提供的产品，制订不同的价格，在不同的区域进行促销，所有部门的业务都在根据企业的产品进行调整。现在转变为以客户为中心，所有的部门和业务都要围绕客户来进行精细型管理，将客户需求作为主要驱动因素，形成一条业务流程的主线，将企业的人员、业务紧密、无缝地链接成一个价值链。

2）CRM 是一种经营战略

CRM 不是一个系统，一个产品，也不是一套业务系统，它是一种经营战略。

这个观点即使许多人都知道，但是在做的时候总是忘记。无论是做产品，还是做项目，这都是一个必要的指导思想，它直接影响着产品或者项目的基调。

产品即使做得再好，也是一个表现形式；做得比较深入的比如行业应用，作为点方案直接体现了具体业务流程的运作，而业务流程的具体实现只是一种微观的战术，是一种静态的战术。

但是脱离了战略思想的战术只是僵硬的、教条的。而 CRM 对应于 CRM 产品所体现的就是指导思想和战略意义。在不同的战略思想指导下，同一个产品和业务体系所考虑执行的角度、基础和出发点、中心点是不同的，从而产生的实际效果也不同。

3）体现客户为中心的流程思想

CRM 是一种战略思想，是一种体现以客户为中心的流程思想。这个流程，既包括宏观的客户互动的流程，又包括微观的业务流程。企业用户既要建立一种以客户为中心的企业文化和经营战略，又要建立一套由客户需求驱动的业务流程，这才能真正地体现 CRM 系统的价值。

产品是静态的，思想是动态的，只有在思想的指导下优秀的系统才能充分发挥主动性的优势，这就是我们所强调的 CRM 项目流程的指导意义远大于产品的安装培训。

我们可以看到，国外CRM项目大多结合咨询公司来进行，专业的咨询公司对行业发展战略和行业业务很精通，结合业务优化和项目实施，将CRM项目作为一个管理过程经过较长的周期在企业用户中建立起来。

而国内大多数还是CRM软件厂商自己进行实施，如同蜻蜓点水，本身对产品和业务的理解就有一定折扣，在CRM项目中仅仅做到了产品安装和培训，而对企业用户的战略指导和业务流程的优化却避之不及。

在咨询服务方面，积累是最重要的，没有本土化的咨询知识积累，我们跟国外的差距只能越来越大。可喜的是，国内已经有部分咨询厂商，专门针对企业用户的销售业务流程优化和量化管理等进行深入发展，使我们看到中国CRM市场咨询服务发展的一线曙光。

5.2 CRM企业战略

但凡成功的企业都有自己的战略，战略就如同一个企业赖以生存并依靠的灵魂。而CRM，作为企业思考经营和发展的新的角度，基于客户的战略就显得愈来愈重要。这是企业进行客户需求导向的风向标，客户战略直接影响着企业怎样认识客户和怎样对待客户，也就直接影响着企业的生存和发展之计。

5.2.1 什么是CRM战略?

商业成功的关键在于要针对客户的需要并提供产品和服务来满足这种需要，然后通过对客户关系的管理确保客户满意和再次交易。然而在过去，很多组织以为他们的产品和服务无与伦比，客户会一如既往地使用他们的产品。过去的一切已成明日黄花，客户变得越来越大胆和挑剔，他们不仅要求优质的产品，而且要求优质的服务。

客户关系管理不是一种概念，也不是一项计划，它是一种商业战略，它着眼于理解和管理某个组织当前的潜在的客户需求。它是一段漫长的历程，在该过程中，有战略、机构和技术的改变，通过这些改变，公司可以围绕客户行为更好地管理自己的企业。这使得获取客户的信息成为必要，利用不同接触点中客户的信息在最大满意度内平衡年收入和赢利。

然而，CRM 战略必须适应各个市场细分的需要，这样将面临着挑战和机遇。为了更有效地管理客户关系，一个组织必须：

● 定义自己的客户战略

为了做到这点，有必要理解客户细分和他们的需要。如果一家公司能了解自己提供的产品和服务，而且这些供给对每个细分都是相同的，那就有必要定义自己的客户战略。

● 建立产品和渠道策略

这保证了一个组织能够有效地配送其产品，确保了销售能力和有效的渠道管理。

● 制定相互协调的战略

这个战略能创造出可以和客户建立关系并满足客户需要的环境，这需要具有激进客户管理和互动客户关怀的能力。

总而言之，在组织内建立客户关系管理文化势在必行，同时要确保这种文化能深入人心并渗入到客户的行为当中。

5.2.2 建立 CRM 战略

执行 CRM 战略需要聚焦于影响客户关怀的三个要素：客户战略、渠道和产品管理战略、基础设施战略。为了能有效执行此项计划，针对不同的要素需要提出怎样的问题呢？

你不妨拿出一张纸来，跟着以下的问题，不必沉重但要认真地回答这些问题，同时在纸上描述出来，到最后你会发现，在你面前的纸上已经勾勒出一个企业的 CRM 战略的轮廓，剩下的则是留给你丰富想象和创造的空间。

1）客户战略

● 基于当前和潜在客户的需要，如何细分客户？

从企业的经营出发，从企业当前和定位的潜在客户的需求出发，你将如何认识你的客户并细分他们，这将直接影响着所有的下一步。你要着力于保留当前客户还是开发潜在客户？不同的客户细分对应的不同的客户策略是怎样的？

● 特别的客户有独一无二的需求吗?

当细分了客户后你会发现一些特殊的客户，他们的需求可能与常规的需求不一样，他们的需求可能是个性化的、特殊性的，你能够细分出他们并明确地把握住他们独一无二的需求吗?

● 对特定的客户群体应提供独一无二的产品和服务吗?

细分客户之后企业就可以实现一对一营销，提供差异化服务，这在以前是不可想象的。那么你在细分客户并了解细分客户群的需求后，你愿意并能够为这些特定的客户群体提供各自不同的服务吗?别忘记，这是有成本和代价的，当然可能还会有意想不到的收获。

● 有独创的战略来确保客户忠诚并留住客户吗?

当你获得了客户后是否有自己独特的战略来挽留客户并确保客户能够忠诚地持续消费?为什么要独特的呢?因为你的竞争对手们也在拼命地争夺这些客户，你怎么才能利用自己的核心竞争力留住他们?

● 你和客户建立了双赢关系吗?

你与客户间不是你卖他买这么简单，而是你从客户那儿获得了价值而客户也从你这儿获得了需要，你们是双赢的。你是否已经建立了这种被双方认可的双赢关系甚至已经建立了更加深入的客户联盟关系呢?如果没有，你有类似的计划吗?

2）渠道和产品管理战略

● 客户是否更乐于通过 Internet、传真、信件或电话等方式获得产品和服务?

客户细分之后，不同细分的客户的喜好是什么?他们是否愿意接受诸如网络、传真或者电子邮件、电话等方式获得产品和服务?对于每一个通路，具体客户的最佳联系方式和时间、频率是什么?这将影响着你与客户沟通和服务的很多问题。

● 从组织的角度考虑，什么才是更好的和客户交流的渠道?

因为企业要生存、要运营，所以并不是客户喜欢的所有东西我们都一定要满足，而是要考虑综合因素，其中包括组织问题、资源问题和效果回报问题等等，至少不要盲目地下结论，而是要全面地去考虑，选择一个与客户交流的最佳或者更好的渠道。很多问题都是这样：没有最好，只有更好。

● 每个渠道的成本如何？

每个渠道不可避免地要产生成本，而且有趣的是不同渠道产生的成本是不一样的，即使是相同渠道针对不同的细分客户产生的成本也是不一样。那么，我们就需要仔细了解每个渠道的成本和每个细分客户的渠道沟通的成本，这是一个矩阵的统计分析，这可以全面地从成本核算方面告诉你哪个渠道最省钱，哪个渠道最昂贵。

还有一点很重要，如果把每个渠道的ROI或者创造的价值也同时计算进去，那么你会显而易见地分辨出哪一个渠道的性价比最高。难道这不正是你所想要的东西吗？

● 何种产品或服务应用什么渠道直销于不同的客户群？

CRM一直在强调：在合适的时间通过合适的渠道将合适的产品提供给合适的客户。那么，什么才是合适的？针对细分之后的客户群，不同的客户群有不同的渠道，而且不同的客户群又有各自的需求和喜好的产品服务，那么就面临一个基于客户的组合问题：什么样的产品或者服务应该通过什么样的渠道提供到需要它们的不同的客户群中？

解决了这个组合问题，你的客户通路就顺畅了。

● 可能发生的渠道冲突是什么？应该如何处理？

渠道会有冲突吗？你通过渠道商去接触客户，同时你又有直销员和网站购物，那么客户就同时面临着你的三条接触通路，哦，那你们有可能就要抢客户了，或者说客户拿到的价格也就不同了，这就是渠道冲突。与客户的接触渠道多样化是没有问题的，但是要及时了解产生冲突的可能性与处理方法，通过一些手段和策略是可以有效地避免渠道冲突的，问题是首先你要认识到这个问题！

3）基础设施战略

● 需要什么技术性基础设施？

从战略规划开始就要关注具体实现的问题，所以作为技术性基础设施要做好规划，是硬件、电脑、移动设备、终端、还是网络？就如同一栋大楼的基座，是采用石料、砖，还是混凝土等等。大凡是长期投资使用的基础设施，其扩展性、先进性以及合理的成本等都是要重视的问题。

● 建立一个学习机构，需要什么技术呢？

一个企业就不需要学习了吗？不是的，目前正在提倡建设学习型组织，企业也需要不断学习和研究当前企业的行为和管理理念等，不断地从理念和实践的结合中提升企业的能力，而这种称之为“知识管理”的技术，又都需要哪些部署呢？如何来建立一个适合企业发展实际情况的学习机构？

● 需要什么新的 CRM 规则、进程和工具？

在 CRM 规划中涉及很多原则，比如定义原则、细分原则、编码原则等；还有很多工具，比如调研工具、评估工具、测试环境系统等等。如何更好地评估并利用更新的原则与工具来促进 CRM 战略的完善性？

● 为了成功执行 CRM 战略，需要什么新的机构和具有竞争性的人？

这说到了一个很关键的问题，就是人的问题。CRM 战略更多的是人的问题：要面对的是作为客户的人，而执行战略的是作为内部客户的员工。那么为了成功执行 CRM 战略，我们需要设置什么样的组织结构和员工呢？

一旦这些问题得到解决，一整套协调措施将出现。当你将这些问题的答案都在纸上描述出来时，你的 CRM 战略大体上就已经有了轮廓，那就继续去完善它并让它真正成为指引企业 CRM 部署的方向标吧。

摘要

CRM 战略的最终目的是建立以客户为中心的企业，客户识别、差异化、互动和客户化构成了 CRM 经营战略。建立 CRM 战略包括客户战略、产品和渠道战略以及基础设施战略三个组成部分。

思考

5.1 什么是 CRM 战略?

5.2 企业的 CRM 战略如何与企业的整体战略融合?

5.3 企业 CRM 战略包含哪些部分?

5.4 请试着为你的企业建立简单的 CRM 战略。

6 客户资源

目标：在读完本节后，您应该能够——

理解客户资源的重要性；

了解将客户作为资源的必要性；

了解客户资源竞争的一般策略；

了解客户资源的整体性。

导言

管理大师彼得·德鲁克曾经说过，企业的目标就是创造客户。现在企业的生产经营观念已经由过去的以产品为中心转向了以客户为中心，由于竞争的日益激烈和产品的同质化，客户已经成为了稀缺资源。很多企业已经开始把客户看作企业资产的一部分，衡量企业的成功与否的标准不仅仅看企业的规模和效益，更要看一个企业拥有的优质客户的数量。只有拥有大量优质客户的企业，才是最有发展潜力的企业。

6.1 客户资源的定义

资源是大家非常熟悉的，客户资源和我们平时所提到的其他资源是一样的，是能够用于创造经济价值的。客户资源是指企业将自己的客户和潜在客户看作企业创造价值的一种资源。正如前面提到的，很多企业自身的潜力已经挖掘殆尽，难以通过传统的方式和策略获得显著的竞争优势。因此企业把目光转向了外部资源，也就是客户，客户已经成为了企业日益珍视的稀有资源。

6.2 客户资源的重要性

企业的最终目的是追逐利润，创造利润需要很多的资源。从当今世界的经济发展状况来看，除了少数国家垄断的行业（比如核工业），企业生产和发展所需的资源已经是触手可得，大多数资源的稀缺性已经被市场的快速反应能力屏蔽了，基本上可以这样说，企业可以购买到经营和发展所需要的任何资源，而利用这些资源的最终目的是创造利润。怎样创造利润呢？当然是要与客户进行交易。企业必然开始争夺客户资源，现在的企业是在抢客户。比如你要买一台电视机，在今天的家电市场你的选择很多，你可以选择国产的，也可以选择进口的；你可以选择海尔的，也可以选择海信的、创维的、长虹的等等。现在的你是家电商争夺的资源，当然前提是你要给他们带来利润。

产品、营销活动、甚至销售渠道都在不断地变化，越来越多的企业管理者开始意识到客户关系是增加企业赢利的有效手段。国外有研究表明客户保持率增加 5%，企业的赢利率就会增加 25% ~ 95%。产生这种情况的原因有很多，比如，一个客户长期持续购买企业的产品和服务就会降低企业获取新客户的费用；老客户在进行交易的时候更加高效。而根本上的原因在于企业在每个高价值客户身上提高了赢利。

将客户看做是企业的资产并系统地进行管理，使得企业可以为特定的客户细分群体提供最有效的营销活动和服务以获取、维护和增强客户资产，最终实现企业收益最大化。

6.3　客户资源竞争策略

忠诚的客户是稀缺资源，也是价值的来源。怎样才能管理好这个重要的资源呢？首先企业必须将客户价值最大化定位为企业的商业目标。企业要从传统的以产品或活动为中心的经营战略转变成以客户为中心的营销战略。

1)　识别高价值客户

客户信息是企业识别高价值客户的最基本条件，客户的赢利能力，因为 CRM 战略的最终目的就是提高企业的赢利能力。除了客户赢利能力之外，其他的客户知识也可以帮助企业提高目标客户群体的赢利能力和获得有潜在赢利能力的客户。

与客户建立什么样的关系能增加价值？

怎样细分客户群体价值的认知情况以及怎样通过营销来增加这种价值？

哪些产品和服务是有价值的？是用什么样的模式来传递的？

客户对于营销活动和销售活动的反应是怎样的?

因为商业智能工具是用来从客户数据中提取信息以分析客户行为和偏好,并为营销和产品、服务的开发提供支持的。这些工具平台的功能包括数据挖掘、在线分析处理和数据的可视化。

- 获取并整合客户信息

了解客户的第一步是从多个渠道获取和集成客户信息。要获取的客户信息包括客户的人口统计信息、性格特征、购买和服务的历史、偏好、投诉和其他所有与企业的沟通。这些资源可以通过企业不同部门(分派员、销售人员和服务人员)使用不同的沟通渠道(人员之间,电话,电子邮件,网站,邮件传真)获得。是外部(比如,营销数据的提供者)客户数据同样还包括他们对营销和销售活动的做出的反映,这些数据有两个用途,为与客户的个性化交互活动提供客户基本信息以及对客户进行细分以提供合适的产品、服务、营销、关系和细分计划。获取客户信息通常需要通过数据仓库的开发来集成不能共享数据的多个系统的数据和外部资源的数据。我们需要用他们来了解客户的行为,集成是比较重要的,可以使每个与客户接触的人员建立360度客户视图。

- 建立客户的概况

客户的概况定义了每个客户的人口统计学特征、需求、欲望、购买节奏、渠道偏好和消费行为。客户的概况可以供每个客户接触点的人和系统使用而不管通过怎样的渠道。

- 根据客户的潜力和赢利能力细分客户

根据80/20原则,企业80%的利润来自于20%的客户,因此要关注谁是那20%的客户,对他们进行特殊的关注以满足他们现在和将来的需求。基于客户赢利以外的客户细分可用于制订可执行的客户细分。因为一对一营销经常被误解,可以使企业获取多个细分市场。与数据仓库相关联的商业智能工具可以为客户细分提供支持。

2) 剥离不赢利客户

企业的目的是赢利,所以要在法律、道德和社会许可的范围内减少和排除那些不赢利的客户。这样通过减少不赢利客户带来的损失可以提高企业的赢利从而降低成本。

通常很难直接剥离客户，可以通过对不赢利的客户细分群体减少服务和提高价格来实现剥离。有时候也称剥离客户为劝退不赢利客户。

3) 提高产品和服务的附加值

要和客户建立关系，必须为客户提供价值。我们可以把价值理解成能使客户作出积极回应的任何东西，可以是企业的品牌价值、信誉度和美誉度等等。

● 对忠诚的回报

增加的附加值可以采取一种以客户/细分为中心的业务模式，使用的程度取决于企业在此领域内的定位。让企业在短时间内建立全面的以客户为中心的经营理念是不现实的，但至少要做出一些相应的调整以提高为客户提供的附加值。提高附加值驱动力的重要组成部分就是灵活性、集成的渠道结构、后期的描述，这可以为客户提供交互渠道。

企业必须增加为客户提供的附加值，因为企业的竞争者很容易在其他方面追赶上。企业必须不断创新。

● 实施目标客户关怀和关系行动

客户关怀活动指满足客户生命周期中各个层次的需求，目标是使客户能更容易地与企业进行互动。

客户关系活动是设计用来增强客户关系的活动，例如忠诚和客户再认识活动。客户保持活动是客户关系活动的一个子项目，他们主要面对那些可能流失的客户。客户信息可以用来锁定那些需要保持活动的客户并且确定这些活动的本质。

● 实施目标市场营销活动

目标市场营销活动通过将产品和服务与价值联系在一起，从而为细分市场内的客户提供价值，比如品牌。目标明确的产品和服务提供是通过对客户细分群体的需求和服务期望值的识别而建立的，因为提供变得个性化了，企业必须实现自身差异化（比如实现提供的方式）。

4) **获得更多的价值**

一个企业可以合法地从客户那里获得更多的价值，而不需要疏远客户和失去竞争优势。

利润价格的提高是因为客户让渡价值的增加，这不会影响市场份额，而且会提高赢利。价格的提高必须经过证明并且与客户做好沟通，以避免损害客户关系。

5) **客户交互**

客户与目标客户群体之间的多种交互渠道是为了通过提供便利和降低客户成本来增加价值的。主要通过以下几方面的交互活动来完成。

● 基于客户概况的个性化、集成化交互活动

个性化是指根据不同的性格、情况、偏好和历史为客户提供有针对性的响应，不管客户是在和人还是和企业管理系统打交道。

集成化是指每个客户交互渠道都了解其他渠道发生的情况并且能无缝的继续企业与客户之间地集成。客户体验到的企业是一个整体。

● 提高营销、销售和客户关怀的效率

效率是对为实现特定目标而付出的努力和消耗的资源量的衡量。具体到CRM就是客户交易（比如获得产品信息、提交订单、确定订单的状态、获得维护或维修信息和获得培训）。通过设计渠道来减少企业人员和客户交互的成本，同时为客户提供自助式服务，效率就会增加。通过自助式服务客户可以在任何时间和企业进行交互活动来完成交易。另外，这些渠道因为使用了电子技术从而可以将客户数据传递到客户知识的流程中去。

● 提高营销、销售和客户关怀的效果

效果是指实现特定目标的程度，一个人可以更有效地进行销售，这可通过提高客户认识到的价值和灵活、集成渠道提供的交互活动的容易性来实现。越来越多的渠道选择会提高市场营销和客户关怀的效果。

6.4 客户资源体系的整体性

客户资源体系的建立与完善一般通过三种方式：培育、开发和循环补充。

培育，主要体现为企业的纯市场营销行为，包括品牌、理念、产品、服务、技术、应用、需求、合作、人才、业界地位、公益性、公认标准的确立等等。企业市场行为最重要的特征是“宣传”。

开发，主要体现为企业的销售行为，包括资源的收集、资源的筛选、需求的激发、需求的满足等。企业销售行为重要的核心是“沟通”。

循环补充，主要体现为企业的服务营销行为，包括通过有形和无形的服务方式来完成对客户需求的满足，并实现各种交叉销售和升级销售，同时完成对客户资源的进一步循环补充。企业服务行为重要的目标是“满足”。

当然，实际情况中客户资源的培育、开发和循环补充在不同阶段会有一定程度的融合。

1）客户资源收集

客户资源的收集有很多渠道，企业和销售代表要开发更多的客户，就要充分利用各种有效的渠道来进行客户资源的收集。

- 展示会上的客户反馈单
- 同学、家人、朋友介绍
- 一般用户介绍
- 行业、行政主管单位介绍
- 上级公司介绍（指定）
- 下属公司推荐
- 平级单位推荐
- 客户上门购买或来电联系
- 老用户的再销售

还有一些比较特殊的渠道，也是常用到的：

- 国家机关、公众团体公开发布的资料；同业组织、大众媒体发布的公众信息
- 商业中介媒体渠道（如专业投递公司、直邮公司等）

- 大众媒体发布的专项信息的反馈（如广告或活动的客户信息回函）
- 专业媒体发布的专项信息的反馈（如广告或活动的客户信息回函）
- 网络媒体发布的专项信息的反馈（如广告或活动的客户信息回函）
- 一般分销代理机构的客户来源渠道
- 在特定行业（或客户集团）内发展分销的代理商
- 合作伙伴的客户来源渠道
- 通过与协会、联谊会、同乡会合作（或其成员合作）
- 与其他行政主管单位的合作如获得企业工商登记名单
- 与本企业注册所在地区行政机构的合作
- 某些名册（如纪念册等等）
- 陌生拜访：电话、上门等，可以利用《电话黄页》等
- 社会培训
- 其他竞争对手的客户或用户名单
- 因功能或服务未签约的客户名单
- 因价格等因素未签约的客户名单
- 公司内过去历年遗留的因各种因素未签约的客户名单（包括已购买其他公司产品的）
- 公司内其他业务员现期肯定无法签约的客户名单（需要公司级调配）

2）**客户资源的需求激发**

对暂时没有需求的客户，就需要激发其需求。客户拓展，一般需要解决两个问题：消费者的拒绝心理和消费需求的激发。只有解决了拒绝心理，需求的激发才是可信、可行的。核心是人与人之间、企业与企业间的“沟通”。而对客户的潜在需求的激发、引导和明确，就是要让激发客户感到“真正需要什么”。

3）**客户资源的需求满足**

对客户需求的满足存在于整个营销过程之中。企业的市场营销活动通过对客户的宣传可以让客户找到拥有美好的未来的途径。通过与客户的沟通可以让客户得到个人沟通后的满足感、荣誉感、被尊重感等，同时让其享受到拥有美

好未来的机遇。通过与客户的签单可以让客户获得众多需求的当期满足并享受到拥有众多承诺的满足（和不安）。产品的应用和对客户服务的实现并可以让客户享受到众多承诺实现的满足，并对于自己的正确选择产生信心、成就感，同时培育起新的潜在需求。

摘要

越来越多的企业把客户看做企业的资源，通过正确的客户资源竞争策略培育、开发、循环补充企业的客户资源。

思考

6.1 客户资源和传统的资源有什么相似之处和不同之处？

6.2 客户资源如何转化为企业资产？

6.3 如何了解客户资源体系的整体性？

6.4 怎样选择适合本企业的客户资源竞争策略？

7 客户细分

目标：在读完本节后，您应该能够——

了解客户细分的基本概念；

认识客户细分作用；

了解常用的客户细分方法。

导言

客户细分是客户关系管理的基础。CRM 强调的是以细分的客户区隔为基础，而不是所有的笼统的客户，通过结合客户价值定位的客户细分，实现差异化的一对一营销服务，是 CRM 的核心。

在企业的营销管理中，客户细分的第一阶段就是市场细分，市场细分大部分是以假想的或者预设的客户群作为细分对象，有着很大的主观性，但二者的方法是相似的，只是出发点和角度不同，从而使最终形成的结果也不同。

在这一部分，我们将提出一系列关于客户细分的概念、分析方法、原则，并构建与这些方法相适应的理念、制度和策略。尤其要树立正确的管理客户的理念，善于识别客户、分析客户、管理客户，便于企业更好地把握自己的客户。

7.1 客户细分概述

1) 客户细分的定义

客户细分 (Customer Segmentation) 是指按照一定的标准将企业的现有客户划分为不同的客户群。客户细分是客户关系管理的核心概念之一，是实施客户关系管理重要的工具和环节。正确的客户细分能够有效地降低成本，同时获得更强、更有利可图的市场渗透。通过客户细分，企业可以更好地识别不同客户群体对企业的价值及其需求，并以此指导企业的客户关系管理，从而达到吸引合适客户、保持客户、建立客户忠诚的目的。

2) 客户细分的意义

客户细分可以让企业从一个较高的层次来分析整个数据库中的客户信息，同时客户细分也使得企业可以用不同的方式来对待处于不同客户区隔的客户，这是客户细分的意义所在。

在会员管理中对于一般会员、金卡会员、白金卡会员的等级划分，就是一个典型的客户细分的例子。这样的市场细分非常有用，企业很愿意来分析和预测白金卡会员的消费行为，因为这些人与普通人的消费方式不一样，企业需要针对不同的持卡人制订不同的促销活动。

客户细分是一对一营销的基础，基于客户细分，一对一营销可以对每个客户提供非常有目的性和个性化的服务。当然，一对一营销是一种理想化的策略，更多的时候不是对一个人而是对一个多层细分的客户区隔，这个客户区隔可能是一个人，也可能是多个人。在一对一营销的策略中，企业的每次市场活动和产品、服务都有最佳的目标客户群体，个性化的服务在当今按需生产订单的工业时代是可以实现的。国内最有趣的案例就是海尔的三角形冰箱和可以洗地瓜的洗衣机。

客户细分有什么用？很多企业都在疑惑这个问题，而很多 CRM 项目也都在忽略客户细分。其实有多种原因促使企业在业务中使用客户细分。首先，企业可以基于客户细分的框架来定义和表达企业的客户有很多层次的区别；另外，比较理想化的一对一就是企业想了解自己的每一个客户，但是如果你有 10000 个客户，那么意味着你就有 10000 个由一个客户组成的客户区隔，那么你还要在区分赢利客户和非赢利客户上费尽周折。对于企业而言，能够成功管理和沟通 10 个以上客户细分群体已经很不错了。

客户细分是一种很有趣的事情，因为它涉及到企业的战略和流程。因此，当没有客户细分的时候，企业还感觉不到它的存在和价值；当建立了一个客户细分蓝图时，人们要花很长时间去接受它，但是一旦接受了，作为一个一致准确的沟通手段它就可能给公司带来极大的益处。反之，如果客户细分蓝图错了或者过时了，企业也要花一段时间去替换它。

使用客户细分不一定要面向所有的客户，客户细分蓝图可以只针对一部分企业最近最感兴趣的客户，因为客户细分蓝图可以是为了用于企业的战略规划和沟通，也可以是为了一个具体的目的或者一个具体的市场推广活动。

客户细分对于企业而言指出了客户是谁，客户是什么样的，客户与客户之间是如何不同的，以及他们将被如何区别对待等问题。为了有效地达到一对一营销、差异化服务的目的，客户细分应该作为企业的战略指导思想在全公司范围内部署，从而使整个公司从市场部到销售部到客户服务部再到财务部，都会知道客户之间存在差异。只有这样，一个区别对待不同客户的计划才能够部署下去。

举例说，如果销售部知道存在的黄金级别的客户区隔，这些客户承载了其他细分的客户区隔多倍的业务，那么销售部就可以针对这些客户策划活动。若市场部了解了黄金级别的客户区隔，那么就可以举办相应的市场活动来支持销售，而客户支持部门也就可以启用特殊的热线、配备专业人员以供给这些黄金客户区隔更好的回应。所以说，如果企业被比作一艘巨轮，那么一个好的客户细分蓝图就相对于方向舵。

正因为如此，客户细分蓝图必须是经过不断完善和重新细分的，必须是经过深思熟虑的，也必须是正确的。如果客户细分蓝图不符合企业客户的实际行为，那么无疑企业会被客户细分蓝图指引到错误的方向并失掉大部分客户。

客户细分的方法为企业的管理者和决策者提供了一种发现消费者需求和需求变化的方法。战略是选择，战略的选择不是选择产品，也不是选择业务，而是选择客户价值。只有选择了客户群，才能够根据客户群的需求明确公司的发展方向。任何基于产品和技术的选择都是盲目的选择，都是机会型的选择。纵观企业成功与失败的案例，战略选择决定了企业的兴衰。企业应根据消费者需求的差异化，找到企业差异化战略的落脚点，同时应根据企业定位的差异化，组织公司的资源。定位消费者需求的过程同时也是战略选择的过程。

7.2 常见的客户细分方法

客户细分的方法有很多种，有的简单，有的复杂，我们最终衡量客户细分方法的标准应该是结果的准确性和与企业经营管理的匹配程度。我们下面介绍几种实用性比较强的客户细分方法。

1) 基于客户人口统计特征的细分

（以美国客户细分分类举例）

地理因素：

地理位置	东北部；中西部；南部；西部
城市规模	10,000 人以下；10,000 ～ 24,999；25,000 ～ 49,999；50,000 ～ 99,999；100,000 ～ 249,999；250,000 ～ 499,999；500,000 ～ 999,999；1,000,000 或者更多
都市区	大都市统计区 (MSAs)；联合大都市统计区 (CMSAs)；主要大都市统计区 (PMSAs)
稠密度	城区；郊区；小镇；乡村

人口因素：

性别	男，女
年龄	6 岁以下；6 ～ 11；12 ～ 17；18 ～ 24；25 ～ 34；35 ～ 44；45 ～ 54；55 ～ 64；65 ～ 74；75 或以上；
种族	非洲；美洲；亚洲；白种人；其他
人生阶段	婴儿；幼稚园；小孩；青年；大学生；成人；老人
出生时代	Baby Boomer (1949 ~ 1965)；Generation X (1966 ~ 1976)；Baby Boomlet/Generation Y (1977 ～ present) 类似中国的出生代概念
家庭人口	1；2；3；4；5 或更多
居住环境	自己的房子；租赁的房子
婚姻状况	未婚；已婚；分居；离婚；寡妇

社会因素：

收入	\$15,000 以下；\$15,000 ~ \$24,999；\$25,000 ~ \$34,999；\$35，000 ~ \$49,999；\$50,000 ~ \$74,999；\$75,000 或更多
教育	高中或高中以下；高中毕业生；大专生或职高生；本科生；研究生

心理因素：

个性	合群的；固执的；外向的；好斗的；有野心的等
价值	成就者；成功者；经验丰富者；信徒；奋斗者等

2) RFM 模型

RFM 模型是比较常用的客户细分方法，常用于执行营销活动的测试与分析，其中 R(Rcency) 是指最近一次购买日期与当前日期的时间间隔（国外也有的定义为最近一次购买日期）；F(frequency) 指在某一期间内购买的次数；M (monetary) 指在某一期间内购买产品的总金额。RFM 模型将这 3 个变量作为衡量客户的维度，每个维度可以根据企业的情况分成不同的等级。RFM 模型是一种有效的客户细分方法。在企业开展促销活动后，重新计算每个客户的 RFM，对比促销前的 RFM 值，可以看出不同客户群对促销活动的反应，识别更有利可图的客户群，为企业开展更有效的营销提供可靠依据。RFM 模型是数据库营销中广泛采用的客户细分方法，但是分析过程比较复杂，而且在实际的操作中也要结合很多其他的指标才能得出比较科学的结果。

3) 基于帕累托原理的客户细分

帕累托原理也就是我们常说的 20 / 80 规则。这个规则认为：企业 20% 的客户创造了 80% 的利润。有的行业，甚至是少数客户创造了企业绝大部分利润，但是一部分不赢利的客户消耗了一部分利润。利润细分法一般把客户群分为三部分，即高价值客户、中价值客户和低价值客户（如表 7.2.1 所示）。

实际的操作中往往使用的是客户当前的利润而不是客户生命周期内为企业带来的利润。

表 7.2.1 汉拓科技某餐饮集团项目中进行的利润细分表

客户群	占总客户数的比例	占总利润额的比例
A 类	5%	39.1%
B 类	15%	25.9%
C 类	80%	35%
总体	100%	100%

客户之间是有差别的，有的客户能给企业带来高额利润，而有的客户却带来负利润，如何识别有价值客户、吸引优质客户是企业营销必须考虑的。客户价值细分正获得越来越多的认同，但是，客户价值到底有多大？客户价值的预测成了客户价值、客户细分的关键，所以，客户细分的分类标准不是唯一的，而是具有多样性的。这种多样性是与企业的多种因素息息相关的，不同企业的客户细分分类标准是不一样的，而同一个企业在不同的发展阶段或者在不同的产品线上的客户细分分类标准也是不一样的。我们把客户细分之后的处于某一区隔或者某一区隔组合之间的客户聚类称之为客户细分后的“客户区隔”(customer segment)。

基于不同的客户细分标准，客户的基本类型也有多种设置方式。客户的基本类型可以作为客户细分的依据，但是又不能仅限于此。客户细分需要多个步骤，一步一步来进行的，其中比较常见的为“客户细分三步法”：客户分类、客户价值定位（客户分级与客户分层）、客户分群。

摘要

客户细分是客户关系管理的基础。CRM 强调的是以细分的客户区隔为基础，而不是所有的笼统的客户。通过结合客户价值定位的客户细分，实现差异化的一对一营销服务，是CRM的核心。

常见的客户细分方法有：基于客户人口统计特征的细分、RFM模型、根据客户价值的细分。不同的行业和企业适合不同的细分方式。

思考

7.1 什么是客户细分?

7.2 常见的客户细分的方式有哪些?

8 客户价值

目标：在读完本节后，您应该能够——

了解客户价值的定义；

了解客户利润与未来赢利能力；

了解客户的增量价值；

了解客户的净价值。

导言

很多企业虽然重视客户，但却忽略了对客户价值的评估，从而使企业所做的全部努力都没有建立在客户价值评估的基础上，一视同仁的客户关怀相当于什么都没有做。客户关系管理的重点就在于基于客户细分来进行客户价值评估，从而进一步深化差异化营销和服务策略。因此，对于企业和企业的客户关系管理来说，客户价值就显得愈加重要。

8.1 客户价值

对客户价值的理解是企业管理的关键。很大程度上我们都把客户价值理解为客户赢利能力，客户价值与客户忠诚度是密切相关的，客户忠诚度会在后续章节中进行详细的介绍。如果没有评价客户价值的要素标准，我们就无法使企业的客户价值最大化，因为我们不知道哪个最低、哪个最大。

如果不知道客户的价值，企业就很难判断什么样的市场策略是最佳的。因为你不知道你的客户现在值多少钱，所以你可能正在浪费你的钱，或者已经投资过度了，你可能不知道什么样的客户是有价值的，也不知道你从正在给你的客户服务的竞争对手那里抢过来多少客户。

这样一来，企业就很盲目。加上每一个客户生来都是一样的，有着同样的价值，这也就不成为问题。但是实际上情况并非如此，在企业的客户群中，客户的赢利能力是有很大区别的。各种市场广告和促销活动在每一位客户身上分摊后的级别是差不多的，但是不同客户产生的影响可能是积极的也可能是消极的。一般而言，在客户身上花的钱越多，他们保持更高价值的可能性也就越大。

问题是：并没有一家公司能够持续不断地烧钱，不这样做的原因是花费太高。对于企业而言，投资回报率是很重要的指标，所付出的钱必须与从中获得的收益相符。而客户价值可以帮助企业很清楚地发现有一些客户比其他客户更为值钱，而通过客户价值分析可以有效地帮助你发现哪些客户最有价值以及你应该为获得/保留这些客户付出多少钱。

1）客户赢利能力

客户忠诚度与客户价值是密切相关的，保持客户的忠诚度将对客户价值产生极深的影响。忠诚度高的客户是指那些持续购买公司产品或服务的客户，这样稳固的关系给企业带来极大的利润，因为企业无需在这些忠诚度高的客户身上投入新的营销费用，同时客户认可了公司并建立起一种良好的关系，使得客户会更多地推荐其他人来购买甚至愿意支付额外的费用以获得更好的服务。

前面提到，很大程度上我们都把客户价值理解为客户赢利能力，当然我们也可以理解为客户带来的销售收入，但是以客户收入作为客户价值，它不能分辨出哪些客户是真正重要的。有一部分客户是可以带来很大的收入，但是因为这种客户要求很多的额外服务从而会产生很大的服务成本，同时它要求的价格折扣可能也更高，从而造成收入可能很高，但赢利率可能很低，甚至是负利润。从企业发展的战略角度来看，在企业追求市场份额和扩大规模而暂时不关注利润的短期内是可行的；但是长期在这类客户身上投资则是不明智的。

因此，任何时候，企业都应该将注意力集中在有利可图的客户身上。

2）预测客户未来的赢利能力

客户价值不仅仅要分析客户的现在价值，还要分析客户的潜在价值，也就是未来的赢利能力。例如，当房地产企业为推出新楼盘做了大量的市场推广活动后，现场展厅的销售代表会发现他们为接待大量的潜在客户来电和来访而忙得焦头烂额。这看起来是一件很好的事情，但问题是虽然企业的所有客户都是从这些潜在客户中来的，但并不是指所有的客户乃至所有的潜在客户生来都是一样的。

一些来电的或者来访的潜在客户很快就对你的楼盘不感兴趣了，另一些人可能感兴趣的时间长一些。一些潜在客户可能会一次性购买多个单元，而另一些人则可能只买一套最小的单元。有一些潜在客户一开始只认购了一套，但很快他们就会成为你的大客户。很显然，如果能够把潜在客户按照他们的潜在价值排序，这将会非常有用。

对于这些问题，房地产公司的销售或者市场人员也可能给出答案，但是这些答案可能是盲目的，也可能是主观的，但如果能够向他们提供这种潜在客户价值的分析，则会对他们的业务有很大的帮助。预测客户的潜在价值需要有两个主要要素：一个是潜在客户的行为特征和发展成客户行为特征的历史数据；一个是计算客户价值的标准。然而对于一个企业来说，评估一个客户的现在价值已经比较困难了，预测客户将来的价值和潜在价值则是更困难的事情。

3）**增量客户价值**

对增量客户价值的分析是很有意义的，我们不妨先理解一下增量价值的定义和意义。在现有的市场和销售措施基础上客户价值得到提升，但是客户价值提升的计算存在两种：一种是客户提升后的客户价值；一种是客户因为此次提升而增加的客户价值，而增加的这个客户价值就是增量客户价值。

同样是房地产公司，市场部门在进行客户细分和客户价值定位后向黄金客户区隔组织了一次市场活动，提供优惠大礼包，但问题出现了：这些客户在促销活动前已经是高价值的客户了，而促销活动后还是高价值客户，那么企业在这些客户身上获得的利润增加了吗？如果这次促销活动使这些客户产生的营业收入增加了，那么在计算了这次促销活动的费用后，这些增加的收入究竟是利润还是负利润？

所以说，我们最关注的是房地产公司由于促销活动而产生的增量价值，这也是决定向媒体付钱的评估标准以及效果考核的评估标准。

通过以上的举例，我们可以看出，客户的增量价值就是客户由于获得了优惠促销而增加的营业收入减去促销成本后得到的利润。虽然计算客户的增量价值更加困难，但是通过分析客户的增量价值会发现其实这部分高增量价值客户的生命周期价值远远大于现在的价值。

对增量客户价值的分析也可以提示市场和销售部门哪些活动可以不对哪些客户开展，既然花了钱也不能增加价值，那就不要继续再在这些没有增量客户价值的客户身上花费。

8.2 客户净价值与品牌净价值

1996 年航空快递公司 DHL 发现了一个很多同类企业共有的问题：一小部分高额维护费用的账户独占了支持和其他一些企业资源。DHL 对此做出的反应是将原先基于地理位置、产品用途和收入水平的客户分段方式用基于客户净价值的方式来代替。

1）客户净价值

事情的结果自然是利润上升了，同时那些无利可图的客户的相关服务费用也下降了。不过与此同时 DHL 还得到了一个意想不到的好处：客户规划改善了。

很多企业在客户规划上做得极其糟糕。高级管理人员一旦向销售人员下放了销售目标，即是把增加每个客户收入的任务全交到了销售人员手中。乍一看，这似乎挺符合逻辑——谁会比销售人员更了解客户呢？

但是这种策略却在两个前提上存在偏差。首先，直到了解了客户净价值，或者说了解了每个客户的相关收益率，我们才能说是真正地了解了客户；其次，不了解客户净价值，销售人员和企业就有可能将资源花费在那些最终无利可图的客户身上。而销售人员，尤其是那些拿佣金的，他们会更多地关注个人利益而不是企业利益，他们往往会在那些最容易销售或佣金最多的地方进行销售而全然不顾客户的当前或潜在收益率。

2）客户分段

基于客户净价值的客户规划采用结构化的方式，同时保障了最大化客户收益率和限制销售和营销资源。第一步，基于客户净价值对客户进行归类（例如“一等”、“企业级”、“经济型”、“无利可图”）。从本质上来说，客户净价值通过客户生命周期内的总利润减去产品、服务和获取成本得到。基于客户净价值的客户分段方式几乎总能印证那个大家耳熟能详的经验之谈：80% 的利润来自于 20% 的客户。

基于这种方式对客户进行分段后，需要设定每个客户的收入目标并对客户进行定位：想办法接近他们，或将他们从一个客户段降到另一客户段。

收入目标的确立不应采用平均分摊的方式，甚至不应基于客户总收入。与此相反，它应该反映的是客户净价值和“客户收入份额”，即指在你定义的客户范畴内你所获得的客户收入的比例。如果你已获得了90%的收入份额，那就不要再奢望其余的10%。收入份额可以根据行业或其他数据资料进行确定，甚至是直接询问客户。

3）客户迁移

客户定位是使客户从一个类迁移到另一个类。应使收入份额潜力大的收益性客户向上迁移，同时识别那些有不忠迹象的收益性客户（例如，在某段时期内未进行过购买）。

与客户定位并行的步骤是确定销售和营销资源。假设在现有的或规划好的预算下销售人员一年内能够进行多少次销售拜访？能够邮寄多少份目录？目录营销或其他营销项目是否能按净资产分段进行定制？电话营销能力如何？

在了解了客户净资产和销售、营销能力之后，就应开展客户规划了。客户将依照其当前和潜在的净价值被分配以销售和营销资源。例如，“一等”净价值的客户一年内将接到14个个人销售电话、3次行业活动邀请和4个营销电话。与之相反，净价值低的客户永远都不会接到销售电话，因为它的成本较高，取而代之的是“免费”订阅一份行业杂志和22个营销电话。那些被定位为有望向上迁移的客户可能会享受到一些额外的营销资源或利益。当然，类似的联络计划必须与客户的偏好相吻合，否则向一个讨厌此类电话的客户进行营销就适得其反了。

4）客户规划

这样的客户规划有很多好处。它在客户联络中加强了结构化、可控制性和目的性，这些都能帮助企业改善其客户保持力较弱以及客户收益率较低的状况。客户的联络和保持不再取决于销售人员的个人意愿，资源的运用将面向那些有利可图的客户而远离那些无利可图的客户。客户的发展将以利润和实际利润的潜能为中心，而不再围绕不时出现误导的收入数据。

最有用的是，客户的可说明性得到了很大的改善。年底时还可以根据规划的或实际的客户联络对客户净价值的变化进行追踪。

客户规划的先行者们不可避免地会遇到来自销售人员的巨大阻力。“你在告诉我如何管理我的客户吗？”但其实客户并不“属于”任何一个销售人员，他们属于企业。与客户的关系和联络必须基于更大的客户净价值而不是个人的佣金。事实上，如果客户净价值上升了，那么佣金自然就会上涨。

然而令人惊讶的是，那个已经退色的“品牌价值”观念，作为获取利润的方法之一，一再为人们所渲染。相反，基于客户净价值的客户规划却实实在在地能够保障你从投入的销售资源和营销预算中获取最大的回报。对你来说，难道不是时候需要一个像 DHL 那样的客户规划了吗？

摘要

客户的价值一般根据客户的赢利能力来计算，而客户的赢利能力是由客户当前的赢利能力和潜在的赢利能力构成的。

思考

8.1 什么是客户价值？

8.2 为什么要把客户价值理解为客户的赢利能力？

8.3 为什么要考虑客户未来的赢利能力？

8.4 客户净价值和品牌价值有什么意义？

9 客户生命周期

目标：在读完本节后，您应该能够——

定义客户生命周期；

了解客户生命周期的各个阶段；

了解、定义客户生命周期价值。

导言

大多数公司并不为正在流失的客户感到担忧，而是按照传统方式将重点放在开发新客户上。这样的公司就像一个底下有洞的桶：他们的客户正在流失，但公司却没有集中精力补上桶底的漏洞，而是集中资源继续往桶里塞进越来越多的新客户。企业应该认识到：每一个客户在进来的同时就意味着一定会流失，即使不流失，也有生老病死的生理周期。企业不应该只关注获取新客户，而是应该关注客户的整个周期，从而能够让客户在企业中的消费生命周期更长，以创造更大的价值。

9.1 客户生命周期的阶段

客户生命周期，通常指的是一个客户与企业之间的完整的关系周期。客户生命周期一般分为四个阶段，即吸引、获得、管理、保持，每一个阶段描述一个不同的客户关系。

客户生命周期管理的目的主要是根据不同客户的不同生命阶段合理配置企业资源。在客户处于不同的生命周期阶段时，需要满足客户的不同需求；同时客户生命周期管理促进我们纵向深入地了解每一类型客户；此外，客户生命周期管理中的指标有利于量化管理；通过对不同客户生命周期阶段的客户进行区别对待，从而实现企业资源的最优配置。

客户生命周期的四个阶段恰恰体现了客户的四种状态，即潜在客户、意向客户、购买客户、历史客户。如果从一个总体的角度来观察客户的生命周期，我们可以发现，客户的生命周期总是从那些还不是企业客户但已属于企业潜在目标客户群的人开始。他们对企业的产品或者服务感兴趣，开始成为企业的意向客户，经过一段时间的客户开发和获得过程，他们最终购买了企业的产品或者服务，成为企业的真正客户即购买客户。随着时间的推移，客户的价值可能越来越大，也可能越来越小，最终他们将不再是企业的客户，而成为历史客户。这就是一个客户的完整生命周期和客户状态变化的完整过程。

1）吸引

- 定位于哪些客户？
- 哪个细分市场最有价值？
- 企业如何利用客户关系来建立品牌？
- 如何到达企业的客户？
- 在目标客户身上有哪些花费？
- 如何提高企业的命中率？

客户吸引阶段，主要是面向目标客户群的市场营销活动，目的是找到可能对公司产品或服务有意向的线索。它有一个比较显著的特征：客户吸引阶段的活动所面向的目标客户群是潜在客户而非真实的客户，企业对他们的影响和把握力度是很弱的。

基于客户细分和客户价值模型，我们可以将潜在客户锁定在以往公司关注的核心客户区隔和高价值的客户区隔中，让那些真正对某项产品或服务有意向的潜在客户接触到该产品或服务。

2）获得

- 每一细分市场最适合什么渠道？
- 客户愿意什么时候使用什么样的渠道？为什么？
- 一个渠道 / 细分市场的认知成本是什么？
- 企业是否应该更注重保留原有客户而不是获得新的客户？
- 哪种渠道是最有效的？

潜在客户通过来电、来访、网络留言、展示会的回函等方式成为意向客户。在这一阶段，潜在客户由一个没有具体姓名、联系方式的人变成了一个有具体记录的意向客户，更重要的是企业可以根据这些准确的资料联系并影响到这些客户。

3) 管理

- 每个细分市场需要什么样的服务渠道?
- 向每个细分市场提供服务的最好的方式是什么？
- 服务在保留和发展客户方面的影响是什么？
- 服务客户需要多少成本？是由客户的价值决定的吗？
- 如何更好地保留客户？

意向客户一旦与企业进行了交易，就成为了企业的购买客户，价值的真正产生就是在这一阶段。在这一阶段中发生的事件不外乎三种类型：

客户消费习惯 客户之于企业的交易习惯是怎样的?不同客户区隔的客户消费习惯是不同的，如何刺激他们的销售习惯并创造出更大的价值是企业关注的问题。这里说的消费习惯一般指客户购买企业的某一项产品或服务。

交叉销售 促使客户购买尚未购买过或使用过的企业其他产品或服务，这样就拓宽了客户与企业的关系。

升级销售 促使客户升级现有产品或服务，从而加强企业和客户的关系。比如，随着微软的应用软件 word 从 9 系列到 02、03 系列的不断升级，客户也在不断地购买。

4) 保持

- 每个客户平均购买多少产品？
- 企业如何引导现有客户购买更多的商品？
- 客户是如何改变他们的消费习惯的？
- 如何获得客户的推荐？

在客户保持阶段，企业面临的最大问题就是客户流失。无论如何，总会有一些客户流失掉，流失的原因也有很多，而一般情况下主动的客户流失大多与客户满意度有关。

根据对国外统计的每年平均流失的客户百分比数字来看，一个公司平均每年要流失 10% ~ 30%的客户。这是一个很严峻的统计数字。但是，大多数公司并不为正在流失的客户感到担忧，而是按照传统方式将重点放在开发新客户上。这样的公司就像一个底下有洞的桶：他们的客户正在流失，但公司却没有集中精力补上桶底的漏洞，而是集中资源继续往桶里塞进越来越多的新客户。当企业处在一个卖方市场中，竞争压力小的时候还可以遮掩住问题，而当市场竞争加剧且越来越多的客户被分流时，企业就会发现：开发新客户的速度已经低于客户流失的速度，客户资源优势正在一点点耗尽。

9.2 客户生命周期价值

客户生命周期价值 (LTV) 是指一个客户一生中为一家企业提供的价值，它是用整个生命周期中现金流的净现值 (NPV) 来计算的。

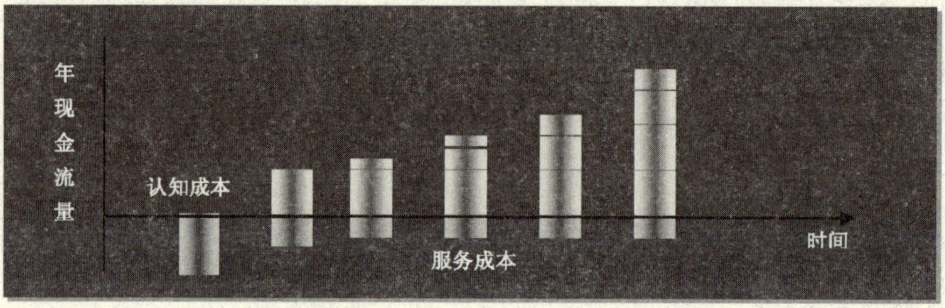

9.2.1 客户生命周期价值的主要因素

客户生命周期价值的主要因素包括：

成本 认知成本、服务成本。

收入 产品收入、服务收入。

客户生命周期价值理论可以用来指导企业如何投资以及向哪方面进行投资，也就是说，投资哪个客户细分区隔及投资多少是由每一细分区隔的客户生命周期价值所决定的。

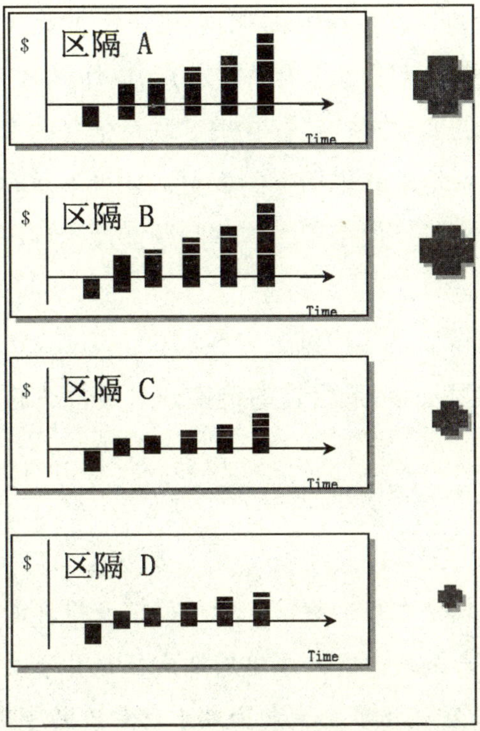

9.2.2　不同客户区隔的生命周期价值

哪个细分客户区隔的潜在总利润最大，哪个细分客户区隔就应得到最多的投资。

投资的方式由客户反应效力决定，企业的投资应投向能够带来最大回报的区域。

客户生命周期是很重要的，因为它直接影响到客户对一个公司的长期价值。高价值客户和高忠诚度客户是不相同的，最有价值的客户可能不是最稳定的。客户和企业的关系以及状态是在随时变化的，而客户关系管理的重点就在于了解和掌控这种变化。

在客户生命周期之外，还有一个跟人的生命相关的客户生命周期，即这个客户生理上的而非逻辑概念上的生命周期，这就是每个人的一生。在一个人的一生之中，有很多事件甚至有很多重大的事件，这些事件又大部分跟经济发生关系，比如第一次恋爱（对鲜花的需求）、第一次置业（对属于自己的房子的需求）、有自己的小孩子（婴幼儿用品需求）、退休（对旅游产品的需求）。在这个时候除经济关系的变化外，还存在关键联系信息的变更，比如结婚、乔迁新居等都可能引起联系地址和电话等的变更，如果不及时有效地更新就会造成企业对客户的影响力降低。但由于，这些问题涉及到客户的个人隐私，所以在处理上需要谨慎对待。

围绕客户生命周期以及客户细分、客户价值等 CRM 理念，可以总结成一句话："在最合适的时机，用最合适的价格，对最合适的客户提供最合适的产品或服务。"

摘要

客户生命周期一般分为四个阶段，即吸引、获得、管理、保持，每一个阶段描述一个不同的客户关系。客户生命周期价值 (LTV) 是指一个客户一生中为一家企业提供的价值，它是用整个生命周期中现金流的净现值 (NPV) 来计算的。

思考

9.1 客户生命周期和产品生命周期有什么区别和联系？

9.2 你所在的企业的客户的生命周期大概多长？

9.3 为什么要计算客户的生命周期价值？

9.4 客户生命周期价值与客户净价值有什么区别和联系？

10 客户满意度与忠诚度

目标：在读完本节后，您应该能够——

了解什么是客户满意度；

了解什么是客户忠诚度；

了解二者之间的联系。

导言

满意是指一个人通过对一个产品的可感知的效果（perceived performance）与他的期望值（expectation）相比较后，所形成的愉悦或失望的感觉状态。

——菲利普·科特勒

客户满意与客户体验息息相关，而客户忠诚又与客户满意度互相交叉。因此，如何提升客户的满意度、如何提升客户的忠诚度，是企业需要长久面临的问题。

10.1 客户满意度

保留一个老客户的成本只是开发一个新客户成本的六分之一。我们且不论这个统计数字是否准确，这也说明了保留老客户的重要性以及客户满意度的重要性。而在很多行业，老客户的升级销售、交叉销售以及推荐的成交成功率很高也是默认的事实。

我们来看一些有关满意度的统计数据：

每个不满的客户会把他们的经历告诉 8 ~ 10 个人；

一般来说，客户对他们购买商品中的 25% 不满，但只有 5% 的客户投诉；

投诉过后，一旦问题得到解决，客户回到同一供应商再次购买的可能性比其他人要高 6 倍。

1）客户流失

从国外的统计数字看，一个公司平均每年要流失 10 ~ 30%的客户。客户流失不是问题，真正的问题是：

who ——失去的是哪些客户？

When ——什么时候失去的？

Why ——为什么会失去？

How much ——这样的客户流失带来的对销售收入和利润的损失是多少？

不知道！这是企业最危险的答案，远远比客户流失严重。

客户不满意是客户流失的根本原因，但是，什么是客户满意？为什么客户会不满意？引起不满意的原因可以追溯到客户预期和实际感受之间的差距。

2）客户期望与客户满意

满意度的公式：客户满意＝实际感知效果－期望值。

如果可感知效果低于期望，顾客就会不满意；

如果可感知效果与期望相匹配，顾客就满意；

如果可感知效果超过期望，顾客就会高度满意或欣喜。

这个实际感知效果就是客户体验，通过这个公式我们可以看到：企业可以通过提升服务能力来使客户体验不断提升，从而提高客户的满意度；但是企业的服务能力不是无限的，所以还可以通过有效地控制客户期望值来实现客户满意度的提高，但是在控制客户期望值这一问题上企业需要慎重。

3）客户满意与忠诚的关系

满意度与忠诚度公式：超级满意＝客户忠诚。这并非意味着满意就会忠诚。大多数客户满意只是比较之后的感觉，满意可能就是没有投诉或者没有感觉坏的地方，但并不一定就要忠诚。只有超级满意才可能建立起真正的忠诚基础。

一般满意的顾客一旦发现有更好的产品，依然会很容易地更换供应商；只有十分满意的顾客才一般不打算更换供应商。为什么呢？这是因为超级满意和愉快创造了一种对品牌的情绪上的共鸣，而不仅仅是一种理性偏好，正是这种共鸣创造了客户忠诚。

所以企业只有在提供了给消费者超出预期的品质，而不是客户所期望的品质之后，才能在客户心目中建立起真正的忠诚。

10.2 客户忠诚度

我们再来看一些有关忠诚度的统计数据：

- 对大多数公司来说，如果能维持 5% 的客户忠诚增长率，其利润将在 5 年内增长 100%
- 忠诚客户在前三年的保留程度较其他类型客户平均高 25%
- 增加新客户的成本是保持已有客户成本的 5 倍
- 减少 5% 的客户流失率，企业可以增加更多的利润
- 银行业可以提高 85% 的利润
- 保险经纪人可以提高 50% 的利润
- 汽车服务业可以提高 30% 的利润

保留一个老客户比开发一个新客户要便宜得多。赢得新客户代价昂贵，而保持老客户收益颇丰，因此客户保留成为很多企业的重要目标。保留客户的时间越长，获得的利润越多。研究表明，在很多行业中客户忠诚度提升 5% 将带来 25% ~ 85%的收益增长。

而要保留住现有的客户，客户忠诚就是一个着眼点。但是企业往往曲解了客户忠诚的概念，认为只需通过一些手段让客户对自己忠诚。实际上客户是上帝，尤其是有价值的客户，企业应该对客户忠诚，不断满足客户的合理需求，而不是要求或者期望客户对自己忠诚。

只有在企业所提供的价值（包括产品和服务等）达到或者超过客户的要求并使客户满意，同时比其他竞争对手更能满足客户的需求，客户才有可能忠诚。

1）忠诚的类型

客户忠诚有不同的类型，并非所有的忠诚都是好的，企业要关注真正有价值的忠诚。

- **垄断性忠诚**

客户没有或者只有很少的选择权，这种忠诚不是自愿的，而是被迫的。从理论上讲，只要有可能，他们就会选择其他的供应商。

- **高转移成本的忠诚**

关于一些更换供应商的高成本以及各种后遗因素使客户不会轻易更换供应

商这一说法，是很勉强的，一旦转移成本达到他们的期望值，他们会毫不犹豫。

● **刺激性忠诚**

很有意思的一点是，这个刺激性忠诚被过分地强调了，比如商务飞行的里程奖励、信用卡的消费积分等，这些对不是用自己钱、在哪儿花都一样的客户来说有一定的效果，但并不是对大部分客户有效。

● **习惯性忠诚**

习惯意味着节约时间，当人们习惯了一件事情的时候可能不会去考虑它的合理性和成本，这属于一种潜意识的第一选择，是不需要思考就去购买的习惯性忠诚。比如每周末一次的超市集中采购等。这种忠诚度很低，当另外一个超市更方便且价格更低廉的时候，这些忠诚客户就变成不忠诚客户了。

● **情感性忠诚**

如果说情感是一种对价值观的认同的话，那么情感性忠诚是来源于一种情感，是一种牢固的忠诚。

企业首先应该关注情感性忠诚客户，通过营销策略吸引习惯性忠诚，在刺激性忠诚上有所保留，由于垄断性忠诚和高转移成本忠诚的特殊，需要根据其价值进行针对性的引导或者转化。总之，企业不要笼统地对待客户忠诚，而要根据不同类型的忠诚，制订不同的忠诚客户的营销策略。

2）**客户的忠诚级别**

在这儿我们采用金字塔方式，形象地划分不同级别的客户忠诚。

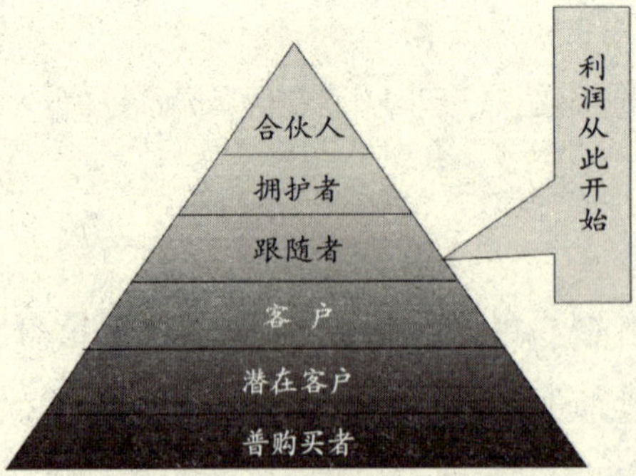

图 10.2.1 客户忠诚度金字塔

普通购买者：所有消费者，没有接触到企业的产品也没有意向。

潜在客户：有意向但还未购买的。

客户：已经购买的，包括一次性购买和重复购买。

跟随者：有归属感的重复购买者。

拥护者：推荐别的客户来购买的老客户。

合伙人：客户联盟，互利而持续的伙伴关系。

10.3 客户满意度与忠诚度模型

客户忠诚业务模型是战略管理的内容之一，目的是整合企业内部资源并提高客户忠诚度以及企业赢利的能力。其中一个典型的模型就是服务质量模型。

1）服务质量模型

Kay Storbacka 等人在 1994 年提出了服务质量模型，这比一般的基础忠诚模型更加详细，但是有着同样的效果。这种模型认为客户的满意度首先是基于近期服务和产品体验的，这种假设是通过对之前的整体质量期望和实际获得的效果比较而得出的。如果最近的体验超过了之前的期望值，客户的满意度将可能很高，当然普通的服务也可能产生高的客户满意度，这可能是因为客户事先的期望值很低或是服务为客户带来了价值。同样，当服务的标价很高而提供的价值很低时，客户就会产生不满，从而继续追求高质量的服务。

2）客户满意度与忠诚度模型

“如果你不能测评它，你就不能管理它”，这是质量管理的箴言。对于客户满意度和忠诚度，如何有效地进行测评是一个很关键的问题。选择测评方式比如问卷调查、设计测评内容和测评标准、执行测评调查、进行测评评估和指数评估、总结反馈并指导相关业务。

一个比较有效的方法就是建立客户满意度与忠诚度模型，以此来测评和管理企业的满意度与忠诚度。

客户满意度与忠诚度模型是一个坐标模型，X 坐标轴为忠诚度，Y 坐标轴为满意度，最简单的模型是单象限四区域的。忠诚度分为高忠诚度、低忠诚度。满意度分为高满意度、低满意度。这样就形成 4 个区域：高忠诚度高满意度、低忠诚度低满意度、高满意度低忠诚度、高忠诚度低满意度。

不同的客户或者细分的客户区隔位于不同的区域，有着不同的价值和需求，同时也意味着不同的流程和营销服务。

实际的分割可能会更多，而不仅仅是这简单的四分法，但通常管理到高低就可以在很大程度上实现差异化营销和服务了。当然，客户或者客户区隔在客户满意度与忠诚度模型中并不是固定不变的，而是动态变化的。企业需要通过营销活动的影响使不同区域的客户状态发生可引导或可控制的变化，比如将高满意度低忠诚度区域的客户纳入会员俱乐部，有效地通过会员俱乐部提高其忠诚度，从而使其客户生命周期延长并创造更大的价值。

如果要将该模型继续深入，我们还可以加入客户价值。客户满意忠诚与价值模型就是一个三维的坐标模型，Z 坐标轴为客户价值。同样，最简单的还是按照高、低分，这样模型就存在 9 个区域，如果再结合客户细分，那么基于这个模型就可以进行比较完善的客户分析管理。

企业可以将客户满意度融入绩效考核，让客户满意度不仅仅是一个指数，更是一个有效的考核指标。通过采取直接调查、问卷调查、客户服务热线等多种方式，更好地了解客户；举办客户研讨会或座谈会，理顺客户与企业沟通的渠道；在充分了解客户需求的情况下对员工提供针对性的培训，并将客户满意度列为个人绩效考评的指标之一；将客户的期待转换成为可实现的行动，并有可持续的跟踪与反馈。

10.4 CRM 完整过程

本章所述的 CRM 理念，都贯穿于对客户完整了解的过程中，体现出一个 CRM 的完整过程，如图所示：

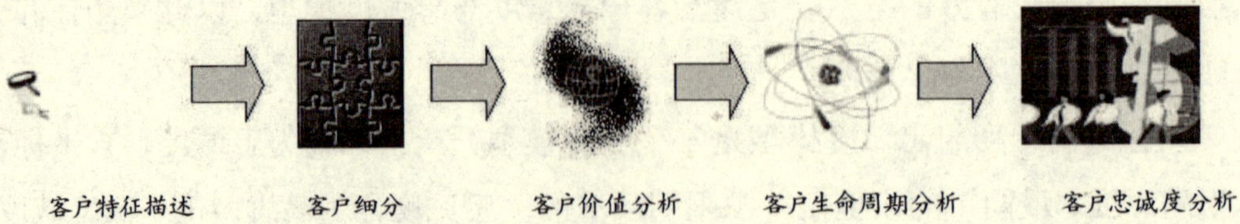

图 10.4.1 CRM 完整过程

摘要

客户满意度来自于客户体验和客户期望的比较，提升客户满意度可以从两个方面进行。但客户满意并不等于客户忠诚，企业需要加强对满意度和忠诚度的综合管理。

思考

10.1 在生活中你对哪些企业提供的产品和服务是满意的？为什么？

10.2 你对哪些企业的产品和服务是不满意的？为什么？

10.3 你在现实中是某些企业的忠诚客户吗？为什么？

10.4 忠诚度和满意度有必然的联系吗？

10.5 CRM 完整过程的目的是什么？

11 交叉销售与升级销售

目标：在读完本节后，您应该能够——

了解什么是交叉销售；

了解什么是升级销售；

了解如何进行交叉销售和升级销售。

导言

升级销售和交叉销售是开发客户资源和提升客户平均价值的两种最好的方法，都是极具价值的业务工具。但是应如何做好升级销售和交叉销售而又不让客户感觉到被无休止地骚扰呢？

11.1 交叉销售（cross-selling）

交叉销售是指向客户销售更大的产品和服务线的策略。举个例子来说明，除了基本的通话功能之外，当你订制了移动公司的彩铃业务时，移动公司就已经成功实现了对你的交叉销售。因为你购买基本通话服务或者可以叫做主要产品或服务之外的服务产品，交叉销售的实现主要是通过对于客户的交易历史记录和行为进行研究，从而选择适合特定细分群体的产品进行营销。前提是要了解客户的需求，这要求企业更加了解客户。

交叉销售通过当前客户购买企业不同的产品和服务来实现，最终目的在于提升客户的忠诚度和保持率，降低客户的流失率以及实现企业赢利的提升。不同客户群对产品和服务的偏好各不相同。传统的客户管理手段难以提供有效的数据支持，交叉销售缺乏科学、准确的依据，同时目的不是为了满足客户的需求而是为了销售更多的产品和服务。现在利用 CRM 系统的分析功能，根据客户与企业的接触历史和客户详细信息来进行交叉销售，则可为客户提供满足其需求的、个性化的产品和服务。

以前广泛应用交叉销售的行业是银行业、保险业和电信业，而现在交叉销售在很多其他的行业也得到了充分应用。由于法律规定和行业的特点，上述三个行业的客户数据比较全面而且相对真实，客户与企业的接触过程和客户的购买历史都有详细、完整的记录（因此国外一些保险公司或银行在客户允许的情况下，向第三方出售客户数据，并且国内的很多银行也已经开始效仿），通过数据挖掘技术可以发现详细的客户需求信息和客户特征以及适合这些客户群体的产品和服务，这利于更加高效地实现交叉销售。

11.2 升级销售（up-selling）

升级销售是指通过确保使客户更加频繁地使用本企业产品、服务、升级产品和服务的这一策略来提高现有客户的价值。还是以移动公司为例，现在比较时尚的一个产品叫做动感地带，分有不同的套餐，当你从价格低的套餐转向价格高的套餐时，对于移动公司来说他们已成功地实现了升级销售。

11.3 交叉销售和升级销售的实现

与传统的针对产品开展的营销不同，交叉销售和升级销售的实现，要求必须了解客户的需求和欲望并进行有针对性的个性化营销活动，这样才能使客户购买价值更高的产品和服务以及与主要需求相关的其他产品和服务。个性化的提供需要数据的支持，这些数据包括客户的当前交易数据、客户的历史交易数据以及产品和服务之间的关联关系，利用它们可以定义实现交叉销售和升级销售的商业规则。

以下是常见的实现交叉销售和升级销售的方法，但是必须明确一点，交叉销售和升级销售的根本目的在于解决客户的问题、满足客户的需求，从而提高客户的满意度和忠诚度，而不仅仅是销售更多的产品和服务。

1）奠定基础

很多交叉销售和升级销售的机会是自然产生的，因此，如果企业有很多的产品和服务，那么他就要在客户购买一种产品和服务时告知客户企业同时还提供其他的产品和服务，以便为客户自然地进行交叉销售和升级销售做好准备。

2）确保相关性

如果提供大量与客户的主要需求不相关的信息会适得其反。相关性的确定在很大程度上取决于客户的需求和自身的特点，如果进行与原始购买非紧密关联的交叉和升级销售，那就很难成功。

3）重视推荐

促成交叉销售和升级销售成功的重要因素就是来自专家的、其他客户的推荐，这已经得到了广泛的应用，例如微软网站上的下载区，在你要下载的内容的下面，还附有其他下载者下载过的内容，这就是交叉销售和升级销售的典型运用。

4）进行员工培训

培训的主要目的必须围绕如何为客户提供服务和产品以解决客户的问题展开，而不应该仅仅为了销售更多的产品。培训的内容包括额外的产品和服务将如何更好地解决客户的问题。培训的关键在于把握解决客户问题与提高赢利的平衡。

5）把握时机

交叉销售和升级销售进行的时间，取决于企业销售的产品和服务。有时，恰当的时机是客户将要做出新的决策的时候，当客户已经购买一个低端产品且又对低端产品的性能十分失望时，客户可能会决定购买价格更高的产品，这也正是进行升级销售的好机会。

6）利用网站扩大交叉销售和升级销售的潜力

把所有与交叉销售和升级销售相关的内容都发布在企业的网站上，使客户了解企业产品和服务的深度与种类。并且尝试将不同的产品和服务放在一起观察产生的效果。

7）应用价格组合

以汽车为例，很多可选项目决定了整车的价格：天窗、自动/手动档、四驱与二驱等等。价格最低的项目是用来满足最基本要求的，其他的项目则在满足消费者需求的基础上获得了较高的收入。

8）打包产品和服务

进行产品和服务的绑定可以改善客户只购买一种产品的状况，但是产品和服务包要有一个合理的价格才能实现最终的目的，常见的就是化妆品的套装。最终是让客户认可产品和服务包能解决客户问题的能力。

摘要

交叉销售是指向客户销售更大的产品和服务线的策略。升级销售是指通过确保客户更加频繁地使用产品、服务、升级产品和服务来提高现有客户的价值。

思考

11.1 什么是交叉销售和升级销售？

11.2 如何进行交叉销售和升级销售？

11.3 交叉销售和升级销售的最终目的是什么？

第三章

系统技术

12 软件功能

目标：在读完本节后，您应该能够——

掌握 CRM 软件的基本功能；

结合业务理解功能；

了解功能的区别和原因；

结合 CRM 理念思想认识各模块的作用。

导言

现在的 CRM 软件功能五花八门，每一家软件厂商都宣传自己的功能最完善、最齐全，但是往往很多厂商都不清楚功能的来龙去脉，而又是在模仿和抄袭中照猫画虎，不求甚解。

无论是企业用户在讨论需求功能上，还是厂商在进行功能开发上，都需要对 CRM 软件功能进行详细而深入的研究和学习。

12.1 客户管理

客户管理模块 是整个 CRM 系统的基础。它的特点在于对获取所有客户的信息、特征、购买的产品和服务、所有交互活动以及客户的其他相关属性的考虑。它针对组织内部参与客户交互活动的所有工作人员，例如销售人员、客户服务代表和外勤服务工程师等，它使这些工作人员对潜在客户和已有客户有更加广泛和深入的了解。它作为一个查阅和维护客户方方面面信息的信息库，也是一个进行日常客户接触工作的首要导航工具。

本文所述的客户是指一个企业的现有客户和潜在客户，从更广泛的意义上说，客户也可以是企业的合作伙伴和分销商甚至是竞争对手。因此，可以在数据模型中通过“客户类型”来管理不同类型客户。但是，一般来讲客户主要是指公司客户和个人客户，企业要对他们的背景信息、公司或家庭结构、交互活动和联系人的详细情况等进行管理、研究与利用。

为了避免跟“客户”（消费者）混淆，很多系统称之为“账户”，也是指相同的含义，每个账户都存储了商家名称、地址和电话号码等信息，可以针对每个账户存储相关的联系人、销售机会、活动、合作伙伴和备注等。但是，可千万别把这儿的账户与银行账户混淆，作为银行的 CRM 系统是比较复杂的，涉及到客户、账户、服务等多种关联关系，一定要先把概念理解清楚，再去分析内在关系。

我们来参考一下 Siebel 的客户管理流程，以加深对客户管理功能的理解。

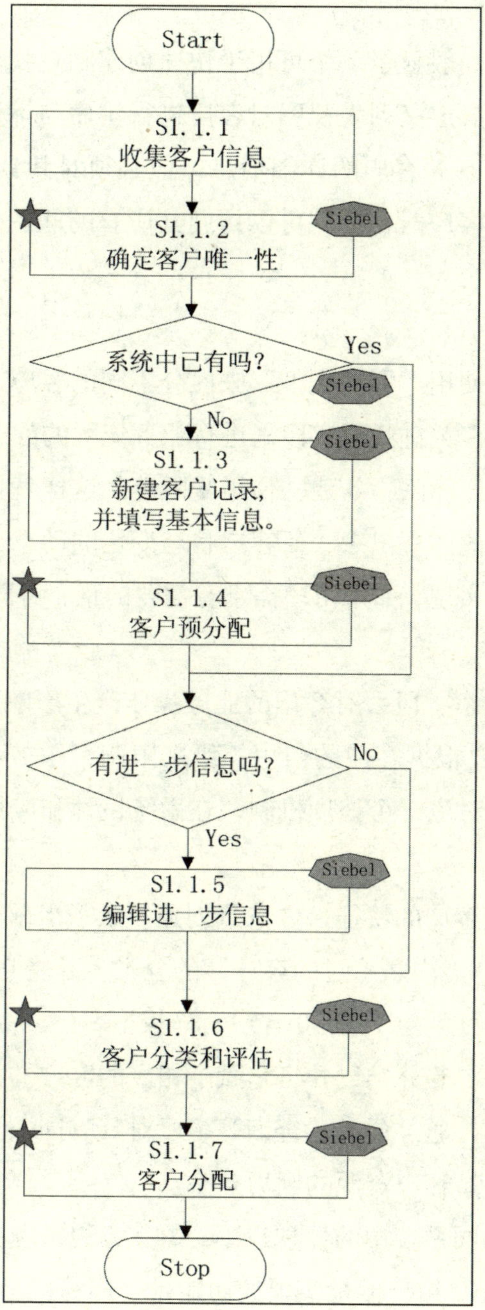

图 12.1.1 客户管理流程

注：★表示该步骤有业务规则，Siebel 表示该步骤可在 Siebel 系统中实现。

1）**系统功能**

客户管理主界面一般显示一个可用于快速创建和查找客户的视图，也可以使用标准列表视图与自定义列表视图对客户进行排序与筛选。此外，通过此界面还可以查看和编辑有关客户的详细信息，但必须对其具有相应的访问权限。当用户可以访问某个客户时，他就可以访问其所有的联系人、销售机会和其他相关信息。

2）**状态字段**

如同前面讲过的使用“客户类型”来区分不同的客户，CRM 系统在数据模型中合理使用了很多关键状态字段来进行业务流程的静态体现，如“客户状态”简单分为：活跃、休眠、新建、信用受限等。这样就将客户的所处状态利用一个关键点的静态值体现出来，而客户状态变化的动态过程就可以由一个静态状态字段的修改来实现，如果用户需求有需要的话，可同时记录变化的时间、原因、操作记录等。

还有一些关键状态字段会对客户的业务操作产生影响，比如客户的“信用等级”，一些企业需要根据客户的信用等级来限制订单数量和付款方式，那么这个关键状态字段又对应一个处理机制，在系统设计和应用实施中需要注意。

3）**分类查询组**

本功能用于跟踪客户的特征，方法是创建并赋予当前客户相应的类别。比如可以创建“最近 10 天内联系过的客户”的分类，并将它赋予符合 10 天内有联系的客户；再如，可创建 TOP 10 客户、样板型客户、潜在客户、策略型 / 最忠诚客户、棘手客户等分类，并将它赋予相应的客户。由于具有相同特征的客户在管理上有共性，通过分类、查询等手段对具有同一分类特征的客户进行集中管理，有利于提高客户资源的利用效率。

分类查询组在不同系统中的体现也不一样，有的系统称为“Query”，查询；有的系统称为“Group”，组。但是实现的功能是一样的，实现的机制也是类似的，都是通过一个便捷的图形化的工具（分类查询生成器），由管理人员或者业务人员来智能创建，数据字典、运算关系和已有数据值等都已经内嵌在分类查询生成器中。

在主视图中可看到当前客户具有的所有特征（类别），其中类别字段是超链接，点击后可打开所有的类别列表，利用查询工具可筛选出具有同一类别的所有客户。

类别分为共享和私有两种。一般系统的规则是：超级用户创建的是所有人都能够看到的，管理员在发布时也可以把创建的分类查询组只分配到相关的人或者部门；而其他用户创建的在发布时就需要选择是共享还是私有，私有的话只有创建人才能够看到，默认值是私有。

4）**客户分配**

是为了满足企业在经营过程中对客户资源的再分配业务需求，它可以将成批或者单独的客户资源分配给一个人或者一个团队（部门）来继续管理。

比如说：

基于某些必要条件对销售区域进行重新分配；

建立新的团队来管理某些特殊的客户，例如“西部地区，10K+”；

指定新客户的所有者，地区经理和分公司经理；

在执行前通过重排报表来进行预测分析。

【情景一】

你想让 Mark 来管理刚刚离职的 Jerry 的所有的客户资源以及接触信息。

客户所有权

客户访问方式一般由 4 层所有权决定，每个系统的处理都不一样，但业务架构是一样的：

- 单独授权——管理员、用户和用户的默认安全配置成员可以访问客户信息；
- 团队——个团队拥有的客户，团队中的所有成员都可以访问这个客户信息；
- 所有人——所有的用户都可以访问，并可改变和删除这个客户的信息；
- 所有人（只读）——所有的用户都可以访问该客户但不能修改它。

数据权限还遵循一条默认原则：上级可以看到（默认为只读查看）所有属于他的下级人员的所有授权数据，这里的上下级指组织架构中设置的上下级，可以交叉（即部门领导兼另外部门领导，取其合集）。

上次可以把访问该客户的权限授权给单独的业务人员，这样就只有该业务人员和上级才能看到该客户；也可以授权给一个销售团队，属于该销售团队的成员都可以看到；也可以设置为所有人完全访问或者只读访问。

所属团队是一个很重要的字段，它是指参与负责该客户的所有人员的集合，不一定正好对应企业的某个部门 / 处。每个团队不只有一个人，但主要负责人 (Primary) 有且只有一个。

主要负责人（Primary）与其他 Team 成员的区别：

只有团队主要负责人有权删除该团队授权的客户；

只有团队主要负责人有权授与团队内成员的非只读权限；

在按客户经理进行客户统计时，客户仅算作主要负责人的。

【情景二】

你想让销售部在华北地区的销售代表能够访问这个新客户的信息

界面功能

基本信息　在这里显示和维护当前客户的一些基本概况信息，如名称、地址、电话、区域、类型、等级、状态、年营业收入、行业等。同时本视图还列出了该客户联系人的列表，其中联系人姓名是超链接，点击转到“联系人管理”模块中，查看联系人的详细信息及与该联系人有关的活动。

详细信息　主要根据用户的不同需求，显示和维护当前客户群所涉及的详细数据信息，因为不同用户面对的客户群不同，其属性也有很大的差别，比如说房地产商与中成药厂商对自己客户所关注的数据元是不一样的，这种共性的、普遍的数据元放在基本信息中，而差别较大的数据元就在“详细信息”界面体现。

成熟的 CRM 系统一般都支持客户化定制，包括界面定制，用户可以根据自己的需求来灵活定义。而在实际的 CRM 项目实施过程中，经常被定制的界面中就有客户和联系人的详细信息界面。

联系人　在这里显示与当前客户相关的所有联系人，其中联系人姓名是超链接，点击可转到“联系人”模块中，显示联系人的详细信息及与其对应的活动列表。

在这里可以便捷地为当前客户新建联系人。

销售机会　在这里显示与当前客户相关的所有销售机会，其中销售机会是超链接，点击可转到“销售机会”模块中，显示销售机会的详细信息及对应的联系人列表。

在这里也可以为当前客户新建销售机会。

活动　在这里显示与当前客户相关的所有活动，其中“活动类型”是超链接，点击可转到“活动”模块中，显示活动的详细信息及对应的附件资料。

在这里也可以为当前客户新建活动。

比较强大的系统会在活动中区分开活动历史与活动计划，活动历史即已经完成或关闭的成为历史的不可再更改的活动记录，而活动计划则包括已经计划好的未到时间的活动和已经计划好的但过期未执行的还需要再确认的活动，这涉及到一个提前提醒和延迟警告的问题。

备注（记事）　在这里显示和维护当前客户的一些记事备注，分共享和私人两种。在这里既可以记录与客户接触的心得体会、交往要点、注意事项等提示性信息，又可以记录与该客户在商务交往中的重大事件以及该客户的重大投诉等等。以供业务人员依据自己的业务特点和个人喜好灵活使用，类似于业务人员手头常用的接待本。

附件　在这里显示、维护关于该客户的一些资料的附件，附件可以是任何类型的文件。在这里可看到附件名、文件类型、最新更新日期等，一个附件一行记录，其中附件名为超链接，点击后可用相应的文件编辑器打开该附件。

评估　可基于设置的某一客户评估模板对客户进行评估，以便确定客户等级，量化客户间的对比关系，在评估过程中可以明确对客户和销售状况了解的多少。

评估模板的创建工作由系统管理员根据企业需求和业务指标来完成，业务人员只需选择适当的模板，并填写各评估要素对应的数值即可。

客户评估实际上反映的是企业的商业价值观，要综合考虑多方面的因素。

评估的结果直接用于确定客户级别等用途，以指导企业对客户的资源投入力度。

关联信息 通过不同实现手段，如导航栏、标签、关联菜单、图标等可将与客户相关的订单、产品、服务请求、投诉等信息都予以显示，并提供超链接方式跳转至相关模块，这也充分体现了以客户为中心的思想，使用户在确认了客户以后可以迅速便捷地查询或者修改客户的任何信息。

所有显示的数据信息，都经过系统的权限策略过虑，所以并不是所有人都能够看到所有的关联功能和关联信息，而仅仅只能看到自己权限之内的数据。

组织结构分析 在这里需要显示的当前客户的联系人组织结构，可以通过两种模式显示——直观的组织结构图模式和详尽的列表模式，这两种模式可方便地进行切换。其中列表模式中的联系人姓名是超链接，点击可转到“联系人”模块中，查看与联系人详细信息相关的活动。

为了方便，在这里可以为当前客户新建联系人。

联系人角色分析也可在这里实现，通过不同颜色的文本框和图形区隔来标定不同的态度、角色以及他们之间的关联关系。

统计分析 客户和联系人管理的统计分析一般是对客户数据的分类整理和统计，一部分是根据业务属性来分，如客户经理、销售团队、客户状态、信用等级等；一部分是根据普通属性来分，如行业、区域等。

当然，企业真正需要的统计分析可能更复杂，它包含了所有部分，统计分析的灵活性是 CRM 项目实施过程中最关键的一部分，因为企业要看到效果，而最好的效果就是一个个图文并茂的统计分析报表。

12.2 联系人管理

联系人模块作为客户管理模块的关联模块，一般指客户的联系人，有时候也特指客观存在的个人客户，他们向企业提供信息，支持客户要求，向企业购买产品或服务或将产品再销售给最终用户。他们可以是公司客户的职员、独立的咨询员、零售商或最终消费者。

联系人管理功能使企业用户创建和管理联系人档案，每个联系人都可以与一个客户或其他联系人相联系，如果情况允许，联系人还可以和销售机会、服务要求、服务协议以及其他活动在较为个人的层面上联系起来。用户可以跟踪和每个联系人相关的所有活动，也可以对联系人进行分类从而更好地管理联系人，甚至在大客户销售时进行联系人角色关系图分析从而更有效地提升销售。

客户一般包括一个或多个联系人，从实体关系上讲是一对多的关系。但是，实际应用中也存在客户与联系人的多对多关系，在合伙购买和交叉购买的时候，就存在客户与联系人的多对多，比如房地产行业的联名购买和交叉联名购买等。

一个客户的不同联系人角色是不同的，比如最终决策角色、影响决策角色、决策无关角色等，不同角色的联系人优先级和销售策略是不一样的，在销售机会中还涉及到联系人对本次交易的态度分类，这都是大客户在销售中经常使用的，典型应用为 TAS（Target Account Selling）。

对于个人客户，客户和联系人在逻辑上是一样的，但是在数据模型中是两个数值相同的实体数据。从业务上讲，客户强调的是交易对象，联系人强调的是联系或者活动对象，这个基本思路对整个 CRM 系统的设计都有很大的影响。

12.3　销售管理

销售管理 是 CRM 系统的销售模块中最重要的部分，也是所谓 SFA 的核心。销售管理主要围绕销售机会、销售过程、预测、销售活动等方面进行，其中销售机会指一个潜在客户有购买意向并有可能为企业创造销售的机会，体现了客户的购买可能性、潜在价值、可能购买时间等的管理，有的系统称之为“商机”；销售过程简单说来就是一个标准的流程模板，分阶段、分步骤执行和控制，有的系统也称之为“销售流程”或者“销售方式”；预测实际上就是 Funnel（漏斗），也就是销售漏斗和销售管道，它结合销售机会和销售过程有效地进行销售预测和销售控制，Funnel 一直是成熟外企成熟使用的主要销售管理工具。

在市场竞争激烈的今天，企业除了需要节约成本外，还需要不断地寻找和获取新的客户，以增加销售量。但目前国内的企业往往没有对潜在的销售机会进行系统化、科学化的管理，导致一些潜在的销售机会白白流失。所流失的潜在客户往往会成为竞争对手的客户，这不但会对企业的市场份额造成重大影响，还会减少企业本身的潜在收入。

销售管理的中心：销售机会管理模块是CRM系统的核心组成部分之一。它针对以上的企业需要，对于整个销售过程（从确认销售机会到完成销售）进行系统化、科学化的管理，让企业可以将获得更多收入的机会扩到最大。由于管理公司客户的销售过程要比管理个人客户复杂，对系统功能的要求也比较高，一些以公司客户为主的企业更能体现本模块丰富功能的价值，即我们常常说起的"大客户销售"。

CRM系统尤其是SFA系统的核心价值就在于销售管理，销售管理的核心就在于Funnel。很多企业或者个人以为SFA的核心价值是实现了销售自动化，其实这是片面的。中国企业的营销管理从粗放型向精细型转变，就是要加强过程管理和量化管理，而Funnel是二者的有效结合，充分体现了过程的分阶段管理和目标量化、销售任务量化管理，从而在售前、售中和售后都能够对销售进行预测和控制。作为销售管理，Funnel列表和Funnel漏斗图是最佳实现工具。

系统不是万能的，Funnel也是一样。一个优秀的工具是不能自动告诉我们该怎么做的，而只能基于我们的思考和学习才能更高效地协助我们。销售管理过程中也是销售人员自学的过程，需要销售经理与销售代表不断地提高自己的预测和控制能力，并通过Funnel不断地实践和锻炼自己对销售任务实现和执行的能力。一个成熟的、有经验的销售顾问在使用Funnel时的数据准确性远远超过一个刚刚加入销售行列的新顾问使用Funnel时的准确性，甚至新的销售顾问还没有经验来准确地评估或者判断销售机会的可能性，而只能凭感觉填写一个数字，但是这个感觉是不断学习、不断成熟的，这不是SFA系统的问题。

12.3.1 销售机会管理

销售机会是企业与客户在确认销售前的必经阶段。在与客户进行交互活动后，销售人员经过初步的评估，认为有可能在将来与客户达成交易并为企业带来收入，于是，销售人员可以认为产生了一个销售机会。该客户即为企业的一个潜在客户。

销售机会是一个与特定客户相关的可能产生潜在利润的事件。一个销售机会通常由截止日期、赢的概率、销售团队等因素构成，与一个或多个客户、联系人、产品、业务活动和竞争对手等相关联。

销售机会模块是为负责管理、产生销售收入的客户经理（或销售人员）而设计的，通过该模块客户经理（或销售人员）可以对销售机会的发现、确认、分配、评估和执行跟踪等一系列阶段进行系统、有效地管理，为最终实现销售机会中的潜在商业价值提供技术辅助销售支持。

销售机会模块协助销售人员和销售经理采集、分析、预测和报告与销售相关的信息，如可能性、潜在价值、管道天数、预计和实际完成日期、产品、竞争对手、线索来源、关键联系人、活动等。

销售机会模块可以做到：

记录来源于新客户或现有客户的销售机会；

将销售机会分配给最适合的客户经理或代理渠道负责；

更新销售机会信息；

查阅与销售机会相关的所有信息，包括需求产品、联系人、合作伙伴、竞争对手和业务活动等；

通过销售机会评估模板对销售机会的胜率做出评估；

从客户、行业、区域、销售阶段、概率和价值等维度全方位分析销售机会。

1) **销售机会状态**

销售机会的状态管理，更多的是融合了销售人员对当前销售机会的评估和判断，并结合当前销售机会的进展而做出的量化状态数据管理。

线索来源　销售机会来源于哪个线索活动，同管理密切关联。

质量　评估当前销售机会的质量是很好还是一般，同时也是对线索的评估。

类型　对销售机会进行分类管理，比如有产品的、服务的、维修的等不同类型。

状态对销售　机会的状态进行管理，如地区的机会是打开、暂停、关闭、赢得还是丢失？

是否关闭　一个是否关闭的状态字段，这个字段的执行会自动要求用户输入关闭的原因。

原因　当前销售机会关闭的原因，比如价格、产品、关系等。

建立时间 销售机会建立并开始的时间。

估计关闭时间 估计可能进行购买的时间。

已持续时间 实际就是建立时间与当前时间的差值，主要记录销售机会已经跟踪了多长时间了。

实际关闭时间 实际关闭的时间是在执行关闭的时候自动记录的。多个时间的关键点直接管理了销售机会过程中的时间因素，有效地监控了销售机会的时间进展，避免销售机会的无限期延长和暂停。

潜在价值 在销售机会跟踪过程中了解到的客户可能购买的价值。

可能性 销售人员对当前销售机会成功概率的评估，这个数值不是随便说的，而是根据销售经验和分析而不断提升的评估和学习能力来不断提高接近率的。

加权价值 加权价值可以简单地等于潜在价值 × 可能性，但是也可能会参考一些加权值来计算，这就要根据企业的业务需求来进行灵活掌握。

实际购买价值 这个很好理解，就是客户最终实际购买的价值。

2) 销售机会阶段

销售机会的分阶段管理，是基于量化管理和阶段理论的。简单的 CRM 系统会将销售机会分为几个阶段来进行销售机会的过程管理，而复杂的 CRM 系统会为销售机会选择一个适合的销售过程（或称之为销售方法），这个销售过程包含了销售阶段、步骤以及活动等，这是可以灵活定义的，是通过企业的业务提炼而形成的标准流程或者特殊业务的个性流程。

销售机会的阶段，我们来看看国外 CRM 软件是如何分类的。

Siebel 分为:Prospect（采集）、Potential Lead（潜在线索）、Qualification（目标）、Opportunity（销售机会）、Building Vision（接触）、Short List（进入名单）、Selected（选择）、Negotiation（谈判）、Closed/Won or Lost（关闭 / 赢得或丢失）。

Saleslogix 简单地分为 :Prospect（潜在）、Qualify（目标）、Proposal（建议）、Finalist（协商）、Customer（客户）。

在销售预测和销售漏斗中，主要依据销售机会的阶段来进行分阶段的预测和控制，如何根据企业的不同业务线和业务需要进行销售机会的阶段分解是很重要的。

转移与授权 由于销售工作的调整或者人员的变动，销售机会也需要转移或者授权。销售机会有客户经理和销售团队的字段，主要是为了标识当前销售机会是由哪个客户经理和哪个销售团队来管理的。

一般销售机会的转移是跟随客户转移的，即该销售机会的客户被转移给另外一个客户经理，那么该客户的所有销售机会也被转移给这个客户经理。当然也可以在客户不被转移的情况下转移销售机会给其他的客户经理，或者可以称之为授权。

授权与转移的不同在于授权意味着授权的开始与结束，既可以授权给一个客户经理或者销售团队，也可以取消授权。而转移则是单向的，转移就如同房屋的产权被转移了。

触发销售机会 一般来说，以下的两种情况会触发销售机会：

一是在与客户的交互活动中触发的销售机会。例如，当客户服务人员在回答一位潜在客户关于产品的询问时，由于了解到此潜在客户对公司最新开发的产品很有兴趣，于是将此潜在客户信息作为一个潜在的销售机会并输入系统。

二是在市场推广活动中触发的销售机会。例如，一家移动电话公司以呼出电话的方式向目标客户群推广一个新的优惠套餐，并从中寻找到一些销售机会转移给销售人员继续跟进。

确认销售机会 经过相关人员的初步评估，认为某一线索事件是一个销售机会时，用户便可以把与此销售机会有关的信息记录在系统内，销售机会功能对于需要获取的销售机会信息作出周详的考虑，根据其不同的特性把销售机会进行归类。根据销售机会的不同类型，销售人员可以选用最适宜的方法来处理，即选取不同的销售过程或销售方式来提高成功的几率。销售人员可以选择那些成功几率高、销售收入大、相对有价值的业务进行优先处理。

谈判过程 销售机会管理对谈判过程进行全面的管理，这尤其适合于一些以公司客户为主的企业。用户可以根据需要随时为销售机会设计一系列的活动和活动计划，针对谈判主要决策者的活动采取相应的对策。用户还可以跟踪记录客户感兴趣的产品和服务并将其他相关信息记录在销售机会的附件和备忘录中，使相关的小组成员能共享重要信息。

报价　当买卖双方的谈判发展到一定阶段时，授权的用户可以利用订单模块的报价生成器功能生成报价信息。此功能的特点如下：

与“产品管理”模块的产品目录和价格模型功能结合使用，报价生成器能帮助客户服务代表或销售人员迅速地向客户提供报价信息；

它能支持各种灵活的折扣处理方法，以协助销售人员按照客户的财务预算设计切合客户需要的方案；

与“活动管理”模块的信件往来管理结合使用，为客户及时发送生成的报价单。

完成销售　当一个销售机会有了结果时，销售人员可认为一个销售机会已经结束。它的终点可以是以下任一情况：

成功销售（Won）

因为长期搁置而结束(Lost)

因为销售失败而结束(Lost)

用户也可以根据实际的业务需要，自行定义各种销售机会的状态及结束原因。

销售机会功能能跟踪记录每一个销售机会的状态及结束原因，以便企业进行总结分析。

整体管理　帮助相关的管理人员管理小组下属成员的各种与销售机会相关的工作活动。此外，经授权的用户可以查看公司所有的销售机会情况，也可以查看有关于某个客户的销售机会。管理人员还可以根据经验针对不同类型的客户或产品设计不同的销售方法，帮助销售人员更好地进行工作。此外，还能记录销售机会的时间进展程度，帮助用户了解和分析不同销售机会的进度达成率，使相关人员能对销售机会进行全面跟踪和管理。

生成销售订单及其他后续步骤　当客户与企业已经达成了协议后，企业需要处理后续的工作程序（如生成销售订单、配货、送货、收款等）。

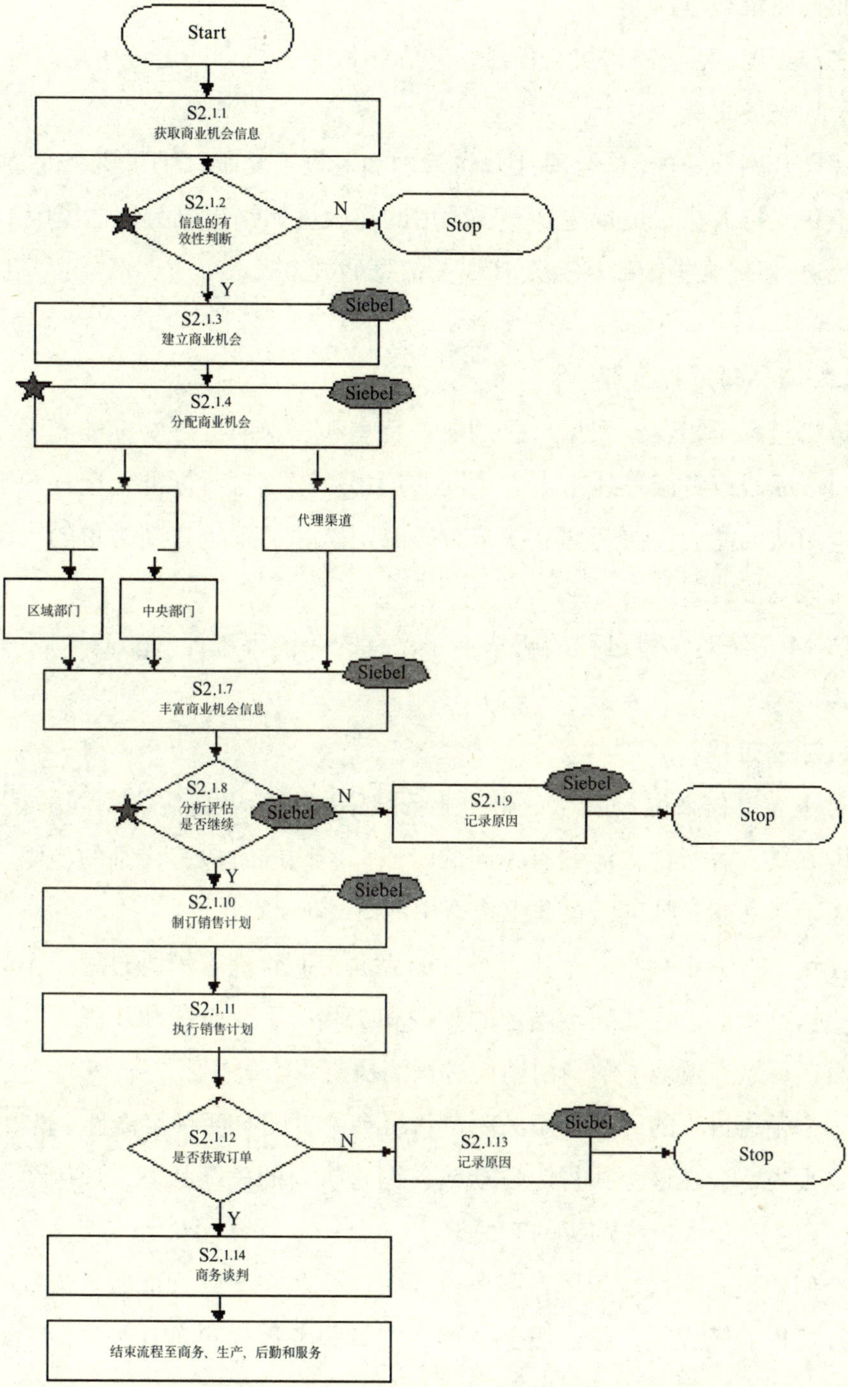

图 12.3.1 Siebel 的销售机会流程图

业务岗位与流程

客户经理：记录销售机会信息，并在跟踪销售机会的过程中动态维护信息，以供团队成员共享。

经理及副总经理、总经理：协调、管理和监控下属跟踪销售机会的整个过程。

销售支持人员：负责建立一些公用的模版（如销售机会评估模版、业务活动模版），督促维护销售机会及其相关信息的规范性。

12.3.2 销售过程管理

销售过程是指企业根据自己的业务特点和需求而提炼的标准流程，可以根据不同产品线或者服务线来定义不同的销售过程。它对标准化销售和服务、提升销售团队的能力、快速建立一个有效的团队和加强销售新力量的自学习能力等方面很有帮助。

CRM 系统对销售过程的叫法不一，有的叫销售过程（process），有的叫销售方式。

1) 销售过程

对销售过程来说，因为企业的业务线不同，所以要定义不同的销售流程，即销售方式。每个销售流程有不同的阶段，不同的阶段有详细的步骤，而步骤又对应于活动或者脚本、企业工作流中的 Actions 等。

在销售机会中会有一个执行过程的界面，而管理着销售过程中不同阶段和步骤的执行状态，比如显示当前的阶段和步骤、下一阶段和步骤等，通过图形化界面还可以直观地了解当前销售过程的执行状态等。

一个销售过程的终点就是关闭销售机会，关闭有两种可能性：赢得和丢失。如果是丢失，会在这个执行中自动输入销售机会的关闭状态、原因等；如果是赢得，会要求输入最终购买的产品等。

类似的模式还可以应用在服务过程中，企业在建立标准服务流程时可以参考销售过程的模式来，建立服务过程，比如服务过程包含 6 个阶段，对于每个阶段包含几个步骤和活动，时间间隔和参与角色等都要做出定义，这样才有利于服务的标准化。

2）**改变销售方式**

一个销售机会在跟进过程中有可能会改变销售方式，新的销售过程开始执行。

对于企业定义的标准销售过程而言，客户的特殊性可能会使销售过程进行调整。有的销售过程是在企业标准过程的基础上进行的个性化定制，并不一定要照搬硬套。

对于一个企业而言是这样，对于一个厂商与其渠道系统而言也是这样。当厂商定义的标准销售过程落实给每个渠道内合作伙伴时，会因为区域差异和客户差异而进行灵活掌握。

3）**销售方式及相应的销售阶段举例**

目前，某集团的销售机会模块根据业务部门的需求预先设置了四种销售方式：

硬件销售方式　在总结以往的硬件销售过程基础上提炼而得的销售方法学。

方案销售方式　针对方案销售过程而设置的销售方式。

简单销售方式　为销售过程很短的销售机会设置的销售方式。

招标销售方式　在总结以往的招标销售过程基础上提炼而得的销售方法学。

硬件销售方式

销售阶段	阶　　段	成功概率 %	描　　述
01 - 潜在销售机会	A - 发现潜在销售机会	10	寻找正确联系人，发现需求
02 - 资格	B - 处理交易	20	确定客户需求、预算和投资方等，Note 有资格满足需求
03 - 现实销售机会	B - 处理交易	30	收集详细需求
04 - 组织公关	B - 处理交易	50	与客户接触，进行 ROI 分析
05 - 候选名单	B - 处理交易	60	客户缩小选择范围
06 - 选中 Note	C - 正在关闭	80	将 Note 作为唯一选择
07 - 谈判	C - 正在关闭	90	与客户达成协议条款
08 - 得单	C - 正在关闭	100	就全部条款和条件达成协议
09 - 丢单	D - 失去的交易	0	拖延或输给竞争对手

方案销售方式

销售阶段	阶段	成功概率 %	描述
01 - 潜在销售机会	A - 发现潜在销售机会	10	
02 - 了解需求	A - 发现潜在销售机会	20	
03 - 满足需求	B - 处理交易	30	
04 - 整合方案	B - 处理交易	40	
05 - 联盟支持	B - 处理交易	50	
06 - 提供方案	B - 处理交易	60	
07 - 客户认可	B - 处理交易	70	
08 - 选中 Note	C - 正在关闭	80	
09 - 谈判	C - 正在关闭	90	
10 - 得单	C - 正在关闭	100	
11 - 丢单	D - 失去的交易	0	

简单销售方式

销售阶段	阶段	成功概率 %	描述
01 - 潜在销售机会	A - 发现潜在销售机会	10	寻找关键联系人，发现客户需求
02 - 现实销售机会	B - 处理交易	50	确定客户需求、预算和投资方等
03 - 得单	C - 正在关闭	100	就全部条款和条件达成协议
04 - 丢单	D - 失去的交易	0	拖延或输给竞争对手

招标销售方式

销售阶段	阶段	成功概率 %	描述
01 - 潜在销售机会	A - 发现潜在销售机会	10	
02 - 资格	B - 处理交易	20	
03 - 购买、制作标书	B - 处理交易	30	
04 - 组织公关	B - 处理交易	50	
05 - 入围	B - 处理交易	70	
06 - 中标	C - 正在关闭	80	
07 - 谈判	C - 正在关闭	90	
08 - 得单	C - 正在关闭	100	
09 - 丢单	D - 失去的交易	0	

4）**预测管理**

● **销售预测**

销售预测是在各销售机会负责人对销售机会进行确认并汇总预测时间段内的销售额基础上，逐层向上汇总提交预测结果，以供营销决策把握销售前景及为生产部门的生产备料提供决策依据。

也可以通过销售预测模块对过往销售历史进行记录，通过每周的预测提交、统计，对公司的运营状况进行有效的过程管理，同时将未来销售物料进行统计，有利于供货的准备和客户满意度的提高。

总之，通过销售预测模块可以做到：

客户经理定期对自己所负责的销售机会进行预测汇总和修订，并向上级提交；

销售经理定期汇总下属提交的销售机会预测结果，修订后继续向上级提交；

销售经理通过纵向、横向对比下属提交的预测结果，分析和判断下属的销售机会跟进状况，对本团队所有销售机会的过程进行有效管理。

从这些方面也可以看出，大部分还是粗放型管理的中国企业需要向外企学习的主要一课就是加强预测，而且是建立在科学基础上的预测。通过实践不断修正和提升的预测能力将是中国企业掌控市场的法宝。

业务规则 一般情况下，销售机会主要负责人对销售机会概率≥60%的情况进行确认，以提高预测的准确性。当销售机会概率≥60%，就意味着销售机会已经进入关键阶段，销售经理就应有关加以监控和督导。

- **预测规定**
- 只有销售机会的主要负责人才能对销售机会进行确认
- 对于已经确认且完成日期在预测时间段内的销售机会会在主要负责人新建预测时被自动带入预测界面并进行汇总
- 无论销售机会是否参与预测，对每个销售机会都必须加以重视
- 每个参与销售的客户经理必须坚持每周提交准确的预测
- 客户经理即使没有新的销售机会预期收入，预测也必须定期提交
- 如果认真维护销售机会，每周只需花30秒钟即可完成预测

注意事项 要求所有人员都意识到预测的重要性：每周销售经理都会根据销售人员的预测做出调整决策，这不是随便填写一个估算数据就可以的；涉及到内外贸的所有预测金额都要统一基于人民币；不能对已经提交的预测进行修改或删除，但可以修订。

为了避免数据不统一，有关销售预测的所有修改必须在销售机会中完成，以自动体现到销售预测中去，而不是在销售预测中进行修改。

● 业务信息关键点

下表给出了一些关于销售预测业务信息关键点的介绍：

View	功能描述
我的团队预测	销售经理在此界面新建我的团队预测，其预测的销售收入包含了自身负责的和直接下属提交的销售机会销售收入，销售经理通过此界面调整或更新下属提交的销售预测。
销售机会预测	预测人员通过此界面对本人负责的销售机会进行预测（预测所涉及的阶段由系统管理员决定）。在该界面中，预测人员可以对系统搜索到的参与预测的销售机会进行修改，通过改变字段来影响预测值。
预测分析	按岗位进行分析，分析各下属岗位预测的历史记录，对于直接下属进行预测趋势分析，及时发现并解决问题。
行业分析	预测人员通过此界面对本人及其直接或间接下属负责的销售机会进行销售预测。同时，通过相应的转换Applet,在同一个View中对本人及其直接或间接下属负责的销售机会按行业进行图表分析。
产品分析	对在一定时间、区域、行业范围内的销售机会中所涉及到的产品进行统计，运用图表的形式表现各个时间范围内的产品销售情况。

流程与岗位： 销售预测流程中所涉及的岗位和岗位描述举例

预测管理人员：定义预测周期和维护预测系列

客户经理（或销售人员）：每周五提交销售预测

经理及副总经理、总经理：下周一总经理汇总销售预测，并报告给相关领导

预测列表 预测列表主要是对当前所有或者特定的销售机会的状态和可能性进行汇总管理，主要字段为：销售机会描述、成功概率、潜在价值、可能价值、开始时间、可能持续周期、可能最终购买时间等。

基于列表的分解和分析是很关键的，图虽然直观，但是列表才是真正有效的用来分解销售任务和分析销售概率的工具。基于列表的数据，销售经理就可以进行分析并作为预测决策的依据，从而有效地调整销售策略和控制销售进度。

描述 ▼	客户	阶段	预计结束	开始日期	潜在价值	价值	可能
Abbott Ltd.-Phase I	Abbott Ltd.	Demonstration	12/31/2001	1/10/2001	$3,126,100	$656,481	21%
Abbott WorldWide-Phase II	Abbott WorldWide		2/28/2002	2/25/2000	$1,629	$1,629	100%
Berkshire Medical-Phase I	Berkshire Medical & Denta		12/13/2000	2/16/2000	$1,629	$1,629	100%
Burke Drill Company-Phase I	Burke Drill Company		12/31/2001	10/24/2000	$20,888,470	$10,444,235	50%
Chicago Auto Products-Phase I	Chicago Auto Products	Proposal	4/11/2001	10/5/2000	$89,770	$62,839	70%
Clayco Manufacturing-Phase I	Clayco Manufacturing	Proposal	12/17/2001	10/12/2000	$158,892	$31,778	20%
Concentric Systems-Phase I	Concentric Systems		12/3/1999	10/3/1999	$2,997,000	$2,997,000	100%
Farmco Industries-Phase I	Farmco Industries	Evaluating	3/29/2001	10/20/2000	$59,900	$29,950	50%
Littleton Robotics-Phase I	Littleton Robotics		12/20/2001	9/19/2000	$7,796,000	$1,949,000	25%
Maxet Garden Tools-Phase I	Maxet Garden Tools & Su		12/16/1999	10/26/1999	$45,000		
Solar Fluid Systems-Phase I	Solar Fluid Systems		4/19/2001	11/17/2000	$3,914,000	$1,957,000	50%
Toshiba Industrial-Phase I	Toshiba Industrial Product	Budgeting	12/24/2001	10/5/2000	$20,162,450	$10,081,225	50%
中文测试	Abbott WorldWide		5/17/2000	2/16/2000	$4,104,000	$4,104,000	100%

图 12.3.2　预测列表

● **预测图表**　一般预测管理的图表工具就是CRM系统中常见的销售漏斗或者销售管道，也就是Funnel工具。

在CRM系统中，一些人使用销售漏斗，一些人使用销售管道（Pipe Line），虽然表现形式不同，但原理是一样的，得出的结果也是相同的。在企业的销售标准化到一定程度时，漏斗在每个阶段的成功率是可以量化并呈稳定趋势曲线的。基于企业的平均漏斗成功率，可以来衡量每个人漏斗的可能性和有效性，对于个性而言，偶尔的突出是可能的，但若普遍都与平均成功率差距很大，那则是有问题的，这时候就需要加强监控和调整。

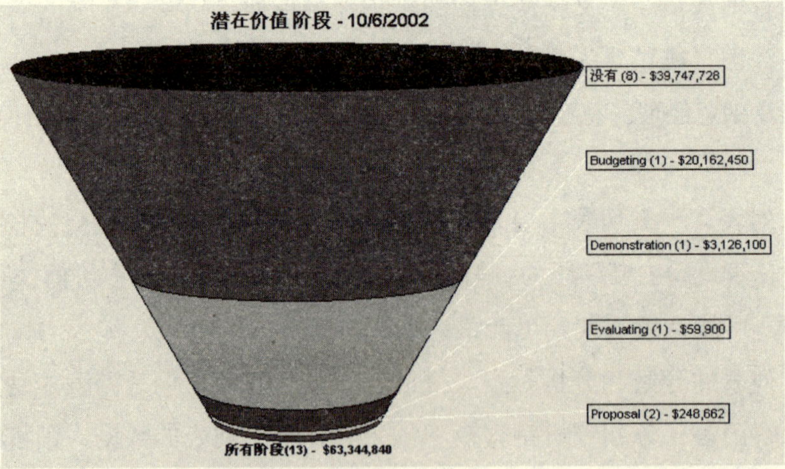

图 12.3.3 销售漏斗

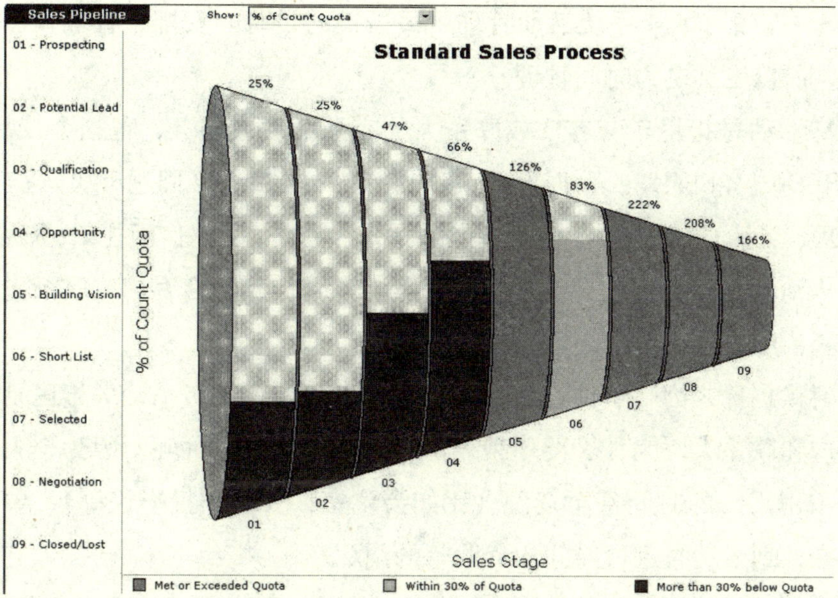

图 12.3.4 销售管道

Funnel 预测分析 围绕 Funnel 工具，企业可以做很多预测分析，并通过各种形式表现出来，比如：按各种因素和条件来分析销售机会潜在收入；按客户经理、地区或完成可能性来划分销售机会；通过历史记录趋势分析来进行效果评估和指导战略性的转变。在进行预测分析时可以针对当前所有销售机会(当前用户权限所允许的数据)，也可以针对某一特定条件的销售机会，比如某一产品线、某一地区等。

12.4 活动管理

活动管理模块是整个 CRM 系统中非常重要的一个模块，它贯穿于各个模块中，通过对用户活动内容、活动时间、活动方式等方面的管理来实现各种商业行为。该模块是针对组织内部所有参与交互活动和执行任务的个体的，如销售代表、客户服务代表、服务工程师、外部销售人员等，根据一定的时间或能力要求将某项活动或任务分配给符合具体要求的人员，并且能够跟踪活动处理的全过程。

鉴于在有的 CRM 系统活动管理中最关键的是时间安排且管理和显示都基于日历，所以也称之为时间管理。

客户活动是指用户与客户或联系人的交互活动或任务，包括会议、介绍、演示、To-Do、客户跟踪、活动准备、客户约见、外勤维修、问题解决、客户回访、投诉处理、电话 / 电邮呼出、电话 / 电邮呼入、传真、商业信函往来、短消息等。

个人活动是指组织内部的活动或任务，不牵涉到任何客户或联系人，例如市场调查、广告活动、内部事务管理等。

有时候也称之为“事件”（event），它们与正常的业务活动关键区别在于不涉及客户和联系人。为什么要单独列出个人活动或者事件呢？因为个人活动或事件要占用用户的时间甚至资源（比如会议室、公车、投影仪等），单独列出则便于在计划活动时进行时间和资源等的调配。

活动管理模块可以与其他模块（如客户管理、销售机会管理、服务管理等）相互链接，自动获取和跟踪由其他模块而触发的各类客户活动。同时，活动管理模块也能在活动的过程中生成销售机会、服务请求、投诉等。

活动信息产生的来源主要有以下几方面：

● 通过与客户或联系人进行电话、电邮、传真、短信等多种方式的接触而直接产生的销售或服务活动信息

● 通过商业信函往来而间接产生的活动信息

● 通过投诉而间接产生的投诉活动信息（自动生成活动类型为“投诉”）

● 通过销售机会管理模块中的各种销售机会而间接产生的活动信息

● 通过服务管理模块中的各类服务请求而产生的活动信息

● 组织内的人员所要执行的不牵涉到客户的一些组织内部的活动信息

活动管理大部分基于日历进行显示和管理，一般活动的日历会分为日历、周历、月历和年历来进行不同的显示。默认的活动日历视图一般显示当前月份的日历、未来七天的事件以及所选时段内的任务。还可以通过相关项的“未处理的活动”和“活动历史记录”相关列表查看、创建并更新活动。

如果有权限的话，用户可以在 Calendar（日历）中查询自己和别人的日历，

一般默认的规则是上级可以查询所有下属的日历，用户组的组长可以查看组内所有成员的日历。

1）**活动管理基本功能**

活动是指你在工作中必须完成的任务，它可以通过触发活动的对象（如客户、销售机会或联系人等）来组织。你可以通过活动模块详细、深入地了解整个活动的各个方面。

通过活动模块，你可以浏览待处理的活动列表，安排私人的活动，将活动分配给同事和管理重复性的活动等；你可以通过记录活动来跟踪客户进程、服务请求以及与联系人的交互过程等；你可以设定活动的优先次序，维护活动状态（如正在进行中、已取消等）和安排时间进程等。

活动模块是与日历模块紧密相连的，活动的日程安排可以在日历模块的日程表中自动体现出来（除非选择不写入日程表）。若在日历模块的日程表中对活动的内容作出更改，那么会在活动模块中自动更新；同样，在活动模块中更改的活动内容也会在日历模块的日程表中自动更新。

活动模块与数据权限紧密相关，当前用户不仅可以看到自己的活动安排和日历，也可以看到自己权限范围内能够查看的用户的活动和日历。

如果你有权限，你可以查看或打印自己的和其他人的活动；如果管理员给你权限，那么你可以查看其他用户和组的事件和活动；如果你能访问其他用户的日历，你还可以进行添加、编辑、删除等操作。此外你也可以将自己的活动的查看权限授予其他人。

为了醒目，很多CRM系统会使用不同的颜色来标识不同状态的活动，比如红色表示它们是已过期或12个小时之内会过期的活动；黑色表示它们至少在12个小时之后才发生。

一个活动可以包含其他用户，他们可以确认或拒绝该活动。

一旦完成了一个活动，应该标志为已完成，CRM系统会将它们移动到备注/历史记录中。

可以将一个未计划的活动记录到历史记录中，比如一个打出去的电话。这是为了适应很多企业在 CRM 应用时大多是输入数据的这一情况。也就是说你并没有计划一个回访电话，但由于一些因素刚刚打完这个回访电话，可以在未计划的情况下直接记录该回访活动至历史记录中，状态为完成。

可以在备注 / 历史记录或日历窗口中检查过去的活动。

● **任务**

企业内部的不涉及客户和联系人的活动，有一部分是需要分配或者请求别的员工完成或者共同完成的，这就是任务。任务作为企业内部工作协同的主要方式，是基于工作流平台来实现活动和角色的流转的。

作为任务的活动，由分配人根据自己的权限，将该活动分配给相关的角色并等待被分配人的确认，或者可以强制分配给相关的角色。相关角色在登陆 CRM 系统后会看到任务确认提示，进行相关的任务确认后，点击即可直接进入活动计划和执行环节。

在任务的执行过程中，任务分配人和权限允许的上级等可以查看到该任务的执行状态，当任务完成后任务分配人可以就地区任务的完成情况进行任务总结和评定。

在 CRM 系统中，活动视图中的确认页显示你需要确认或拒绝的活动。你可以接受或拒绝一个活动除非你是该活动的发起人。任何时候只要有用户包括你自己确认，那么在拒绝或更新活动时都会出现通知。在你确认或拒绝一个活动后，它将不再出现在确认页中。

● **资源**

活动安排涉及到人员、资源等的安排，尤其是对时间安排上的冲突的提示。在计划活动时，选择需要参与协同的人员和需要使用的资源，如会议室、投影仪、笔记本电脑等，在选择的同时，时间进程状态条上会显示当前已有的人员和资源的时间安排，并由醒目的颜色显示，在有冲突的时候会出现提示；选择后，在时间进程状态条上会显示刚刚计划的活动人员和资源的时间间隔安排。

单独查看资源时，会显示当前资源的使用人、使用时间、所属活动等，这样有利于企业对资源的合理安排和有效调配。

单击“检查是否空闲”来查看用户的空闲时间。空闲时段以无填充色的正方形表示，而繁忙时段则以蓝色或红色正方形表示。

在检查用户是否空闲时，所有用户的空闲时段和繁忙时段的时区在显示时都已转换为当前操作系统所选择的时区。即使用户处于不同的时区内，在为群组事件选择时间时也无需手动转换时间。

2）标准活动流程

为了有效地管理与客户的接触过程，实现销售服务流程的标准化，提高销售团队的能力，比较成熟的 CRM 系统会在活动管理中引进标准活动流程功能，即可以为一项业务活动，如新来访客户的回访活动设置一个标准化的活动流程模板，将需要做的每一步骤、标准事项和脚本等利用工作流平台串成一个模板。企业员工在进行该项回访活动时可以为该客户的回访活动调用定制好的活动流程，分配一个或多个执行角色，自动按照该流程进行流转和执行。

● **活动提醒**

在系统中为活动设置预警（闹铃）的提前时间，提醒方式可以是弹出窗口、邮件和短信。预警的条件主要为提前时间，包括时间的度量（如分钟、小时、日等）和值，比如提前 15 分钟提醒，方式为短信，那么 CRM 系统就会在该活动的计划开始时间前 15 分钟给活动负责人发送一条提醒短信以进行提醒。

有的 CRM 系统也可以设置预警触发条件，即当满足一定业务条件时再组合时间条件来提醒，比如计划了一个催款电话，提前 1 天提醒，同时设置了当客户应收账款超过信用额度时可以即时提醒，提前提示催款电话。

● **循环**

当一项活动需要重复进行时，就需要设置循环参数。默认选项是一次性，即不循环；其次可以按日、周、月、年进行循环，需要设置一些关键参数如间隔频率、特定条件和开始日、结束日及循环次数等。

比如选择周，设置间隔频率为 2，即每 2 周循环；特定条件设置为每周周五；开始日为该循环条件开始的日期，结束日为该循环条件结束的日期，也可以设置循环次数以及循环达到设定的次数后可不再循环。结束日与循环次数是二选一的，选择了其中一项那么另外一项就不可用。

● **历史记录**

所有完成的活动都将被记录到历史记录中，而与客户相关的活动历史记录可以在该客户的历史记录模块中查看到。选择“全部活动”列表视图，查看已分配给您以及在角色层次结构中低于您的所有用户的活动。管理员可以查看所有用户的活动而不受角色的影响。

“活动历史记录”相关列表中显示了该记录及其关联记录的所有已完成任务、已记录来电信息、已到期事件、外出电子邮件、批量发送邮件、已发送短信、批量发送短信和已合并的文档。单击记录即可查看条目的详细信息。

● **备忘**

备忘就是记事，当计划或者完成一项活动时有需要备注记录的，就可以输入到备忘中，由系统提供按照日期和客户来查询的功能。

备忘更多地类似于销售代表的记事本，灵活简单，但是需要加强全文检索的功能，因为备忘记录不规范，所以需要全文检索。

● **短信**

基于短信业务的飞速发展以及短信接触方式的低成本、有效性和快捷性，短信成为很多行业客户接触的主要方式之一；同时，基于手机的普遍性，企业内部或者员工个人的短信提醒和业务数据传递成为一个有潜力的发展方向。以前 CRM 系统较少关注短信，而现在，短信逐渐成为 CRM 系统必备的功能之一。

短信功能主要是围绕客户的联系人进行关怀和业务短信的发送和交互。其中主要功能有建立短信模板、建立短信队列、发送个性短信、短信队列群发、短信回复、短信点播、短信预订、短信提醒等。

3）关键数据项

关键字段说明如下：

关键字段	说　明
活动类型	必填，如：电话、会议、演示等
描述	必填
目的	记录活动的主要目的
应开始日	记录活动的最晚开始日期
开始时间	记录活动的最晚开始时间
持续时间	记录活动需要持续进行的时间
负责人	记录负责执行活动的人员名单
创建人	系统自动生成，表明该业务活动是由你创建，分派的业务活动的负责人与创建人是不同的
预警	如果需要提醒，选择此字段
频率	当某项活动需要重复进行时，选择相应的频率（如：每周的部门例会）。如果选择了频率字段，重复字段将自动标识
结束日	对于重复的活动而言，有一个最终的截止日期。如果该字段为空，则重复的活动将一直重复下去
内部	如果不希望将某一活动共享给团队成员，选择该字段
预估成本	记录业务活动的费用成本
客户	如果活动与客户相关，选择相关的客户。在客户模块→活动视图将出现所有与该客户发生的业务活动记录

4）销售行动管理

● 销售行动管理

结合活动管理和时间管理，可以进行有效的销售行动管理，这是借助CRM系统使团队和个人销售业绩、效率得到提升的捷径。销售行动管理包括合理的时间安排、科学的客户拜访计划、有效的销售控制和检视等，在CRM系统中虽然都是一些基本的功能比如日历、活动、销售日报表、周报表等，但是结合这些基本功能却能够将企业的销售行动管理提到一个高度上去，从而提升销售团队和个人的销售业绩与效率。

制订客户的访问计划有助于提高销售人员的时间利用率；销售区的合理划分有助于提高销售人员的效率；建立现有和潜在客户访问规范有助于改进销售人员的时间管理。在细分客户时应把客户潜力作为细分客户的依据而不仅仅是把客户购买历史数据作为依据，最后要求填写销售日报表这一制度则是管理销售人员最有效的方法之一，销售日报表应精心设计、易于填写且所填内容有价值。

● 销售日报表

销售日报表制度并不是要控制销售人员，而是提供给销售人员进行自我检视、自我提升的机会。销售日报表可以帮助企业掌握市场需要及其动向，把握竞争者情报，搜集客户资料，评价销售表现，而作为管理销售人员的标准销售日报表，也可从中洞察销售洽谈的要点，分析销售上遇到的问题以助于销售统计的制作，更重要的是它还可以协助销售人员进行自我管理。销售日报表的内容涉及：实际工作时间、访问人数及次数、面谈或介绍楼盘次数、销售对象人数、销售量、累积数、金额和累积额、成交率、销售进度状况、回款速度、其他重要问题等。

很多追求规范管理的企业已经在制作销售日报表，但但仅凭销售人员手工编制则工作量太大，而且很多数据不易进行准确和及时的采集。若通过CRM系统则可以有效地解决这些问题，自动地生成销售日报表。

● 销售时间管理

销售资源是有限的，如何合理分配资源并确保最大的客户机会和客户价值是一个关键的问题。对于销售代表来说，个人的时间是宝贵的资源。根据一调查结果显示，销售人员仅有约 1/3 的时间是用于增值的业务洽谈上，这意味着在销售人员的时间管理上还有很大的提升空间，请参见图 12.4.1 销售人员时间统计。

销售人员的时间管理是销售管理中至关重要的一环，因为销售人员时间利用率的高低直接影响着企业销售的成绩，同时销售经理应教会销售人员学会如何灵活分配时间并提高用在洽谈上的比重。

CRM 系统中，销售人员和销售经理可以在活动模块中计划销售活动和客户拜访活动，这样在日历功能中就可以看到日、周、月和年的计划和执行情况了，同时活动管理模块会针对你设置的活动提醒条件进行自动提醒，提醒方式可以是弹出窗口，也可以是短信、邮件等。销售经理有权限查看销售团队的日志，同时也可以指导（即修改、删除）某一个销售人员的具体活动计划。

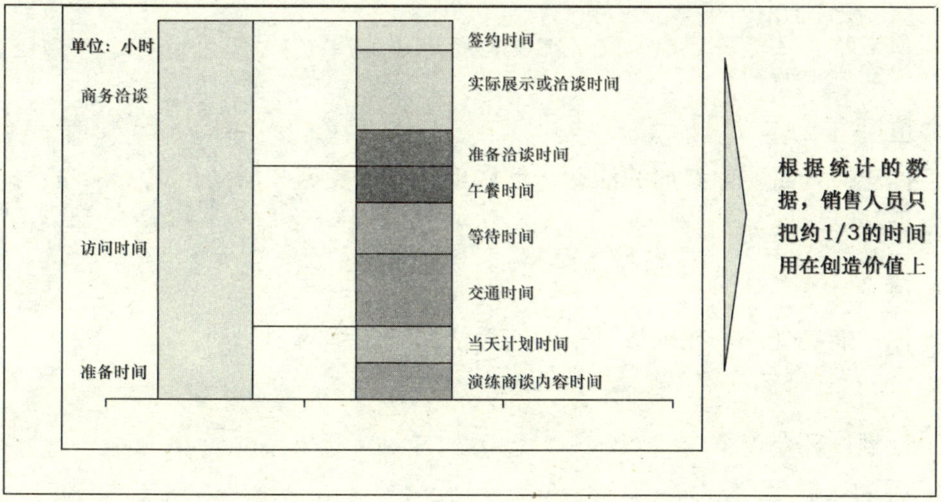

图 12.4.1 销售人员时间统计

● **客户拜访计划**

大部分国内企业没有真正重视客户细分和客户开发，因此在客户拜访计划上没有真正体现客户细分的策略，没有真正实现客户价值影响客户拜访的计划。

CRM 系统提供多角度的客户细分，并根据企业关注的多种要素对客户进行分级，不同级别的客户在销售团队的客户拜访计划中有不同的、针对性的体现，包括时间段、时间长、资料准备等方面。

销售人员的客户拜访计划在活动管理模块中依次输入，每一项活动都会有自动提醒（如果设置了提醒条件的话），销售经理也可以看到销售人员的拜访计划，从而不用再报什么报表了，直接在 CRM 系统中进行审批和指导即可。

一个客户拜访计划并非简单的事情，而是有一个严格的步骤：客户分析－客户分类－确定客户访问次数和频率－设计访问线路－设计工作进度表－访问客户－填写销售日报表（操作 CRM 系统）－客户拜访评估。通过这样的科学步骤才能实现有效的客户拜访，从而提高销售人员时间利用率，提高每次访问工作效率，进而有利于大客户的开发，有助于减少销售费用，最终提高销售人员的业绩。

5）典型应用

接受一个活动

情景：

你想检查需要你参加的活动，然后拒绝或接受这些活动。

拒绝一个活动

情景：

你不能接受一个在确认页下的一个活动，拒绝这个活动。

计划循环会议

情景：

你想计划一个每周五 7：30 到 8：30 在会议室举行的周会并且想在下四个星期讨论 Abbott Manufacturing（雅培制造）。与会者有 Lou,Ken 和你自己。

计划活动

情景：

两周后你要参加一个销售会议。安排一个四天的会议。

情景：

Jim Davis 突然打电话问你 F-14 引擎的问题，你想记录下这个电话并再计划一个电话跟踪这件事情。

情景：

你在 3 星期后的今天早上 10 点要与你的牙医见面，到时你会离开办公室 2 个小时。

12.5 客户交互中心

客户交互中心 (Customer Interaction Center CIC) 是实现客户交互接触工作的部分。实现的方式包括电话、email、传真、网络聊天工具（QQ、MSN 等）、视频、短信等。实现跨渠道的客户接触的整合，提供一致性的客户接触和服务，提高客户的满意度和忠诚度。

比如一位客户打电话询问上周发给公司的电子邮件的情况，电子邮件是回复再上周交谈的内容，而再上周那次交谈则是讨论之前企业给客户发送的一封信。他希望接听电话的人员能够了解他和企业的所有联系情况并希望得到准确及时的回复和帮助。这正是客户接触中心要解决的核心问题，而怎样实现客户服务的一致性则是企业的问题。

1）事件记录 / 分派 / 追踪 / 报告

对于客户通过各种接触渠道反映的问题、事件进行记录，如果不能实时处理，则可以根据定义或自定义的规则进行事件的分派，比如产品翻修自动生成为客户服务部门的任务，客服部门能时刻追踪问题的状态并报告问题的结果和客户的反馈。

2）订单管理 / 审批 / 跟踪

记录来自各种不同渠道的订单并提交审批，自动将审批结果通过相应的渠道反馈给客户，比如来自电子邮件的订单，订单审批通过后自动回复给客户，告知订单已经审批通过；来自电话的订单，则生成自动生成电话营销人员的电话任务等等。客户通过不同渠道查询订单状态时提供准确及时的回复。

合同管理察看客户相关的合同信息，并对客户的查询提供准确及时的回复。

自助服务，通过不同渠道获取帮助，比如在企业网站上注册并使用自主服务功能，通过客户服务电话获得相应的信息。

12.6 客户服务

一个成功的公司不但需要向客户提供高质量的产品，更重要的是需要对销售的产品提供一流的服务。在 CRM 系统中，服务请求管理模块记录客户的服务信息，处理客户所购买的产品 / 服务的售后服务以及跟踪客户的产品 / 服务状况，从而使公司达到留住客户的目的，抓住对客户进行附加销售的机会。

CRM 系统的服务请求管理模块与其他模块紧密结合，提供一套完整的客户服务解决方案。利用产品管理中客户购买的产品信息，跟踪客户对产品的服务请求，并与客户产品担保书和服务条款相联系，最大限度地满足客户的需要。在处理客户服务请求的过程中，利用活动管理、工作流技术和工作人员管理，来合理安排对客户的服务支持，并分派最合适的人员处理客户的服务请求。另外，服务请求管理模块可记录所有客户的需求，提供销售机会管理所必需的信息。除此之外，服务请求管理模块还可储存以往的问题处理方法，并与相关的服务请求相关联，以备将来遇到类似的客户问题时进行参考，从而提高客户服务的效率，减少客户服务的成本。

1）服务模块的核心价值

- 最大限度地提高服务中心的交互性和工作效率
- 降低事务处理的成本
- 提供高效的自助服务解决方案
- 获得并保持更高的智能化
- 建立并完善客户关系

● 获益于不断得到的新销售机会

● 定制“服务经验”，提供个性服务

● 定期对客户投诉按分类进行数据分析和统计

2）功能综述

本模块的功能主要体现在以下方面：

● 服务请求

● 现场服务

● 服务合同

● 缺陷（质量改进）管理

● 问题解决方案

服务请求管理模块的主要功能与其他模块和系统的关系如图所示：

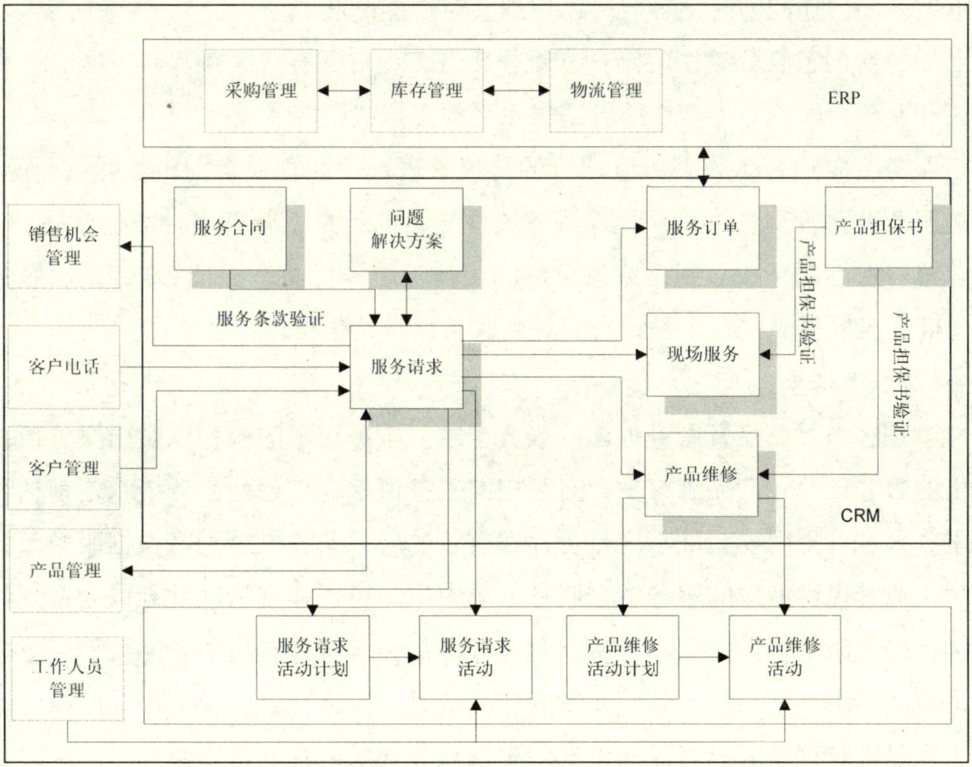

图 12.6.1 服务请求管理功能关系

3）**产品担保书**

包含公司所有产品的由制造商、零部件制造商或分销商、服务提供商提供的产品担保书，针对客户购买的每一个产品都可建立其产品担保书。在产品担保书中规定了对客户产品进行维修、更换或退货的服务期限。在客户提出服务请求时，产品担保书为外勤服务人员提供了对该客户进行服务的信息，即客户的产品维修、更换和退货是否在产品担保书的担保范围之内，以及公司对客户的服务是否收费。

4）**服务合同**

规定了公司对客户服务的标准、时间、服务数以及服务针对的产品和客户联系人。它授权客户对提出的服务请求享有相应的服务，并计算公司向客户承诺的服务请求目标完成时间。客户可以针对不同的产品购买不同的服务条款，对于那些对公司的运作至关重要的产品，客户可以购买较高标准的服务条款，当这些产品出现问题时，客户可以得到及时快捷的服务。

服务合同包括分级别的维护和维修服务，允许服务代表确保根据服务水平协议和其他合同业务为客户提供适当水平的支持或服务。

服务合同适合于收费服务项目的协议管理，比如物业合同、委托合同等。通过服务合同管理来维护、读取服务或维护合同信息；管理多种类型合同的：永久或一次性的，按时间段或按金额的。基于服务合同，记录CSRs解决服务的时间，可以将提交的问题和合同关联起来以自动化管理结余平衡。

5）**服务请求**

管理客户对产品及服务提出的服务请求、服务请求的验证以及由服务请求产生的服务订单和产品维修。针对客户的服务请求，在创建服务请求之前，客户服务人员首先需要验证客户是否存在有效的服务条款，公司将根据服务条款的规定为其提供相应的服务。在服务请求中用户可以建立活动计划或一系列的活动，并分派给合适的工作人员。服务订单是针对客户提出的产品维修、更换和退货的要求，记录满足客户要求的产品信息、价格信息以及对产品的执行动作。产品维修记录客户产品的维修历史，充分利用以往的维修经验以减少产品维修的成本。

服务请求管理通过性质即服务请求和投诉来统一管理，同时提供服务请求升级到投诉的功能。用户可以便捷地读取和更新未解决的客户服务请求和投诉信息，并在服务请求管理界面记录服务请求的性质、状态、来源、是否有效、紧急程度和问题种类，保存回顾备注、附件和活动历史记录。

在服务请求的分派管理方面，记录管理接收人、分配到的负责人、完成人以及接受、分配和完成的具体时间。企业可以根据分配时间、派工时间、到场时间、结束时间、客户签字时间等关键点进行服务及时率与满意率的考核。

典型的服务请求解决可以查看问题描述，并将解决途径保存在知识库中。

而对服务活动、修配件以及工时、费用的管理，有效地提升了服务运营的效率。

服务请求还可以根据服务问题的不同分类自动分配给相应的业务组别或者部门、员工，这个分配规则是可由用户自定义的，确保问题在最短的时间内分配给最合适的业务角色。

6）RMA/ 退换货管理

退换货的处理是解决客户抱怨、提高客户满意度的主要途径，而对退换货的有效管理和分析则可以对产品质量建立实时的跟踪。

在退换货管理中要确保货物退回的处理过程高效、准确，通过 CRM 系统记录退回信息、发货指令、相关缺陷、产品序列号和备注等，也可以指定发货和替换产品信息，同时自动维护退回产品合同状态的正确记录。

7）质量管理

即缺陷管理（重大改进），改进可能是由对于批量相同问题的服务请求引起的，也可能是由一个独立的事故引起的。

质量管理使服务部门能够捕捉到多个渠道的改进请求并管理质量工程过程的各个方面。通过质量管理，服务队伍可以制订活动计划，并分配任务给相关的、有技能或能力的工程师进行解决。改进请求可以与服务请求相关联，以便客户能够及时了解状态变化。当确定改进解决方案后，可与改进请求相关联，以便利用服务部门积累的经验。

可以将任何类型的资料或者产品资料附于改进请求记录中，以便服务队伍能够拥有解决客户问题所需的全部信息。

8）**问题解决方案**

是服务请求模块中的知识管理。在对客户服务的过程中，客户的大部分服务请求或问题都是以前曾解决过的或以前曾遇到过的类似情况。“问题解决方案”把客户服务请求的解决方案储存起来并与相关的服务请求相联系，在遇到同样或类似的问题时，客户服务人员就可以搜索到相应的解决方案，而不需要在每次接到客户的服务请求时都从头开始。

知识库支持对问题解决方案的关键词检索以及FAQ的检索，用户可以快速、高效地读取常见问题的解决方案，并在执行一个查询后自动化组合解决方案。

9）**服务流程**

将特定的服务流程化，流程文档化，用于解决用户的问题。服务代表可以查看完成一个流程所需的步骤以及各部分的名称。服务流程同时提供技术文档、白皮书或事故处理指导相关的链接。

● 全文检索

智能化搜索解决问题的工具和资源，基于全文检索读取原始案例，例如以前提出的同样的问题和事故报告；可以使用事先设计好的标准问题、解决方案和附件；用户还可以将搜索结果与其他正在解决中的问题和事故处理关联起来。

● **产品跟踪**

服务模块的产品跟踪主要是将产品与服务的客户、客户问题、事故缺陷、服务合同和退货认可关联起来。服务代表可以通过产品功能来校验产品的序列号，读取产品信息如产品编号、名称、供应商和价格等，以此有效地管理供应商。

● **服务的提醒与通知**

该功能快速高效地记录、响应紧急的客户问题，扫描延迟的客户服务问题并自动发出e-mail或短信提示。服务代表可以指定紧急事件编码、优先级、通告、收件人和希望的解决时间。

企业可以定制通知规则以适当地对各种情况作出响应。通知规则基于事先通知、条件通知和更好的定制能力。通知可以有短信、电话、网络、传真、web等多种方式。

10）**网上客户自助服务**

自助服务扩展利用对支持资源的途径，使之全球化，实现了24x7x365。这样使得服务代表可以通过Web方式添加新的客户服务请求、投诉或更新现有的客户咨询资料，企业也可以授权客户在线提交、查看或更新服务。

CRM系统提供Web管理器来管理客户自助服务的模板、查询条件、操作等。

12.7 现场服务

现场服务 也称之为“外勤服务”。

现场服务允许客户服务、现场服务和销售营销业务人员通过提供闭环问题来解决和提升现场活动管理能力，从而确保整体客户的满意度。

该功能使企业能够在整个问题解决过程中提供世界级的客户服务，不论是否需要提供一名或多名工程师或者一个或多个零配件。完全优化的现场服务过程提供了关键的、更新信息的、必要的工具，以便处理任何现场服务解决方案。

现场服务包括现场工程师和现场工程师活动管理、维修零件管理、解决方案管理和订单、RMA/退换、库存、全球时区（跨时区作业）等功能。

1）**维修管理**

维修是对RMA从维修活动到返回维修品到仓库的完整维修生命周期的跟踪。

维修管理是企业对有缺陷的产品维修过程进行的跟踪，从收到产品开始，直至产品返回库存或者交还给客户。所有仓库修理活动、零件消耗、时间花费、涉及的步骤和修理站之间的传递等均要在整个过程中得到跟踪和有效管理。

维修管理一般与维修订单和RMA过程一道使用。

2）**调度**

调度管理是服务型企业经常面临的运营资源紧张的问题。

当服务的大部分为维修服务时，大多数维修企业内的维修技师或工人代表了重要的成本和资源，在维修业务紧张的时候，调度优化可以提供更好的投资回报结果。

调度功能通过按照客户价值、客户优先权、地区、地点、零件、技能和可能性等实现自动现场资源分配，自动调度生成维修排产表并提供维修效率。

3）预约系统

允许客户服务代表自动安排未来的客户访问或者维修，且不超过当前的维修资源能力，确保维修人力没有双重预订。根据时间窗口的预约可以向客户承诺以小时或以上午、下午为段。

4）调度优化引擎

根据定义的商业规则优化部署调度，如最小化旅行和人工成本，同时确保兑现合同承诺。高优先权的呼叫可以被立即调度，导致了重新安排较低优先权的呼叫。调度可以根据定义的商业规则实时或者以批处理模式进行优化调度，以确保适当时间、适当地点、适当零件、适当技能和适当人员调度。

5）合同调度

允许快速识别、分配和调度需要立即响应的紧急维修活动。

12.8 电话营销/电话销售

电话营销/电话销售是通过电话网络实现的与客户进行双向沟通的营销模式，在我国的应用比较广泛。主要应用于线索、潜在客户的培养、客户关怀、客户保持、客户挽留以及其他营销活动的执行中。结合CRM系统中的客户全面信息，可以提供与客户的个性化沟通方式，在适当的时间与适当的客户沟通适当的事情。

- 线索跟踪。企业通过各种渠道获得的线索信息在初步筛选之后，通过电话营销/电话销售来进行二次的筛选和确认，并通过进一步的沟通将线索转化为潜在客户。
- 潜在客户的培养。根据潜在客户的信息和以往的历史记录，进行有针对性的个性化的沟通，比如着重解决客户的疑虑，目的在于促成交易，将潜在客户转化为客户。
- 客户关怀、客户保持。定期对客户进行电话关怀，询问其对企业产品和服务的意见和建议。
- 客户挽留。当出现客户不满或客户投诉时，在问题反馈的第一时间通过电话方式与客户进行沟通，防止事件可能产生的负面影响。在事件处理完毕后与客户进一步沟通，确认客户的观点和态度，并及时记录反馈情况，调整下一步的营销策略。

● 营销活动的执行。通过电话方式对特定的客户群体执行特定的营销活动，比如软件公司经常举行的软件发布会，一般会邀请潜在客户、老客户和合作伙伴参加。与其他的渠道同步进行，通知目标客户。

功能综述

电话营销和电话销售的主要功能：

● 电话列表。用户自己建立或系统建立电话列表，有计划的进行电话营销/销售活动。

● 电话分派。对于新线索、客户事件等的电话分派，可以根据预订以和用户定义的规则进行分派。比如按照业务类别、用户的特长等分派。

● 自动拨号。在进行电话营销/销售活动的过程中，提供自动拨号功能，降低用户的工作强度、提高工作效率。

● 脚本生成。根据预订以和用户定义的电话脚本和客户相关信息，生成在电话营销/销售过程中使用的电话脚本，提供个性化的沟通内容。

● 电话跟踪。对用户的每个电话进行跟踪，包括电话去向、时间、费用、产生的效果等等。

● 订单处理。对于电话中成交的客户，提供订单下达的功能，将客户电话中的要求录入系统直接生成订单。

12.9 营销管理

根据调查，市场专业人员会将百分之八十的时间花费在开展市场活动和制订程序上，而花在制订策略、规划和分析上的时间只有百分之二十。随着Internet等新兴市场营销渠道出现并开始与电话推销和传统直邮方式同步使用，市场营销活动的实施和效果跟踪已越来越复杂和耗费时间。成熟的CRM系统采用最前沿的技术，帮助企业赢得并维持住那些能带来利润的客户。作为一个全面的市场营销工具，它可以规划和实施以客户为焦点的市场活动，并分析其效果。

成熟CRM组件的设计目标是使市场营销专业人员能够直接对市场营销活动和战役的有效性加以计划、执行、监视和分析。一般而言，CRM系统中还会集成工作流技术，以便使一些共同的任务和商业流程自动化。此外，CRM系统Marketing模块还可向市场营销专业人员提供分析其市场营销行动有效性的能力，使市场营销部门有能力执行和管理通过多种渠道进行的多个市场营销活动，同时还能对活动的有效性进行实时跟踪。其他特性包括：帮助市场营销机构管理其市场营销的宣传品/礼品；生成和管理营销对象列表；授权和许可；预算；回应管理等。

在市场活动后对这一跟踪活动进行分析的传统方式已不能满足要求。很多企业在活动终止数月后，对活动效果尚未进行全面的分析也是常有的事。但如今激烈的竞争要求公司必须能够跟踪活动的效果，并在活动完成后立即计算出投资回报率。市场执行人员选择自动方式开展活动，并实时分析活动及所有渠道的响应。采用便利的分析工具，市场人员才能够实时调整活动，以增加活动满足投资回报率、销售线索数目或其他性能因素等期望值的概率。得益于实时活动分析，市场人员能够为成功的活动增加资源，或在效果不佳的活动完成前重新调整市场策略。

在营销管理方面，CRM推崇的是一个真正实现闭环的市场营销自动解决方案。成熟的CRM系统中，Marketing与Sales相集成，Marketing能够收集对活动的响应，并跟踪销售线索和机会的状态，随后将其转到Sales模块。只要市场线索一产生，销售团队就能够对其进行跟踪。这些销售线索即可转变为机会，并最终产生可以带来利润的客户。通过CRM整体解决方案，才能从第一次发现客户对公司表现出兴趣（无论是在商展上、通过Iinternet或看到广告）就开始跟踪整个的实际销售过程。

1）**功能综述**

市场营销管理模块是CRM系统的核心组成部分之一，在用户组织中负责市场营销的人员可以利用这一模块在不断变化着的竞争环境中系统地、科学地和更加有效地管理市场营销方案。它的特点在于通过对所有和市场营销相关的信息进行综合管理和同步运用来实现。

2）**完整的市场营销**

利用已有的营销信息和知识，控制市场营销方案循环，使市场营销的投资回报最大化

营销管理模块各功能组所包含的功能涵盖了对一个完整的市场营销方案周期进行管理的方方面面，例如，预算管理、宣传资料管理、媒体管理、促销方式管理、不同层次营销方案的管理等等，它们帮助用户建立起营销方案的完整循环。另外，通过合理运用这些功能可使原本在营销方案循环中分散零乱的信息变成可提供决策依据的数据，例如，通过对预算的管理，用户能随时掌握资金的运用情况，从而合理地配置资金，提高资金的使用效率；通过管理衡量指标，用户可以在一定程度上量化营销方案的效果，从而为分析营销方案以及策划新的营销方案等提供事实依据等等。

3）**不同媒体中的市场营销**

管理所有和市场营销方案相关的媒体，并通过这些媒体来执行市场营销方案、收集活动的结果。在营销管理模块中对市场营销活动的多种媒体信息进行维护，在与其他系统集成的基础上，用户可以管理在各种媒体中开展的市场营销活动。这包括通过传统媒体进行的市场营销活动，例如广播电视以及新兴的电子邮件市场营销活动、网上市场营销活动、短消息广告等等。用户设置营销方案的时间表及触发器功能，使营销活动在合适的条件下自动执行。

4）**个性化的市场营销**

与客户进行切实有效的沟通，从而提高产品或服务的渗透率以及客户忠诚度。营销管理模块可以对营销对象进行全面的管理和应用，一方面可以生成满足不同复杂条件的对象列表，从而可以针对这些对象设计灵活的促销方式或促销方式组合，使营销方案更具针对性；另一方面，通过电子邮件、网络等手段可以实现个性化的营销，根据客户的性格喜好、行为习惯等设计不同的市场营销内容，提高营销方案的效果。

5）**自动化与协同化营销**

市场营销管理模块与CRM的其他模块集成（如：客户管理、活动管理、

产品管理、渠道管理、工作流程管理等），自动获取和使用这些模块中的信息，如利用楼盘管理中的产品资料作为市场营销宣传资料，为市场营销创建活动，并分派给相关市场销售人员，使其能在活动管理模块中管理自己的活动；使用工作流程自动进行预算和营销方案的审批流程等等。

6）市场营销管理流程（Siebel 营销管理流程）

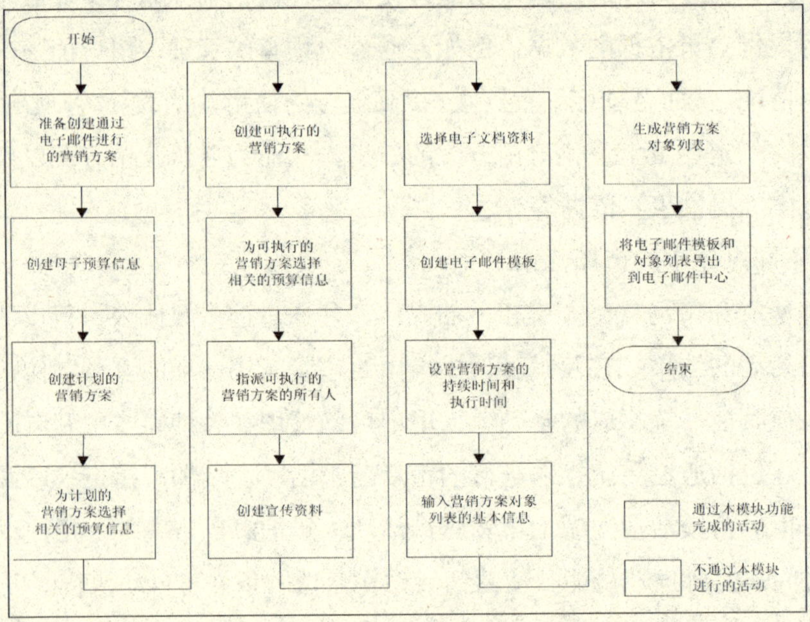

图 12.9.1 电子邮件营销方案的计划与执行

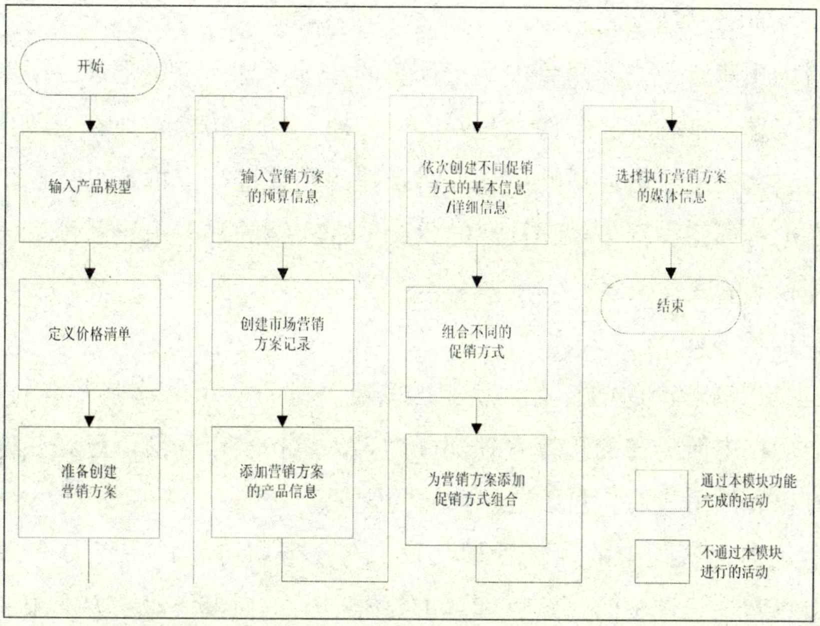

图 12.9.2 新产品营销方案流程

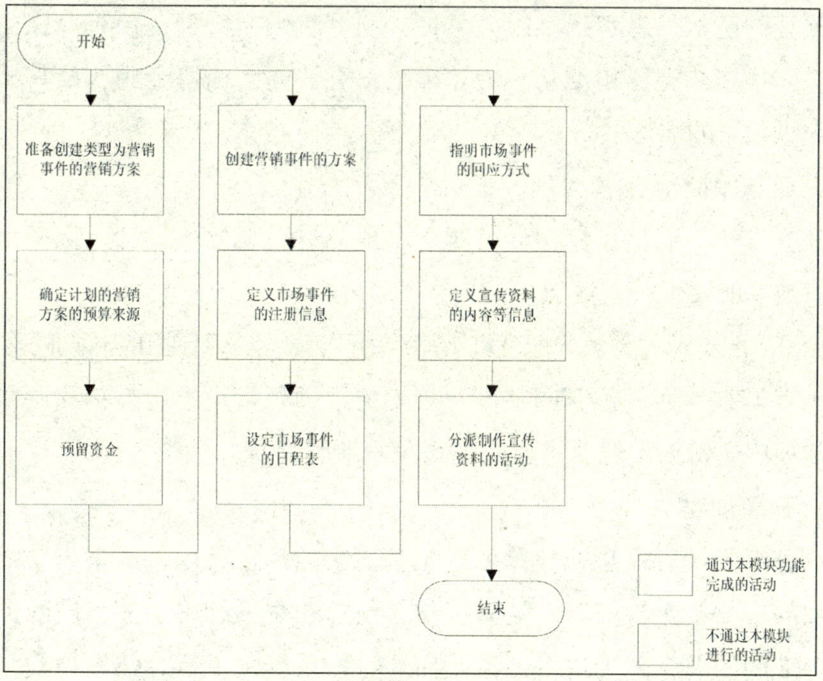

图 12.9.3 展会营销方案流程

7）市场预算管理

市场预算管理主要是管理市场预算的基本信息、变更记录、预算账簿、相关项目信息、备忘录、附件；允许用户创建、修改和删除预算记录并构建预算之间的层次关系；由合适的审核人对新建的预算进行审批；可在预算之间转移资金，也可预留和释放某一预算的资金；在完整的视图中显示预算的操作记录和预算金额的变化记录。

● **市场预算**

是指市场营销部门拥有并使用的资金，是所有市场营销方案的资金来源。本功能规格中所涵盖的预算管理部分内容，是指当市场部门已经获得该笔预算的拥有权和使用权后，对于这笔预算的管理。

市场营销管理中的预算管理其目的与一般财务系统中预算管理的目的不同。市场营销管理中的预算管理，主要维护预算在市场营销方案中的分配使用信息，使用户能随时掌握资金资源的状况，从而合理安排调整相应的市场营销方案，实现高效合理调配资源的目标。

预算的基本信息包括：预算名称、预算代码、币种、预算金额、负责人及其部门、状态、类型和类别、预算小组、有效期、预留金额、及其相应的账户和上一级预算的名称。

● **业务关键信息点**

预算设计　通过预算设计可对费用预算进行初始化设计，选择年初费用预算部门及其所属项目与区域。

预算分配　通过预算分配可将年初费用预算金额分配到相应部门的相关费用上。

预算调整　通过预算调整可对年初费用预算金额进行维护和调整，并记录针对该项年初费用预算所进行的每次预算调整情况。

● **预算创建**

创建新的预算信息，预算可以是多层次的，也可以是由某一个已有预算信息添加的一个子预算信息，从而搭建起预算的层次结构，使用户能更清晰地了解预算之间的关系。当用户创建子预算时，系统会进行合法性检验，子预算的和不能超过其上一级预算的金额。如果子预算的币种与上一级预算不同，系统将自动按照它们与本位币的汇率进行折算，折算汇率将由该预算所在预算层次结构中的根预算决定。

● **预算审核**

市场预算信息一般需要审批，该功能对新建的预算记录进行审批，审批的具体流程如下：选择一个状态为“新建”的预算记录后，选择“激活”，CRM系统通过工作流程管理模块自动激活审批工作流程，进入审批事务处理。一般处理过程为激活时，宣传资料的状态为“审核中”；工作流程管理模块会自动发出通知给审核人，要求审核；当审核人批准该宣传资料时，其状态更新为“已通过”；当审核人拒绝该宣传资料时，其状态更新为“未通过”；比较完善的还会支持多级审核和多级审核状态以及委托审核等功能。

● **预算转移**

企业可以在预算之间进行金额的转移。因为当预算审核通过后，它的信息将不能被修改。如果要对其金额进行调整，必须通过金额转移的方法来实现。用户需要定义转移的目的地和金额。转移操作不会影响本预算和目标预算的基本信息，只是在各自的变更记录中增加一条有关该转移的记录，同时更新预算账簿中的信息：转移出 / 转移入金额、当前可用金额、剩余金额。

● **预算类别和类型**

企业可以通过对预算类型和类别的定义来对预算进行合理的分组，便于后续的分析和汇总。一般来说，企业根据本公司的预算制订政策来决定预算的类别，比如户外、活动、网络、平面、宣传、影视、制作等。

● **预算小组**

企业可以选择不同部门的人员，如市场、渠道、财务等组成预算小组。预算小组的成员可以依据应有的权限对预算进行操作，如查看、预留或释放、金额转移等。预算小组的负责人始终拥有对于该条预算记录最大的操作权限。

● **预算预留**

企业可以在新建预算的时候，预留一部分预算。该笔金额不能被立即使用，而是为未来准备的。用户也可以为一些特殊的目的预留预算。通过预留预算，还可以防止预算被完全使用完。当预算审核通过后，只有该预算小组的负责人可以通过预留或释放来调整预留的金额。

● **预算账簿**

预算账簿为企业提供查看预算状态的界面。其中“预算金额”显示当前该预算的金额总数，包括其最初创建时的金额、预留金额和转入/出的金额。“预算使用”显示该预算的被使用情况，包括已计划使用的、已分配的及当前可用的余额。已计划使用是指计划分配到具体营销方案、宣传资料或是下一级预算，但尚未通过审核的金额。已计划使用金额不会影响到预算的余额。已分配是指已实际分配到具体营销方案、宣传资料或是下一级预算，已经通过审核的金额。已分配金额直接影响到预算的余额。

市场预算账簿为预算的管理者和使用者提供当前市场预算的金额分配情况，以及计划使用和已批准使用的预算金额。用户通过这个功能及时了解当前市场预算的余额，以便后续使用。

● **预算明细**

当一个预算是用于某个特定的营销方案或宣传资料时，用户可以为其明细项输入预测值。系统为这些明细项设置缺省的衡量指标，用于收集这些衡量指标的实际发生数，以便用户作比较。为了防止数据归口的不统一和用户随意设置明细项导致的数据庞大，系统管理员应事先定义好明细项目，以供市场人员输入，添加后的新的明细项及对应的衡量指标只对以后的市场预算和营销方案发生影响。

● **变更记录**

预算的变更记录为预算的管理者和预算的使用者提供有关市场营销方案预算的所有操作记录，包括其最初创建的金额，曾经预留或释放的金额，以及由其他预算项目转移入或是转移出到其他预算项目的金额。用户能够通过这个统一的界面，掌握预算的变更情况，及时发现异常情况，从而更好地监管和控制预算。

该功能的实现与系统日志功能有相似之处。当用户对一条预算记录进行如下操作时：添加、预留或释放、转移，系统会自动将相应信息记录下来，用户便可随时查看最新的预算变更记录。

● **预算产品**

市场预算的制订可以以产品作为标准。用户可以指定该预算是针对或主要为某类产品设置的。在实际业务中，各个产品的预算不允许交叉使用。因此，企业有必要维护预算的产品信息。

● **备忘**

企业在进行预算管理的时候，往往会遇到一些重要而又零散的信息。一般来讲，这些琐碎的信息最好作为备忘录储存起来。这一功能允许用户创建可共享的备忘录，凡是有权接触客户信息的人都可以共享这种备忘录；这一功能也允许用户创建私人备忘录，这种备忘录只有作者本人才可以看到。另外，用户可以修改或删除共享或私人备忘录，可以根据备忘录的类型对它们进行分类，以便对信息进行更好的管理。例如，一个"警示"备忘录是一种重要的备忘录，需要在小组内进行沟通。

● **附件**

本功能允许用户在系统中存储与预算有关的任何文件，新附件可以作为新的记录增添到系统中。这一功能可以生成文件选择对话框，使用户选择要附加的文件。还可以自动获得附件的名字、文件描述、文件格式、文件大小、修改日期和备注。用户也可以删除附件。附件可以在适当的应用程序（例如，Microsoft word 文件会在 Microsoft word 中被打开）中打开。

8）**宣传资料管理**

宣传资料管理主要管理宣传资料的基本信息、相关活动、备忘录、附件，并由合适的审核人对新建的宣传资料进行预算审批；允许添加、修改和删除与宣传资料相关的活动、备忘录、附件、产品信息。

● **宣传资料**

是在市场营销过程中向客户发放的有关促销内容、产品功能、公司介绍等方面的文档。其目的是为了促进营销方案的开展，帮助营销人员更好地将促销内容传递给客户。宣传资料可以是印刷品，如产品介绍手册、招贴画等，也可以是电子文档，如电子邮件、公司标志或广告等。

宣传资料的基本信息包括宣传资料的名称、代码、描述、所用语言、版本、状态、有效期间、类型 / 类别、预算来源以及文档形式（电子或印刷品）等。

● **一致保护**

宣传资料已被审核通过并激活，当用户修改和删除该信息时，系统会提示用户修改或删除记录会导致信息的不一致。

资料版本 用户可以对宣传资料进行版本控制，当用户创建一个新的版本时，旧的版本信息将被覆盖。

完成时间 如果该宣传资料是需要制作时间，用户可以定义预计完成时间来保证宣传资料能按时准备好。

宣传资料审核 同预算审核流程。

产品和营销方案 宣传资料可以是跟产品相关，也可以是跟产品无关，跟产品相关就要维护产品信息，而且对于不同的营销方案一般会提供不同的宣传资料，所以又要维护营销方案信息。

● **宣传资料类别和类型**

通过对宣传资料类型和类别的定义来进行合理的分组，以便后续的分析和汇总。一般来说，用户可以将不同的使用目的定义为不同的类别，如：促销活动、产品展示等，将资料形式定义为类型，如：产品目录、公司介绍、招贴画、促销手册等。当然，用户可根据自己的需要随意定义。

如果要选用现有的产品资料，用户可以从产品管理中选择相应的电子文档或印刷品资料。用户也可以定义宣传资料的电子文档。

● **相关活动**

用户可以为宣传资料创建相关的活动，如制作宣传资料、递交宣传资料等。用户可以将这些活动分派给适合的市场人员或是销售外勤人员。这些活动的被分派人可以通过活动管理查看管理自己的活动。

备忘、附件功能为标准的公共功能，不再详述。

9）**促销管理**

促销管理主要管理促销方式和促销方式组合。允许创建、修改和删除促销方式的基本信息，并根据其不同类别定义其详细信息，而且不同项目有不同的促销内容。

促销管理是市场营销方案的主要内容。用户针对不同的目标客户群或是不同的产品设计不同的促销方式，从而达到刺激销量、提供客户忠诚度或是提升公司形象等的目的。

促销方式可以分为四种基本类别，如后详述，用户可以根据业务的需要将这四种类别的促销方式组合成不同的促销套装。然而，在现实生活中市场营销方案具有非常高的复杂度，促销方式也不断地推陈出新。一般 CRM 系统都会包括所有常用促销方式，但对于企业的一些特殊要求，需要通过二次开发或是一些专业的促销管理软件来实现。

● **促销方式的基本类别**

价格促销，如：批量折扣、总额退款等。

产品促销，如：买 A 产品赠 A 产品、买 A 产品赠 B 产品、买 A 产品可获买 B 产品的折扣。产品促销是特指用公司的产品作为促销手段。

服务促销，其中包括条款服务，如延伸产品担保期等，如增值服务，如送货上门等。服务促销是指为用户提供一些衍生服务或是增值服务，作为促销的手段，它是一种更为新型的促销方式。传统的价格折扣和“买一赠一”的促销方式已经远远不能满足客户的需求。现在的客户会理智地看待价格和优惠，他们需要的是增值的服务。比如说，一个客户可能更看重公司能为其购买产品所提供的售后服务是什么，价格的折扣并不是做出购买决定的唯一标准。

礼品促销，如：实物礼品、产品保养知识等。礼品是指非公司的产品。

● **促销价格维护**

定义促销用的价格清单来维护促销价格信息。一般来说，促销的价格清单是在用户计划一个营销方案时必须要做的一个准备工作。由于价格的制订较为敏感，因而需要市场经理和相关的产品经理来协作完成。市场经理根据营销计划提出需求，产品经理根据市场部门的需求在“产品管理”中创建一个促销用的价格清单，并为其添加相关的详细描述，说明该价格清单的内容和使用目的，以供市场经理在定义促销方式时选用。在创建价格清单时，产品经理需要定义相关的价格模型和价格系数，反映该促销价格的适用对象和具体折扣方式，如：何种客户购买多少数量产品可以获得多大的折扣。创建完价格清单后，将其保存在系统中。市场经理在定义促销方式时，就在选择列表中选取适宜的价格清单使用。

● **促销方式**

所有的促销方式都有一些通用的基本信息：名称、描述、代码、类别、状态、所有人、有效期间等。不同类别的促销方式又各具其特有的信息。

用户在定义促销方式前，必须将所需要的产品或相关服务条款在“产品管理”和“服务要求管理”中定义，以供选择。如果用户在礼品促销时，需要使用价格清单，则必须将礼品在“产品管理”中加以定义，以便维护其价格信息。

● **促销方式组合**

是将不同类别的单个促销方式组合成促销套装，从而满足市场营销的复杂需要，以提供更灵活的营销手段。

若该促销方式组合已被某个营销方案或是营销事件使用，当授权用户修改和删除其中的促销方式信息时，系统会提示用户该促销方式已被使用，修改或删除记录会导致信息的不一致。

10）**媒体管理**

媒体管理主要管理媒体、备忘录和附件信息，应区分不同项目的媒体管理。为媒体定义不同的等级便于分析管理、添加、修改和删除媒体的备忘录、附件。

媒体是市场营销的中介，选择适当的媒体来传递公司的营销信息是市场人员的一项重要工作。本功能为市场人员提供了一个管理媒体的工具，包括对传统媒体，如：广播电视、报刊等，以及新兴媒体，如：互联网、移动通信系统等的管理，用户可以依其表现进行等级划分，并指派特定的人员进行日常管理分析。

用户可以在“客户管理”中对媒体提供商进行管理，对其名称、地址、通讯方式、联系人以及其他有关信息进行维护。

媒体信息模块可以用来对合作伙伴提供的与广告宣传活动相关的市场报价信息进行整理和维护，并及时更新。便于所有广告活动费用的相关人员进行市场活动方面的媒介规划和费用规划。一个媒体价格统一的发布平台，便于各部门的相关人员了解第一手的媒体报价，并通过媒体报价的比较制订有效的媒介计划和策略。

11）**营销方案管理**

管理营销方案的基本信息、宣传资料信息、促销内容、产品信息、合作伙伴、费用等；管理市场营销的备忘录和附件信息；由合适的审核人对新建的营销方案进行主题和预算审批；为营销方案添加、修改和删除相关的预算信息、宣传资料、促销方式（或组合）、产品、合作伙伴、备忘录和附件等。

- **营销方案**

是指针对特定的目标客户群进行的围绕相关产品或服务的开展市场营销活动。营销方案有如下基本信息：名称、代码、描述、上一级活动名称、类别和类型、优先级、状态、目的、所有人和有效期间等。如果该营销方案是展示会类型的，那就还有其他特殊信息如：注册信息、日程信息等。

- **营销方案代码**

通过营销方案的代码来记录相关的销售或是其他信息是一个重要的方法。营销方案的代码可以存放在销售合同中，从而记录下通过这个营销方案达成的销售。如果企业为营销方案创建专门的促销产品，该产品会带有相应的营销方案的代码，然后再被读入到销售合同中；如果企业使用现有的产品，为其创建用于促销的价格清单，该价格清单会带有相应的营销方案的代码，然后再被读入到销售合同中。

- **营销方案结构**

营销方案有其特有的结构，我们先举例来说明一下营销方案与组织结构的关系。

一个公司的市场部门有如下的组织结构：

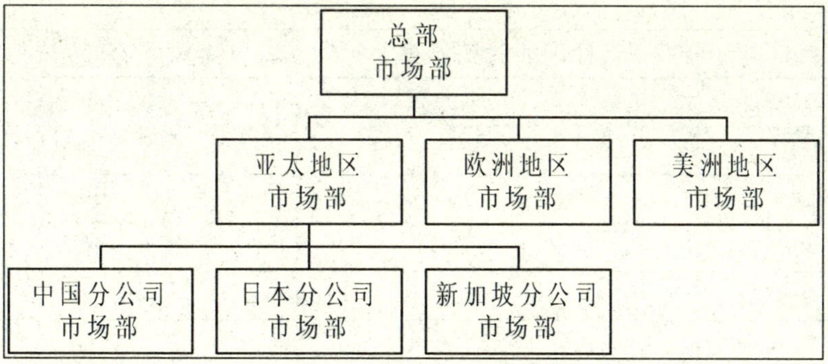

图 12.9.4 组织结构图

现在总部市场部发起一个新产品上市的营销方案，有一个总体的营销方案计划，其下属三个地区分部的市场部需要针对各自地区的特点制订相应的地区营销方案计划。在每个地区内的各家分公司是具体市场营销方案的执行者，他们也会制订各自的营销方案计划。但是分公司的营销方案计划是以上两种计划的具体落实，属于可执行的营销方案计划。因此，在营销方案等级结构中有两种营销方案：计划的和可执行的营销方案。其结构如下：

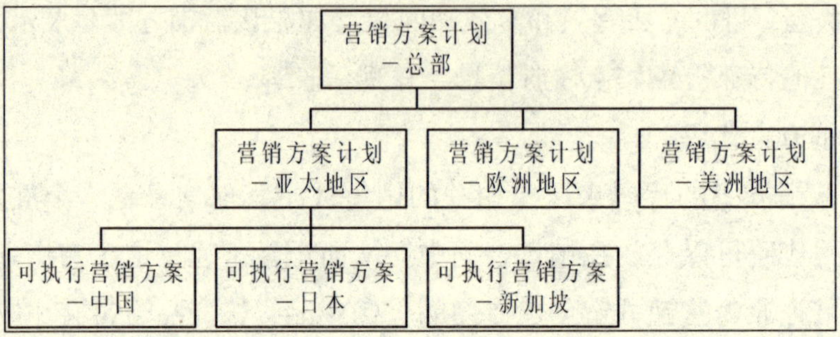

图 12.9.5 营销方案结构图

计划的营销方案和可执行的营销方案在其属性和相关的操作上有着不同，用户只能在计划的营销方案下创建下一级营销方案。在市场营销方案结构中最低层的总是可执行的营销方案，而它也是具体信息的承载者。两种营销方案的主要区别见下表：

表　计划的营销方案和可执行的营销方案区别表

	计划的营销方案	可执行的营销方案
预算来源	无	唯一
产品信息	多个	唯一
时间表	无	有
媒体	无	唯一
促销内容	无	有
宣传资料	有	有

续表

	计划的营销方案	可执行的营销方案
合作伙伴	有	有
衡量指标	有	有
日程表	无	有
回应方式	无	有

在一个公司的营销方案结构中，可执行营销方案是上一级营销方案的具体执行，由于营销方案在设计上的灵活性，计划的营销方案和可执行的营销方案可以在内容上有着较大的不同。但是作为具有父子关系的两个方案，它们之间的信息有着一定的相关性和一致性，下表对它们之间有关系的字段和信息作了说明。然而真正对于二者在一致性的控制和在内容上的管理，则需要每个营销方案的审核人在审核时严格把关。

表　营销方案上下级关系表

基本信息字段及相关信息	上一级营销方案	子营销方案
优先级	有	与上一级营销方案相同
目的	有	与上一级营销方案相同
开始生效日期	有	不得早于上一级营销方案
终止生效日期	有	不得晚于上一级营销方案
需注册	有	与上一级营销方案相同
需邀请	有	与上一级营销方案相同
宣传资料	有	缺省与上一级营销方案相同，并可以添加
产品信息	有	在上一级营销方案的产品信息中选择
合作伙伴	有	在上一级营销方案的产品信息中选择
衡量指标	有	缺省与上一级营销方案相同，并可以添加和删除

- **营销方案审核**

用户必须对新建的营销方案进行内容和主题方面的审核，通过审核来保证营销方案的一致性和正确性。审核的具体流程同其他的业务审核流程相同。只有当一个营销方案的所有相关信息，如预算来源、宣传资料、促销方式和促销方式组合等都处于激活状态时，该营销方案才能被激活；否则，系统会给出错误信息，需要有关人员修改状态。

● **营销方案的分类和目的**

基于营销方案的两种不同种类，可以通过定义营销方案的类别来区分两者的不同处理。企业还可以通过对营销方案类别的定义来进行合理的分组，以便后续的分析，如：广告、展览、演示会、公众关系活动等。

企业可以根据实际业务来定义不同的目的，如：新产品上市、产品促销、公司形象宣传、产品推广等。

● **备忘 / 附件 / 活动**

市场营销管理的备忘录和附件信息与其他管理的备忘录和附件信息相同。用户也可以为市场营销创建相关的活动，并将这些活动分派给适合的销售外勤人员。这些活动的被分派人可以通过活动管理查看、管理自己的活动。

● **营销方案执行管理**

营销方案的执行管理，主要包括管理市场营销的相关活动 / 活动计划，分析营销对象即目标受众，利用多个来源生成营销对象列表，也可以通过导出列表功能在其他外部系统中使用生成的活动对象列表。对于市场营销的时间表和触发器，一个营销方案可以设置多个执行的时间表，在各个时间表中设置适用的对象列表和电子邮件模板，并设置时间表的自动触发条件。

当创建完一个营销方案的基本信息后，可以为其分派相关的宣传资料，宣传资料的生效时间必须在营销方案的生效期间内；可以为其选择或创建一些相关的促销方式和促销方式组合；可以为其分派相关的产品信息。

各类渠道可以作为市场营销的合作伙伴与公司一同开展营销活动。它们在营销活动中可能承担着不同的角色。营销管理的合作伙伴功能为企业提供了维护市场营销方案中各类渠道信息的功能。

● **营销方案的回应方式**

为了收集客户对于营销活动的回应率，企业需要为营销方案定义回应方式。

一般来说，在营销方案中常用的回应方式有电子邮件、电话和URL，它们都可采用一些程序来达到自动收集回应率信息的目的。当然，也可以有其他的回应方式，如传真、现场来访等。

下面对如何通过这些方式收集回应率信息作一个简单的说明：

对于电子邮件的处理，用户可以通过收集有相同主题的邮件数来收集回应率。

对于客户的电话回应，如果是自动应答系统，可以通过IVR设置相应营销活动的分支，从而记录下客户电话询问的数目；如果是通过客服中心，且有相关的智能化范文来处理客户来电，则可以通过记录范文调用的个数来收集回应率，或是在数据库中设计一个字段，每当客户来电询问时，客服人员即创建一个特别类型的活动，创建的次数记录在该字段中。

对于客户点击URL的次数，粗略地来看，用户可以通过记录访问相关页面的点击数来收集回应率。但是为了获得更精确的数据，用户可以设计一个专门为回应客户登录的界面，通过该界面进入的点击数才是由URL地址链接来的回应数。

对现场来访的响应，由接待人员或者销售代表了解来访客户的知晓渠道，从而统计营销方案的响应数量。

● **营销对象**

市场营销可根据活动对象的类型分为两种：直接的市场营销和间接的市场营销。直接市场营销的对象是确定的，用户从现有客户或潜在客户中选择适当的群体，直接将营销内容传递到他们手中，如电子邮件营销等。间接的市场营销不确定具体的对象，用户只是针对某个市场区隔进行营销，最典型的就是媒体广告等。

对于直接的市场营销，用户必须创建并选择营销方案的对象。可以采用如下方式来生成一个活动对象列表：数据库查询、从现有的列表（如不同细分的客户组、联系人组、线索组）中产生、使用列表模板、从外部导入等。

一个营销对象列表只能同时被一个营销方案使用。用户可以将活动对象列表导出到外部系统中，如：电子邮件中心、信函处理中心等。用户可以选择不同的列表生成类型：列表模板和目标列表。目标列表的记录是静态的，而列表模板的记录是动态的。列表模板不能直接被营销方案使用，它只能被营销方案的时间表调用，在既定的时间生成列表。

- **营销的电子邮件模板**

在实施以电子邮件为媒体的营销方案时，企业可以创建电子邮件模板，供电子邮件中心执行活动时使用。用户可以创建 HTML 格式的营销信函，电子邮件服务器可以利用 Mail Merge（邮件群发）的功能，从数据库中查询相关的字段自动填入信函的交互域中。同时，用户可以把其他相关的文件，连同营销信函压缩成电子邮件模板，供电子邮件中心调用。

- **市场营销的时间表和触发器**

企业用户可以为营销方案制订时间表，决定其执行的不同时间，并通过设置触发器，决定在何种情况下自动触发营销方案。届时，系统会触发工作流程，通知相关人员，并进行必要的动作，如：生成对象列表，触发与电子邮件中心或其他系统的交互。

- **市场营销在不同媒体的执行**

随着科学技术的发展，市场营销的开展不再是通过单一的大众传媒，如广播电视、报刊等。电话、网络、电子邮件、传真、移动电话等都成为市场营销方案的新兴媒体。而且，通过凭借着这些先进的技术，营销方案变得更有成效。用户可以针对不同的目标受众，设计不同的营销方案，并通过这些媒体。将营销方案传递到目标对象的手中。另外，用户还可以预先设定条件，让营销方案得以自动地触发并执行。

现在市场上有许多针对这些媒体的专门的解决方案，如电子邮件中心解决方案、呼叫中心的电话外包解决方案、短信网关解决方案等，还有一些解决与其他系统集成的专业产品。成熟 CRM 系统的市场营销管理模块为这些外部系统提供集成的接口，将市场营销的有关信息集合传送到各种外部系统中，然后由这些专业系统帮助执行市场营销方案。

- **网络营销**

随着互联网技术的发展，网上市场营销开始为越来越多的公司所采用。网上营销可以增加客户的属性和浏览习惯来定制个性化的营销方案。

以网络为渠道的市场营销除了拥有与一般市场营销相同的属性外，还需为其定义上传的内容和营销方案的选择规则，如客户是否为注册用户，客户的浏览页面或是客户在网上购买的产品都可以作为选择何种营销方案的条件。企业根据以上这些条件，选择有针对性的营销方案显示给网上客户，实现网络上的差异化服务。

● **营销方案的衡量指标管理**

管理衡量指标是客户金字塔的基准要素和调查问卷的要素。多个衡量指标形成一个衡量方案，该方案表现形式为一个金字塔或者不同阶段的调查问卷。

衡量指标的管理，需要创建衡量指标并构建衡量指标之间的层次关系，定义衡量指标的数据获得方式即对应的数据元素，定义衡量指标之间的不同类别，将衡量指标附加到营销方案或者客户金字塔方案中去，选择查看某段时间内的衡量指标具体值，输入衡量指标的预测值，以进行预测值和实际值之间的比较分析。

对于市场营销方案成效的衡量是市场营销管理的一个重要组成部分。企业用户可以通过定义各类的衡量指标来收集相关的信息数据，并汇总成一些总指标，以此来衡量一个营销方案成功与否。同时也可以作为企业对目标客户细分区隔的客户价值进行定位的基准要素，成为客户金字塔的基准要素。营销方案的效果评估也是基于这些衡量指标的具体参数来进行的。

企业用户可以从成本、收入、价值以及客户回应率四个方面来衡量一个市场营销方案的效果，因此，用户定义这四种类别的衡量指标来收集这四方面的数据。同时，企业用户根据实际需要定义指标的具体类型。

衡量指标的基本信息包括：指标名称、描述用途、返还值类型、类型 / 类别、状态、输入方式和累加方式等。

企业用户可以定义指标的返还值：数字、金额和字符串。在累加方式中定义该衡量指标的值是否要累加到其他指标上，例如：有一个衡量指标 A，它的值输入方式为手工输入，同时它的值要累加到同一级衡量指标 B 上，因此要定义 A 的累加方式为“向同一级累加”，且 B 的值输入方式必须为“自动累加”。

企业用户可以通过四种方式为衡量指标赋值：手工输入、自动累加、使用程序和使用公式。手工输入是最基本的方法，一般最低层的衡量指标都可通过这种方式来赋值。自动累加是指由下一级指标累加获得。使用公式是指由一个变量指标由其他指标通过运算而得到。使用程序是指调用程序从外部系统或计算获得。

● **市场营销的成本衡量指标**

系统为每一个营销方案设置缺省的成本类别的衡量指标如下：总成本、总直接成本、总间接成本、其他成本、汇总成本、预算明细项（取决于用户设置的预算明细项）、客户回应率。在系统配置时，管理员需对这些衡量指标进行预订义，这些衡量指标的币种均为该营销方案所使用预算来源的币种。

预设值见下表：

衡量指标名称	计算方式	累加方式	累加到
总成本	自动累加	向上一级	汇总成本
总直接成本	自动累加	向同一级	总成本
总间接成本	自动累加	向同一级	总成本
预算明细项	使用程序	向同一级	总直接成本或 总间接成本
其他成本	自动累加	向同一级	总成本
汇总成本	自动累加	向同一级	总成本
客户回应率	自动计算	向上一级	汇总回应率

这些衡量指标搭建起一个收集成本信息的结构如下：

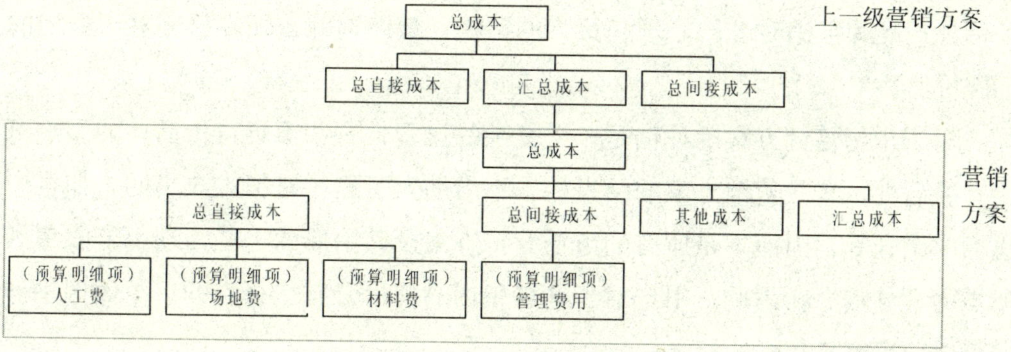

图 12.9.6 指标结构

当用户建立一个营销方案时，系统会将这些缺省的衡量指标自动分派给这个营销方案。用户可以根据实际情况添加在其他成本下添加其他成本衡量指标。由于各项费用明细会归总到预算明细的项目中，各类预算明细项的衡量指标可以通过加总获得实际发生的金额，然后再分别累加到总直接成本和总间接成本，并汇总成总成本。如果在累加中牵涉多个币种，都以本位币转换到目的预算的币种。

● **营销方案的效果评估**

精细化营销，是以客户细分战略为基础的，也就是要根据选定的最有价值的客户细分区隔的需求，通过客户喜欢的方式营销，而企业的主要目标客户通常把营销等同于产品服务本身，一个特定的满足他们需求的营销活动，已经足够打动客户的心。企业就是要追随他们的期望，使用他们喜欢的方式进行销售。

当客户细分达到足够细的时候，企业就可以实现一对一的向客户营销和销售产品，并终生留住客户。而一对一地营销，就意味着不断地用心修改产品以满足客户的个性化需求。对于精细化营销，需要建立支持绩效目标的、合适的营销结构，通过预算、计划、活动、任务细分等提供清晰详细的工作步骤，帮助房地产达到预期的结果。

在精细化营销的过程管理中，需要评估所有的营销力量对公司长期价值的影响。优秀的公司总是不断地量化、报告和评估营销的效果，从而使公司的战略更为灵活，抓住新的或以前没有发现的商机。精细化营销需要制订营销计划，并根据环境变化和效果评估不断修改；同时量化各种营销和销售活动的利润率，评估公司品牌营销对客户心理和行为的影响，最终追踪公司在目标客户群中的品牌价值。

对于市场营销方案的评估是一个复杂的过程，有些市场宣传活动的影响可能有滞后性，有些营销方案的结果如果不借助人工途径是很难收集的，如客户满意度调查等，因而不是所有的市场营销方案及其附属的一些活动都能收集到所需的评估信息。因此，用户对于衡量指标的使用是有选择性的。下面例举一些可以使用衡量指标的情况：

在电子邮件营销方案中，用户可以通过收集客户点击邮件中的 URL 链接的数量，以此来衡量客户对这次活动的反应率；

在一般的促销活动中，用户可以收集客户购买促销产品所产生的收入来衡量促销活动所达到的销量；

用户还可以通过促销产品附带的营销方案代码来收集客户购买产品的数量。

● **实现模式**

如何制订衡量指标是一个企业进行精细化营销管理的关键，而一个企业在不同产品、不同阶段上都会有不同的衡量指标来进行量化管理。

对营销活动的效果评估和 ROI 计算，是根据营销闭环流程中的关键点上的衡量指标来进行的。衡量和评估有两条主线：价值和人数。一般价值上采用基于客户细分区隔的成本、收入、利润率、预估利润率、贡献率、媒体回报率等指标，人数上采用响应率、媒体响应率、预测成交率、成交率、重复购买率等指标。由于会员俱乐部作为市场营销的手段之一，且会员活动的效果评估也可以作为市场营销评估，会员的利润率和贡献率、成交率、重复购买率、推荐成交率等也是会员活动评估的主要指标。

在营销流程中，客户细分将体现企业的客户细分区隔，每一个营销方案一般应该对应一个客户区隔或者多个客户区隔组合，因此会有一个估算的影响人数；在预算中会有一个计划的营销总费用。分解执行时产生一个实际的费用，即每一个媒体的实际费用；在营销活动中产生的线索和销售过程中的响应，会产生一个响应人数和媒体响应率；通过预测产生预测的价值，即预估价值和预测成交率；在最终认购购买的时候，产生实际的价值和成交率，通过分摊的活动费用成本可以计算利润；在交付后，忠诚客户的重复购买和推荐成交又产生贡献率、重复购买率、推荐成交率等，最终客户在会员俱乐部的等级变化也可以体现在营销活动的评估中。

营销评估最关键的是客户细分，效果评估最终目的是选定最有价值的客户细分区隔，整合最优营销资源并分配到选定的客户区隔中，有效地提升客户价值和企业利润。

● **典型应用**

创建一个由价格优惠和促销产品组合而成的新的促销方式组合

创建一个新的市场营销活动，并为其选择衡量指标

创建电子邮件模板并生成目标列表，以执行电子邮件为媒体的营销活动

12.10 线索管理

1）潜在客户管理

是与客户管理结合在一起的，潜在客户是客户的一种状态，一般使用客户类型来区分潜在客户、意向客户和购买客户等状态。潜在客户为什么要单独列出来进行管理？因为潜在客户是客户挖掘、客户获得、客户细分和市场活动的主要目标受众，企业的市场活动首先要确定目标潜在客户，同时通过市场活动产生一批线索客户，这些线索客户备分配到销售部门继续进行跟踪跟进，从而对市场活动进行闭环管理。

我们强调 CRM 关注的是客户的状态的变化，所以潜在客户从哪里来？怎么变化？变化为什么状态？为什么？这些都是 CRM 在潜在客户管理的过程中所要体现的关键点。

在潜在客户管理中，我们首先要识别潜在客户，从而通过潜在客户产生线索，通过线索跟踪捕捉潜在客户的详细信息，同时对线索质量进行评估，在时机成熟的时候将线索分配给相关部门比如销售部，由销售部门进行销售机会的

跟踪与管理，最后通过销售机会的结果对线索的反馈效果进行管理。

当然，销售人员也可以通过多个市场活动过滤筛选线索并将其作为产生销售机会的来源，以往的销售过程所评估出来的线索质量和消费模型有助于提高销售人员的选择能力，从而促成更多的销售机会并在完成销售订单的时候使销售人员更有动力地认真做好这件事情。

在一些 CRM 系统中是不将潜在客户管理作为一个功能模块的，而是将其分散在系统的各个模块之中。因为潜在客户管理涉及到市场营销管理和销售机会管理，是一个承上启下的过程，是一个很重要的阶段，线索的质量评估对市场活动的效果反馈和销售机会的成功率息息相关。

2) 功能综述

- **客户细分**（Segment）

加强对潜在客户的管理，是从客户细分开始的。在这儿有必要对 Customer Segment 解释一下，我们常见的叫法为“客户细分”，有的叫做“客户区隔”，尤其是从台湾地区来的顾问比如麦肯锡等都习惯叫“区隔”。

客户关系管理强调的是细分客户，差异化对待，一对一营销。对于潜在客户，作为市场营销活动的开端，企业就要做好客户细分的工作。对于不同地区、不同环境、不同形势、不同来源等的潜在客户线索，企业要有效地进行管理和分类，针对不同类的潜在客户群所采用的线索质量评估方法和分配去向都是不一样的。而潜在客户的细分，有利于企业更好地有的放矢地实现精细化管理市场营销活动。

客户细分功能依附于客户管理功能，基于多条件的查询和定义，将潜在客户分为不同的细分聚类，再针对不同的细分客户群定义不同的评估方法和活动、分配等。

- **目标客户群**

企业的经营肯定不是“四海之内皆兄弟”，虽然客户是上帝，但并不是所有的客户都是上帝，而只有企业所关注的目标客户群和能够创造价值的客户才是真正的上帝，那些不在目标范围之内的又不能创造价值的甚至是耗费企业成本费用的客户是企业所不能关注并要有效远离的。

分析、分辨目标客户群需要企业不断定义适应当前业务需求的业务规则，通过业务规则区分开目标客户群和非目标客户群，而业务规则是由企业来灵活配置的。

企业在不同发展阶段和不同市场阶段的目标客户群是不一样的，尤其是在一系列的市场活动之后企业会根据对线索质量的评估效果来调整对目标客户群的定位，所以业务规则是变化的，目标客户群也是不固定的。

● **线索质量与分配**　线索来源有很多，比如企业的市场活动，也会有来自企业合作伙伴的或者直接购买的客户资料库，但是这些资料客户在没有筛选之前是没有价值的。只有根据目标客户群以及以往的线索质量评估的结果来调整选择方法之后，针对不同的产品或者销售阶段，选择出来的不同潜在客户群才是真正有质量的线索。

线索的质量更多的是由销售人员进行跟踪拜访时执行的，比如线索客户资料的有效性、接触成功率、线索客户的意向等。有一些线索是无效的，电话打不通，DM 直邮被退回等等，企业需要评估线索的质量以对市场部门的工作进行督导。

线索的分配可以是由市场部门经过分析后分配给销售部门，也可以是销售部门自己去线索库根据业务模型来选择。二者是不矛盾的，市场部门多半是基于一次市场活动，将这次市场活动的线索进行整合后分配到销售部门；而销售部门主动的时候，多半是基于销售部门的业务安排和需要，是根据销售需求进行的线索分析。

从系统功能而言，线索的分配就是通过线索自动产生联系人 / 客户或者销售机会，在分配过程中选择客户的所有者权限，后台将建立该联系人或销售机会与线索的关联关系。

● **响应**

如何记录线索的响应是很关键的，就如同市场营销的闭环中关键的一环。在 CRM 系统中，一个联系人的产生必然是来自于一个源头，这个源头可能就是一个市场活动或者市场资源，那么在联系人的信息中就要记录来源，并记录对线索跟踪的响应情况，如：认可、不认可、没有联系上等。

对于最终完成的销售订单，是基于产生订单的销售机会来进行线索响应管理的。每个销售机会都会记录来自于哪个线索源，这样会将线索与订单结合起来，对市场部门进行市场活动的效果评估很有效。

响应状况的评估意味着什么？就是有一些响应是有效果的，有一些响应是无效的。那么哪些是无效的？为什么无效？对许多问题的分析将有助于管理销售线索并提升线索成功转变为订单的可能性。

● **状态变化与转移**

业务活动的状态可以分为两类：静态的和动态的。作为市场和销售的链接环节，线索的状态也是动态的。在市场活动开始的时候产生了线索，而这时候线索的状态是未经整理的；在市场活动结束之后或者市场分析人员进行抽取分析之后，线索的状态是可使用的；在跟踪线索并产生销售机会的时候，线索的状态是已经结束转化为联系人或销售机会的了。状态的变化是企业不断了解并力求控制的，而对线索状态的合理变化和合理引导，则是提升销售能力的关键环节。

在线索转移的过程中，要加强量化管理，毕竟在企业协同中关键环节的量化，有助于企业各部门绩效考核的合理性，也有助于协调好各环节的压力和动力。

12.11 伙伴关系管理

通过合作伙伴管理模块进行市场方面合作伙伴（合作公司，政府机构，公共媒体）的信息维护与管理，实现市场人员对合作伙伴资料的共享和统一管理，并促进信息的沉淀积累，以协助以后的合作和业务的开展。

1）渠道的定义

对于公司的销售、服务、市场等的伙伴 / 联盟，企业将提供销售、市场、培训和认证等直接服务。渠道是跟公司有渠道协议的企业，潜在渠道跟公司没有渠道协议。

对渠道进行管理的目的是通过将公司与渠道关系的生命周期紧密结合从而实现快速进入市场并占领一定份额的战略，它包括：市场、销售和服务或支持等方面。

通过渠道管理模块相应的功能，能实现处理渠道业务和计划实施，帮助渠道确认最佳机会，从而实现快速占领市场的目的。

通过该模块，能实现与渠道进行更好的协同工作，包括对渠道计划和运营的开发、启动、监测和改善。

渠道管理使渠道真正成为公司延伸的虚拟销售、市场和服务支持组织。

通过业务规则的设定，公司能实现销售机会、服务请求等在渠道中的流转、实施和监控。

3）**渠道的作用**

渠道是公司拓展业务、开发市场的一种强有力的手段。

通过渠道销售与拓展，可以达到提供给客户行业性的专业服务、增强集成多产品的业务能力、降低销售成本、降低客户支持成本、缩短产品（业务）进入市场时间等目标。

但同时，通过渠道的业务也会带来一些挑战，如：渠道招商的成本控制、取得渠道忠诚度、向渠道伙伴提供销售资料及工具、渠道伙伴可能销售竞争对手的风险、对渠道销售进程的低控制度、直销团队和渠道伙伴的沟通和协调以及市场营销预计分析的复杂程度等等。

当今市场，产品和服务日趋专业化和复杂化，渠道管理将提高合作伙伴和渠道的忠诚度从而增加商业基础并扩大销售额。随着公司日益多地使用渠道间接销售和渠道重要性的增加，对渠道的关系处理和最大化延伸渠道作用则显得日趋重要。通过调查发现，公司在产品市场拓展和服务客户方面对渠道战略的合理运用将显著提高渠道忠诚度和客户满意度。这种忠诚度和满意度将在渠道覆盖率、能力和赢利能力方面显著领先于竞争对手。

3）**渠道的分类**

具体指与公司业务、市场、销售和服务支持有关的战略联盟、合作伙伴、分销代理商、增值代理商、业务关联公司及相对于以上的潜在对象等（此潜在对象即指潜在渠道，包括各种类型的潜在渠道，如潜在战略联盟、潜在合作伙伴、潜在分销代理商等）。因为在不同的行业和产品中，渠道的具体分类会根据客户应用的不同而有所不同，所以本文功能支持的渠道类型为上述一些通用的渠道类型。

4）功能综述

渠道管理的功能结构

渠道管理功能是从供 CRM 用户使用该模块来进行其渠道管理的角度提供的，所提供的功能是供用户管理其渠道使用的，并着眼于客户关系管理系统的功能范围，贯穿渠道发展、信息管理、销售、市场、培训与教育支持和业绩考核的整个过程。

具体功能包括：渠道信息管理、渠道的销售机会管理、市场开发基金管理和渠道培训。

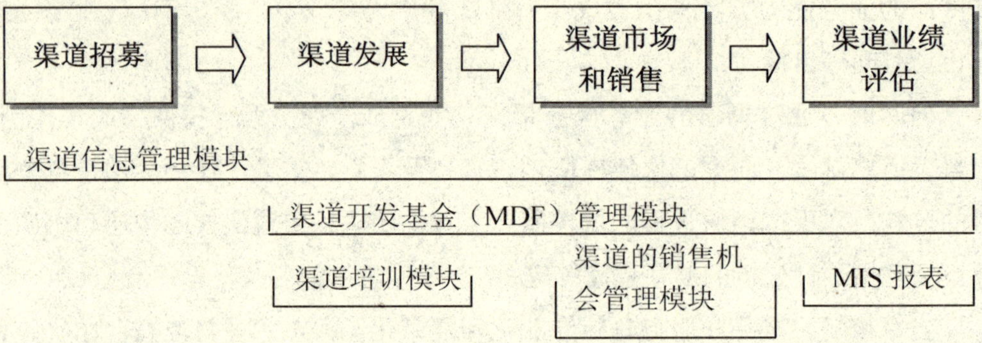

图 12.11.1　渠道管理结构图

- 渠道管理是实现建立、管理和改善分销和合作关系战略的架构
- 减少渠道管理的成本，树立企业知名度与品牌
- 提高渠道管理、服务支持和销售人员的工作成效
- 更紧密地维系与渠道之间的关系，增强渠道的忠诚度
- 对销售线索的分派及其后续工作的进行，并使之优化
- 更清晰地监测和衡量市场计划、活动以及促销的作用
- 更好地管理与渠道的共同市场开发基金等等
- 提高吸引渠道的能力

5）**合作伙伴社区**

合作伙伴注册并登陆门户社区，更新有关伙伴及公司的信息，企业可以通过合作伙伴社区向合作伙伴提供内容，如资料、解决方案、促销信息、有关培训课程信息和产品信息等。合作伙伴也可以访问知识库进行自助式服务，如解决方案、标准服务流程、FAQs 等，并可以在没有发现需要的信息后登记服务请求。

● **知识库定位**

条件近似、词根操作、高级词库、条件转折、模糊查找、其他高级查找。

● **合作伙伴商务社区**

提供丰富的在线商务功能，包括销售目录、购物车、报价和订单。

● **合作伙伴应用门户**

基于 web 的应用程序使商业合作伙伴用户能够访问关键信息和工具，以便与企业一同为客户服务。合作伙伴应用门户的用户可以：商业伙伴、经纪人、经销商、代理、终端销售商等。

合作伙伴的应用门户提供现成的实时信息共享，包括客户、机会、订单、商务社区以及渠道管理、服务请求等，使渠道合作伙伴能够有效地与企业处理事务。

12.12　知识管理

1) 知识管理的定义

什么是知识管理？为什么它对 CRM 很重要？有很多的定义，知识管理指企业获取、组织、运用、分析知识和信息的活动，包括知识发现、共享、应用和创新等过程。

知识管理使 CRM 系统具备了学习以及进行每个客户的交互活动的能力。在 CRM 系统中，信息被转化成为可以应用的知识，员工可以利用这些知识对客户进行勾勒并为客户提供个性化服务，客户也可以进行自助式服务。在过去的几年中，知识管理技术的发展推动了客户自助服务的使用，在降低客户服务成本的同时提高了客户保持率。

知识管理技术主要集中在以下的领域：知识的表达、知识的存储、知识的分享、知识的提炼和知识的保留。另外知识管理技术还支持很多数据访问和修复技术，包括关键词搜索、自然语言查询、基于案例的推论、决策树推论和专家推理。知识管理技术缩小了用户对于知识库的搜索范围，比如，知识库可以用来回答用户的在线查询，如果客户在查询知识库时发现结果不正确，那么这个知识就会进入知识库，并且在知识库中搜索更加合适的答案，在找到客户想要的答案之前这个过程将反复进行。在有些情况下，如果在知识库中找不到正确的答案，那就可能还要进行人工的回答。

2) 功能描述

很多客户喜欢快速准确地获得查询的答案，知识管理可以提高客户的满意度并且从长远的角度最终提高客户忠诚。通过企业内部的知识管理可以提高员工的从业素质和企业的经营管理水平并实现知识的传递。

营销百科全书

- 销售知识，销售中常用的知识和问题
- 基于客户渠道使用偏好的客户接触活动，提高活动的效率和效果
- 内部 FAQs，比如客户投诉的处理技巧、常见问题的处理方式等等

客户接触中心

- 支持多渠道的客户访问（电子邮件、电话、传真、邮件、短信等等）
- 外部 FAQs 建立关于企业产品、服务和其他相关信息的知识库以方便客户进行自助式服务
- 提供 24 × 7 × 365 客户服务，使得客户随时得到想要的答案

与客户进行对话而不用考虑客户的渠道使用偏好。如果能够正确地实施，知识库可以使客户接触中心的每个代表成为知识最新、信息最全的代表，因为知识库为每个使用系统的用户提供这些知识。

12.13 商业智能分析

现在的企业要在更短的时间内做出更加准确的决策，尤其是与客户相关的决策，在激烈的竞争环境下，时间就是金钱、客户就是企业的命脉。通过商业智能分析提供针对客户的个性化产品推荐、客户赢利能力报表、流失预警、面向客户人员的效率评价等等。

个性化产品推荐，根据产品之间的关联关系以及客户交互历史和交易历史，为客户提供合适的产品和服务。

客户赢利能力分析，CRM 的目的就是保留高价值客户，一般将客户价值理解为客户的赢利能力比较科学，对客户进行赢利能力分析，发现高价值客户并开展有针对性的营销活动。

总之，商业智能分析客户内部的活动、改善流程、降低成本，跟踪外部的趋势、理解客户的行为、改善与客户的关系、识别相关的销售机会并最终提高企业竞争力。

1）智能分析主题

核心分析主题为销售分析和营销分析主题，该主题是围绕销售和营销业务的多维度、全方位分析，从而来指导营销、提高效率、降低成本，提高成功率。

销售分析主题提供全面的、多维度的销售人员绩效评估分析和销售行为支持，支持跨越数个具体领域作分析，包括销售人员目标、日常计划、费用预算、绩效等的分析。通过监控、评估和管理销售人员的销售行为，提高战略执行力，使企业能帮助销售代表提高销售业绩，聚焦最佳机会作出更好的决策。

销售分析主题如下：

销售预测分析

销售机会阶段管道

产品销售趋势

赢丢单分析

交叉销售分析

交易量与周期分析

营销分析主题提供全面的多维度的营销与产品的综合分析，支持对产品套餐、营销模型、趋势指数等的有效分析，从而使企业能加强营销的精准度，提高营销水平，进行更精准的适当性管理。

营销分析主题如下：

产品倾向性分析

产品关联性分析

产品分类分析

智能产品推荐

产品趋势分析

营销活动积分卡

营销活动响应分析

2）功能概述

预订义柔性报表。系统内预置不同类型的报表，用户可以选择图形的类型、日期、数据的来源等等。

自定义报表。用户根据自己的需求，利用系统中的报表配置工具生成自己想要的报表，并且可以保存报表方案，以备再次使用。

与第三方报表工具集成，目前很多 CRM 提供商，都提供与第三方报表工具集成的功能，比如与水晶报表的集成。提供更强大的报表功能。

仪表盘。预订义或客户定义的信息以 Dashboard 的形式呈现在管理者面前，更加生动直接。

报表的导出和打印。将报表打印、导出成为不同格式（word、Excel、图片甚至是 E-mail 格式）进行发布共享。

12.14　电子商务

电子商务 (Electronic Commerce) 是利用计算机技术、网络技术和远程通信技术，实现整个商务 (买卖) 过程中的电子化、数字化和网络化。人们不再是面对面的、看着实实在在的货物、靠纸质单据 (包括现金) 进行买卖交易，而是通过网络，通过网上琳琅满目的商品信息、完善的物流配送系统和方便安全的资金结算系统进行交易 (买卖)。

1）电子商务交易的过程

电子商务整个交易的过程可以分为以下三个阶段。

● 第一个阶段是信息交流阶段

对于商家来说，此阶段为发布信息阶段。主要是选择自己的优秀商品，精心组织自己的商品信息，建立自己的网页，然后加入名气较大、影响力较强、点击率较高的著名网站，让尽可能多的人们了解你、认识你。对于买方来说，此阶段是去网上寻找商品以及商品信息的阶段。主要是根据自己的需要，上网查找自己所需的信息和商品，并选择信誉好、服务好、价格低廉的商家。

● **第二阶段是签订商品合同阶段**

作为B2B（商家对商家）来说，这一阶段是签订合同、完成必需的商贸票据交换的过程。要注意的是:数据的准确性、可靠性、不可更改性等复杂的问题。作为B2C（商家对个人客户）来说，这一阶段是完成购物过程的订单签定过程，顾客要将选好的商品、自己的联系信息、送货的方式、付款的方法等在网上签好后提交给商家，商家在收到订单后应发来邮件或电话核实上述内容。

● **第三阶段是按照合同进行的商品交接、资金结算阶段**

这一阶段是整个商品交易很关键的阶段，不仅要涉及到资金在网上的正确、安全到位，同时也要涉及到商品配送的准确、按时到位。在这个阶段有银行业、配送系统的介入，在技术、法律、标准等等方面有更高的要求。网上交易的成功与否就在于这个阶段。

2）电子商务发展的特点：

● 更广阔的环境

人们不受时间的限制，不受空间的限制，不受传统购物的诸多限制，可以随时随地在网上交易。

● 更广阔的市场

在网上，这个世界将会变得很小，一个商家可以面对全球的消费者，而一个消费者可以在全球的任何一家商家购物。

● 更快速的流通和低廉的价格

电子商务减少了商品流通的中间环节，节省了大量的开支，从而也大大降低了商品流通和交易的成本。

● 更符合时代的要求

如今人们越来越追求时尚、讲究个性，注重购物的环境，网上购物，更能体现个性化的购物过程。

摘要

CRM 系统主要由客户管理、接触管理、销售管理、时间管理、客户交互中心、现场服务、电话营销和电话销售、营销管理、线索管理、伙伴关系管理、商业智能分析和电子商务等模块构成。

思考

12.1 CRM 的功能与你以前接触过的软件（财务、ERP、SCM）有哪些区别和联系？

12.2 本节介绍的模块中你最熟悉的功能是哪些？

12.3 你目前使用的 CRM 系统是否具有这些功能？

12.4 本节介绍的各个模块分别和 CRM 哪些管理思想对应的？

13 系统架构与实现

目标：在读完本节后，您应该能够——

了解 CRM 的设计思路；

了解 CRM 的业务架构；

了解 CRM 系统架构；

了解 CRM 的实现方式。

导言

在 CRM 乃至 ERP 等管理信息系统中，一直强调的是业务重于技术。但是在现实应用过程中，基于媒体和部分厂商的宣传和鼓动，却有很多以技术为先的案例，其最终效果都不理想，因为它们偏离了业务目标的项目，技术再先进也只能是偏离得更远。

系统架构的设计一定来源于业务思想，实现的目的也是业务思想，因此二者是息息相关的，分析系统架构自然要先从业务架构开始。

13.1 设计思路

很多企业以及 CRM 人士在交流时常常说："不要讲理念，讲实施和设计吧。"似乎理念大家都懂，而具体的实施和设计才是真正高深的东西。这是很片面的认识，因为理念是业务的浓缩和精华，只有深刻认知了理念并能够活学活用，才能为实施和设计奠定稳固的基础。那些急着探求实施和设计的人们，对理念大多只是一知半解，而这样的基础对于 CRM 设计和部署来说自然而然是一个薄弱环节。

1）技术服务于业务

CRM 强调的是系统实现业务，研究 CRM 系统就不仅仅包括功能和技术，还要有业务。在 CRM 设计的基础上，同时也包含了业务架构和技术架构两部分，二者缺一不可，即使强调的是技术架构，CRM 系统总归也是要体现在内在业务架构上的。而 CRM 的业务架构，则是基于企业的 CRM 战略和规划，围绕企业的战略、流程和人等设计的。

业务架构之所以关键，是因为业务架构来源于厂商对 CRM 理念和流程的理解，其业务架构的组成直接就是 CRM 的业务流程和关键控制点。这个直接影响着在实际应用中企业的业务流程该如何配置，都有哪些控制点等等，任何一点都直接左右着 CRM 系统的灵活性与适应性。

2）业务架构

CRM 理念是舶来品，所以研究 CRM 的业务架构时，以国外 CRM 理念和系统为主是比较严谨的，因为国外的 CRM 系统已成熟发展和实践数十年了，已经将国外的 CRM 理念和企业的实践模式融入到了 CRM 系统中去。

从国外的 Siebel、SAP、Saleslogix、MSCRM、Sage CRM、SaleForce 等高、中、低端以及 SaaS 模式的典型 CRM 系统（汉拓科技称之为 6S 的 CRM 系统标杆群）的分析看，6S 的业务架构的主线是一致的。

其业务架构的主线基本上都是：市场→线索→联系人 / 客户→机会跟踪→报价→产品与价格配置→订单→服务→自助门户→满意度→会员忠诚计划→反馈。万变不离其宗，CRM 系统的业务流程和业务功能基本围绕这条主线进行拓展延伸，存在不同的只是名称的差异和功能深度与广度的差异。

而在 CRM 业务应用中，国外软件充分运用主线上各个业务点的状态、类型、级别、时间、角色、流程状态等关键点和可配置参数来实现复杂的业务。在架构上化繁为简，在业务应用上化简为繁，关键在于点与流程的结合，而不是简单的重复和累加。

相对于国外的 CRM 系统，国内 CRM 系统或者挂着 CRM 系统的软件大多存在业务架构不清晰的问题，容易在功能界面上下足工夫，而不是用在建立高度通用、灵活、易拓展的业务架构上，从而造成国内类似软件在实现某个成熟功能时做得很漂亮，但是也很僵化，当要应用于另外一种模式的业务时就必须重新开发而不是通过简单的配置或者定制就可以完成。

3）部署模式

我们在这里讨论的技术架构，更多的是强调系统架构而非技术和网络的实现架构。

当然，基于技术和网络的因素，技术架构模式对于应用部署的影响很重要。

目前的CRM系统技术架构模式大体分为：C/S、B/S、R/S、ASP（OnDemand）等四种主流模式。

C/S：客户端/服务器模式，又可以细分为二层C/S、多层C/S等，适用于局域网或者网络速度与质量俱佳的广域网，互动性较好，与系统应用结合较紧密，系统的安全性和可靠性较强。

B/S：浏览器/服务器，也可以细分为单层、多层架构的B/S等，适于在因特网上的应用，集团内部网也有良好的表现，适合远程登陆、异地办公、客户现场展示等，同时部署简便，维护工作量较少。

R/S：可以归类于C/S与B/S之间。技术性质是C/S的，但是离线操作，也可以通过网络连接进行实时同步，实现了B/S的远程登陆、异地办公、客户现场展示等，还有B/S没有的离线操作的功能，这对于随时在外拜访客户而且国内网络普及不理想的情况下来说是最有效的方式之一。

ASP（OnDemand）：国外应用已经越来越成熟，但是国内因先天的信用机制不健全而对这种软件租赁的模式不是很感兴趣，尤其是对Host（主机）安置在遥远的国外。

4）**技术架构**

于不同的技术部署架构，采用的技术也是各自不一，我们不妨先简单来看一下CRM系统所涉及的部分技术，简述如下。

面向对象：不仅仅从技术层面，还要从业务层面体现OO的思想；

UML的应用：普遍用来描述业务对象、流程、实体、ERD等，有的系统也有自己的业务模型设计工具，比如SAP的Business Engineer。

平台：国外大部分先做平台，后做应用。一般国外的CRM平台都是解释性语言平台，有自己的语法解释器和函数库等，实现业务源码开放和灵活定制。

业务对象（BO）：在业务架构移植的时候，业务对象、实体、类等在业务分析、技术研发、应用集成等领域反复应用；

业务流程（BF）：包括工作流、序列图、柔性可配置流程等技术，还贯彻着业务对象、语义定义等功能。

业务角色（BR）：业务角度、用户等，通过用例角色来融合业务蓝图，包括其权限、流程触发、任务分配等等，涉及很精密的计算。

CS 实现模式：组件化、编码封装、中间件等技术使 CRM 系统实现平台化。

BS 实现模式：web 中间件、模板、语法标签、业务对象定义、功能函数、XML、DHTML 等技术使基于浏览器模式的 CRM 系统的灵活性和互动性有了很大提高。

消息系统：消息传递、接口通信、数据传递等都需要一个强大的消息系统。

队列机制：无论是内部的流程队列还是客户服务、电话外拨的队列处理，都是体现客户价值或者客户优先级的队列引擎。

自动脚本：在呼入（inbound）和呼出（outbound）的时候，标准化、规范化和智能化的自动脚本将提高业务效率和客户满意度，并有效降低培训成本。

13.2 业务架构

1) 业务主线

前面提到国内成熟的 CRM 系统的业务架构大多围绕一条类似的主线展开，这条主线便是 CRM 系统业务架构的灵魂。变化皆源于主线，拓展也源于主线，定制也源于主线。

● **闭环主线**

业务架构的主线基本上都是：市场→线索→联系人→客户→机会跟踪→报价→产品与价格配置→订单→服务→自助门户→满意度→会员忠诚计划→反馈。

围绕这条主线，大体可以描述 CRM 的业务概况。从客户细分来看，针对细分客户群进行市场活动的开始；通过市场活动获得线索或者销售响应，进而转化为联系人；对联系人的跟踪，将联系人联系到相应的客户；当在客户跟踪中发现销售机会时，产生销售机会并跟踪；客户的购买意向强烈时，销售机会进入商务谈判的初步阶段——报价；报价单基于销售配置器进行产品和价格配置；当客户接受报价时报价单转化为订单，订单执行；成为购买客户后，客户的服务过程开始，可能会产生咨询、维修、退换货等服务请求或投诉；同时企业还会提供 web 自助，让客户能够通过网络和知识库进行自助服务；当购买体验和服务体验让客户满意度提升的时候，客户的忠诚度会逐渐建立，从而进入会员俱乐部阶段；老客户在会员俱乐部或者其营销活动的推动下不断进行品牌推广和客户推荐并反馈更多的信息，其产生的新的线索又成为一个新的 CRM 闭环业务的开始。

● **基本环节**

业务主线最基本的环节为：客户、联系人、销售机会、订单。

CRM 的起源来自于 SFA，然后才拓展到服务、营销和智能分析。因此，业务主线最基本的环节为 SFA 的关键环节，毕竟企业还是最关注如何把握住更多的客户以提升更多的销售收入。

客户是 CRM 系统的核心之一，整个 CRM 业务流程和系统建模都围绕客户，这也是 CRM 与 ERP 的不同之一。客户与联系人一般是一对多的关系，但在特殊的情况下也有多对多的关系，大部分 CRM 系统都以一对多的关系进行设计。客户与销售机会也是一对多关系，一个客户可能有多次购买意向，也可能在整个生命周期内有多次不同时间的购买行为。销售机会与订单是一对多的关系，如果是非消耗型交易，在一定时期内只发生一次，那么销售机会与订单为一对一关系，再次购买时以新销售机会处理；如果是消耗型交易，一次销售机会跟踪确定交易，定期连续的购买，则可以在一个销售机会下有多个订单；这种情况有时候也先做合同，然后再做连续的订单执行。

在这些基本环节中，CRM 系统充分利用各个点的状态、类型、级别、时间、关系变化等属性，体现复杂的业务应用。整个 CRM 业务流程都可以简化到这条主线上，再简化到这几个基本环节上。

● **客户与联系人**

客户强调的是交易对象，联系人强调的是联系或者活动对象。在业务架构设计和行业解决方案扩展的时候，经常会遇到这个核心的问题。很多 CRM 系统在这个问题上经常混淆，从而降低了整个 CRM 系统的严谨性、灵活性和拓展性。

交易行为：销售机会、报价、订单、服务、退换货、投诉等，这些行为与客户相关。

联系和活动行为：联系信息、跟踪活动、关怀活动、服务联系活动、反馈、满意度调查等，这些行为与联系人相关。

为什么要在业务架构上分析客户和联系人的区别？在于这两个业务对象乃至业务实体的关系直接影响着整个 CRM 系统设计的思路。当我们能够清晰地分辨交易行为以客户为主，联系和活动行为以联系人为主时，那么在业务实体关系上我们就能够清晰地进行设计，而不是无论是交易还是联系、活动等都关联到客户，再由客户关联到联系人。

当企业面对的客户大多是个人客户时这个问题尤其明显，比如快速消费品和房地产。在房地产行业解决方案中，住宅地产面对的大多是个人客户，所以有一些 CRM 解决方案就直接把客户和联系人合二为一了，这是不妥当的。最佳模式是如我们对这个问题的阐述，房地产的客户是个人客户或者公司客户（住宅地产还是有类似的客户，即使少），客户有一个或多个联系人。对于个人客户，客户可以与联系人的名称相同，也可以是两个或多个联系人的联名（房地产中财产控制权和逃避遗产税的合理手段），联系人即实实在在的个人，可以是购买人，也可以是购买人的家属、朋友、经纪人等。在认购书、订单合同上关联的是客户，因为处理的是交易信息，可能是联名客户，联系人是不合理的；在跟踪联系、关怀上关联的是联系人，因为联系客户毕竟要落实到一个具体的人，而不是一个类似于联名客户的角色，而且只有具体的人才有具体的电话、住址、爱好等属性。基于这样的分析，系统的业务设计就完全不一样，与交易相关的业务实体关联的是以客户为主，与联系活动相关的业务实体关联的是以联系人为主，整个实体关系的变化直接影响着整个 CRM 系统的实现。

有时候还有客户与联系人多对多的关系，比如张三与太太联名购买了一套住宅，又在其他时间单独购买了一套住宅，那么在分析时既要分析不同客户（张三＋太太与张三两个客户），又要分析相同联系人（联系人都有张三）。很多 CRM 系统在面对这样的问题时只能将张三作为两个不同的客户或者联系人，这样对客户的统一视图就不能得到有效的整合。

2) 业务角色

业务角色，跟人或者用户有所不同，在业务上指业务流程中的分派对象，在系统上指 CRM 系统中的功能角色。业务角色是 CRM 系统矩阵业务和复杂权限设置的关键环节，在有一些 CRM 系统中会将职位 / 岗位与业务角色等同，但严格来讲二者是不同的概念，因为业务角色是可以跨职位或者是虚拟角色的，或者说业务角色是可以以职位作为属性指派的。

业务角色用于控制用户操作业务功能的级别。同一角色下的所有用户、职位等都拥有相同的业务功能权限。无论组织采用何种共享模式，对于角色层次结构中直接在某个角色之下的用户所拥有的全部功能，该角色级别的用户都拥有相同的功能。

整个业务角色体现的是矩阵结构，业务功能由业务流程管理员操作执行，但角色属性及规则的管理知识应来源于各职能部门主管（如销售经理、服务经理）。

业务角色的合理运用，可以最佳体现集团矩阵结构的业务流程分派和权限分配，而且可以更有效地管理公司的人力资源，确保将工作按照要求分配给最合适的人选，同时避免在工作分配中发生工作负担过重的情况，最终提高服务及工作的效率与质量。

● **基本概念**

业务角色是指在企业业务流程中的具有相同职能和相同工作任务的对象组合。它可以作为业务流程中可分派实体的接收者，在 CRM 系统中的可分派实体包括：销售机会、服务要求、活动、客户和联系人。

对象是指可能接受业务角色的个体（雇员或职位）或组织。

● **对象类型**

以雇员为单位　每个雇员都拥有自己的技能和专长，并且对于某些技能或专长有水平高低的评定。系统将根据技能的高低将合适的业务角色分派给合适的人选。以雇员为单位的分派在通常情况下是发生在服务性质的组织或部门中，如：工程师王杰熟悉产品 A，因此将属于产品 A 的服务要求分派给王杰。

以职位为单位　职位的定义是按照不同的工作性质或职能来确定的。在一般的组织结构中，多个雇员可承担同一个职位或一个雇员同时拥有多个职位。以职位为单位的分派通常发生在销售性质的组织或部门中，如：张先生是公司湖南地区的销售经理，因此公司将属于湖南及其周边其他地区的通信设备的销售机会都分派给张先生。

使用以职位为分派单位的好处是所分派的对象不直接与具体的某一个雇员相联系，这样，当雇员离开原先的职位时（如辞职、升职或调离），系统不需要将业务角色重新进行分派，该业务角色将自动赋予新的任职者。例如：张先生在任职湖南地区销售经理期间，被分派到了一项通信设备的销售机会，此后不久，他被调任至上海，则该销售机会将会自动地赋予张先生的后继任职者（即新的湖南地区销售经理）。

以组织为单位　组织的类型可分为内部组织和外部组织。内部组织可能包括地区分公司或不同的职能机构；外部组织可能是公司产品的分销商。使用组织的目的是按照不同组织对信息存取权的不同而进行所有权的分派。例如：将南部沿海地区的客户信息分派给下属广州分公司，从而规定了该分公司可查看的客户信息范围。

注：通过对以上对象类型的使用，系统可实现对个体或组的职能进行设置和任务分派。个体可以为单个雇员或者单个职位；组是指多个雇员或职位的组合。

属性和属性值

属性包括业务角色的性质或要求以及对象的技能或特长。属性值是指性质或技能的具体内容。属性与属性值是为业务角色和对象设置的和业务流程匹配的标准。

属性举例：

业务角色的属性可能有：地区、产品、语言、预计收入、优先级、重要程度等。

对象的属性可能有：地区、产品、语言、工作负荷等。

属性值举例：

地区（湖南、上海、北京、天津）；语言（中文、法语、英语、西班牙语）；产品（诺基亚手机、摩托罗拉手机、程控交换机、电视机顶盒）；预计收入（1,000至100,000元、65,000,000元以上）

3）分派

- **分派的方式**

分派的方式可以分为交互式分派，动态分派和批分派三种。

交互式分派 此分派方式允许用户将业务角色实时地进行分派，而且每一次只能针对一个业务角色。例如：先选定某一条活动记录，点击“分派”按钮，此操作将触发系统中的分派程序，程序的返回结果是一个包含所有符合要求的对象列表，并显示每一个对象的得分以供参考，用户可从中选取最合适的人选。

动态分派 该分派方式是在业务角色的属性发生变化时（如地区或产品信息的改变），系统检测到此变化，从而自动（无需用户干预）地进行重新分派的操作。另外，此分派也适应于对新的业务流程的自动分派，当要将新的业务流程分派给一个业务角色或者将多个流程点分派给多个业务角色时，系统会自动分别分派给相应的业务角色中最合适的对象（按照分派规则，可能是技能最合适，也可能是工作量状态最合适）。

批分派 当原先制订的分派规则被修改后，如需对部分以前使用该规则分派的对象进行重新分派，则需使用批分派方式，但在使用该方式时，每一次批处理只能实现对一种业务角色的分派，例如当需要对部分的服务要求和机会进行重新分派时，必须执行两次批分派，一次是为服务操作，另一次是为机会。一般而言执行批分派的过程所需的系统资源较多，因此执行批分派应慎重考虑每批处理的记录数。

- **对象匹配原则** 对象的选取是通过得分的方式进行的，用合适的分派规则来衡量每一个对象。每一条分派规则和分派条件都将设置得分和最低分数线，凡是符合分派规则或分派条件的对象都将获得相应的得分，并将每一次的得分累加到各自的总分上，最后选取超过最低分数线并且得分最高的对象。

在分派的过程中，为避免工作量的不平衡或工作负荷过重，该系统使用了工作量的概念。工作量也是通过记分方式来衡量，对于工作量大的对象，其得分将低于工作量小的对象，以此来降低被选中的可能性。

- **分派规则** 是指将业务角色与对象进行筛选并和业务流程匹配的规则，通常由若干个分派条件组成。一个分派规则可适用于多个业务角色，反之一个业务角色可对应多个分派规则。

分派规则定义规则所适用的业务角色，若一条规则未被指定业务角色，则该规则应该被认为适用于所有的业务角色。规则应该指定分派规则的得分，并定义对象的匹配规则或者直接指定主要对象。

分派条件指定每一分派条件的得分。在分派规则定义中定义分派条件中的属性及属性值，以及分派条件中各属性的比较方式和包含方式。

工作量规则定义最大工作负荷，以此来平衡工作量的分配并排除已经很“忙”的对象，忙不忙以工作量来说话。

13.3 系统架构

1) 业务对象与实体关系

面向对象的实现不仅仅要从技术层面，还要从业务层面来架构。从技术层面的面向对象开发已经比较成熟，但是业务层面的面向对象，在国内CRM应用和设计方面还需要进一步加强。面向对象在业务层面体现为业务对象和业务实体以及它们之间的关系。

● **业务对象**

业务对象代表企业的一个主要业务功能领域，每个主要功能领域亦将有一个业务对象来表示。业务对象可以是销售机会、客户或联系人等。

一个业务对象是由一组相互关联的业务实体组成。如销售机会业务对象由以下业务实体组成：销售机会及与其相关的客户联络人、活动和产品。

每个业务对象中都包含一个主要业务实体，主要业务实体作为业务对象操作的焦点，并且主要业务实体的名与其所属的业务对象有相同的名称。而主要业务实体之外的实体，都与业务对象（通常体现为主实体）有一定的层次关系，比如一对一关系、一对多关系或者父子关系等。

如下图，销售机会业务实体有且只有一个父节点（即销售机会业务对象）。其他的业务实体的定义中也应包含指向销售机会业务对象的链接。

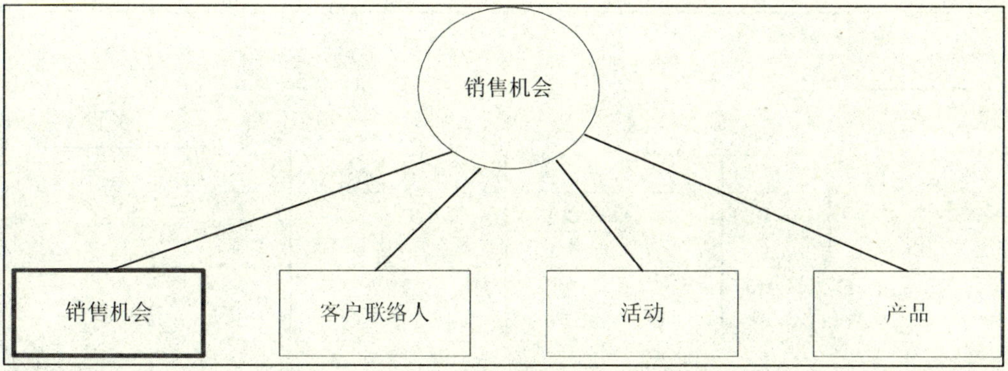

13.3.1　销售机会业务对象及其业务实体

● 业务实体

业务实体是事件或信息的表达，是基于数据库表格而创建的抽象数据表示层。每个业务实体包含若干属性（即对应字段），这些属性可能是一个数据库表格中字段的直接映射，也可能是与该数据库表格相链接的表中的字段。

业务实体是数据库中一个或若干个表格字段的逻辑组合，并且一经定义，可在不同的业务对象中重复使用。

● 实体映射

业务实体的映射将基于 CRM 系统的逻辑数据库表。CRM 系统最基本的实体有：客户、联系人、销售机会、订单、服务。

在国外的 CRM 系统中，经常通过系统平台提供定义实体映射的功能，可以自定义实体属性与数据库物理字段的映射关系，从而拓展 CRM 系统的灵活性。

如图 13.3.2 业务实体与单个数据库表的映射所示，客户联络人业务实体仅对应一个数据库表 CONTACT，并且该业务实体中的属性（姓、职位、电子信箱）是 CONTACT 表中字段（last_name，job_title，email）的直接映射。

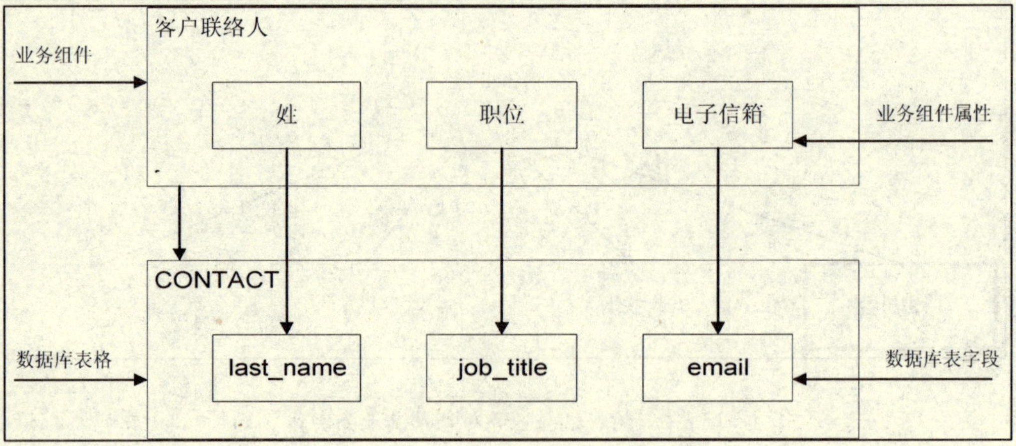

13.3.2　业务实体与单个数据库表的映射

如图 13.3.3 业务实体与多个数据库表的映射所示，客户联络人的姓取自 CONTACT 表，地址取自 BILL ADDR 表，公司名称取自 ACCOUNT 表。其中，CONTACT 表作为该业务实体的主要映射表，而 BILL ADDR 表与 ACCOUNT 表是两个相关表格。

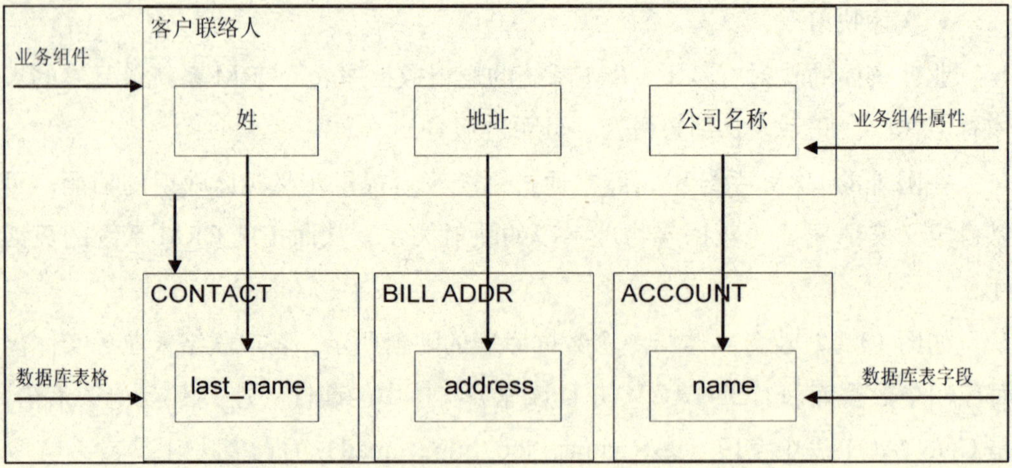

图 13.3.3　业务实体与多个数据库表的映射

2) **数据模型**

数据模型的逻辑建模步骤为业务→逻辑→物理，因此在数据模型上就包括三种类型：业务数据模型（BDM）、逻辑数据模型（LDM）、物理数据模型（PDM）。然而，现在的设计人员经常忽略逻辑数据模型这一步骤，而直接从业务数据模型过渡到物理数据模型。

- **业务数据模型**（BDM）

业务数据模型一般体现为业务实体图，强调的是业务实体以及实体关系。

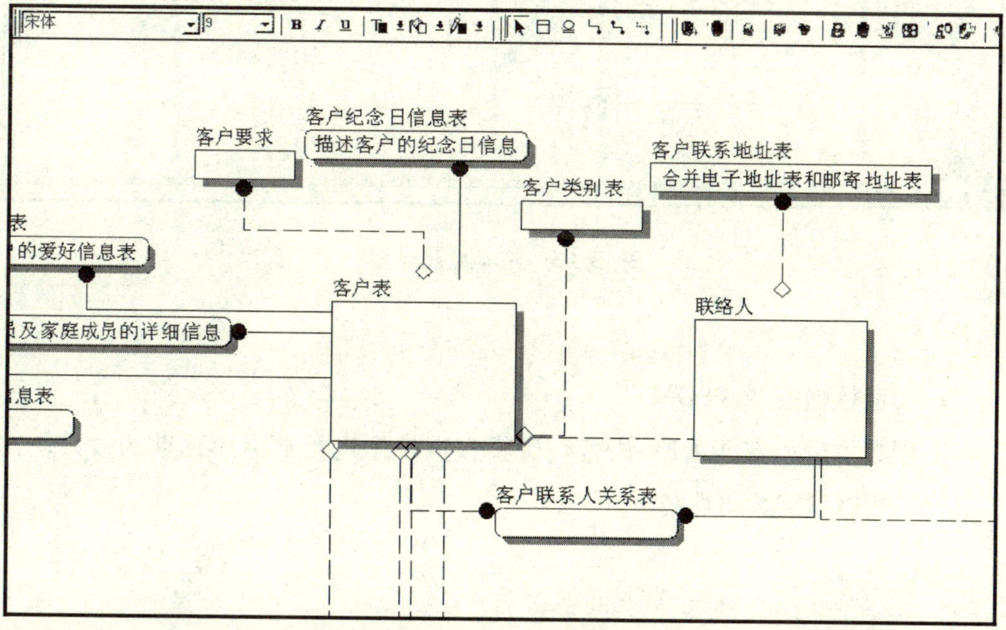

图 13.3.4 业务数据模型

- **逻辑数据模型**（LDM）

逻辑数据模型是在业务实体的基础上对实体的属性进行详细设计。

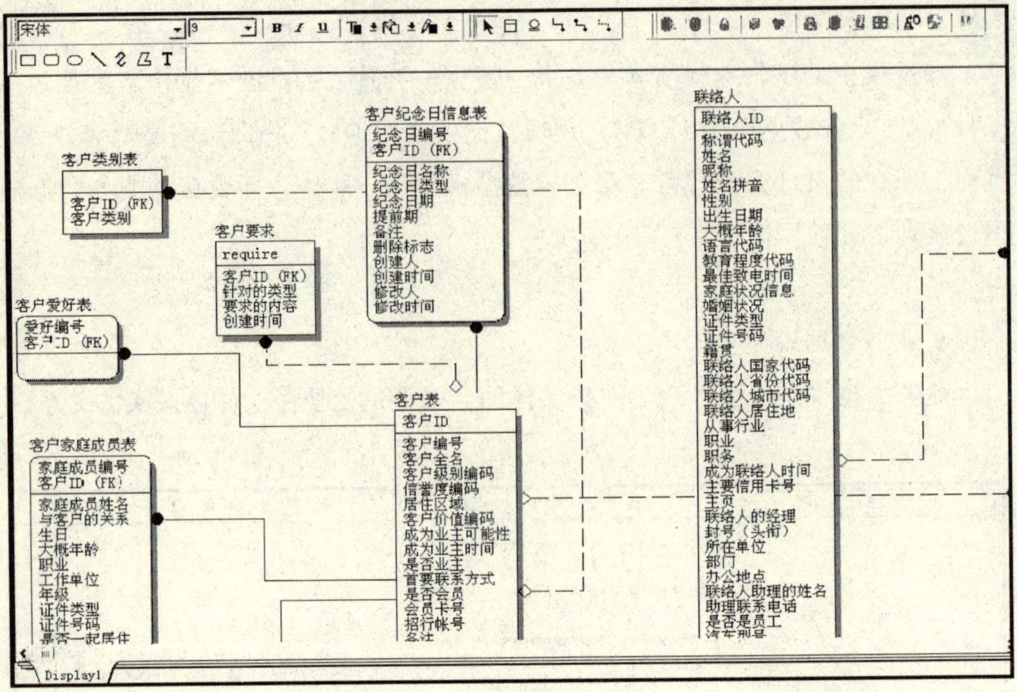

图 13.3.5　逻辑数据模型

- **物理数据模型（PDM）**

物理数据模型基于 DLL 语言对逻辑数据模型进行数据库标准的设计，比如增加了数据库字段属性等。

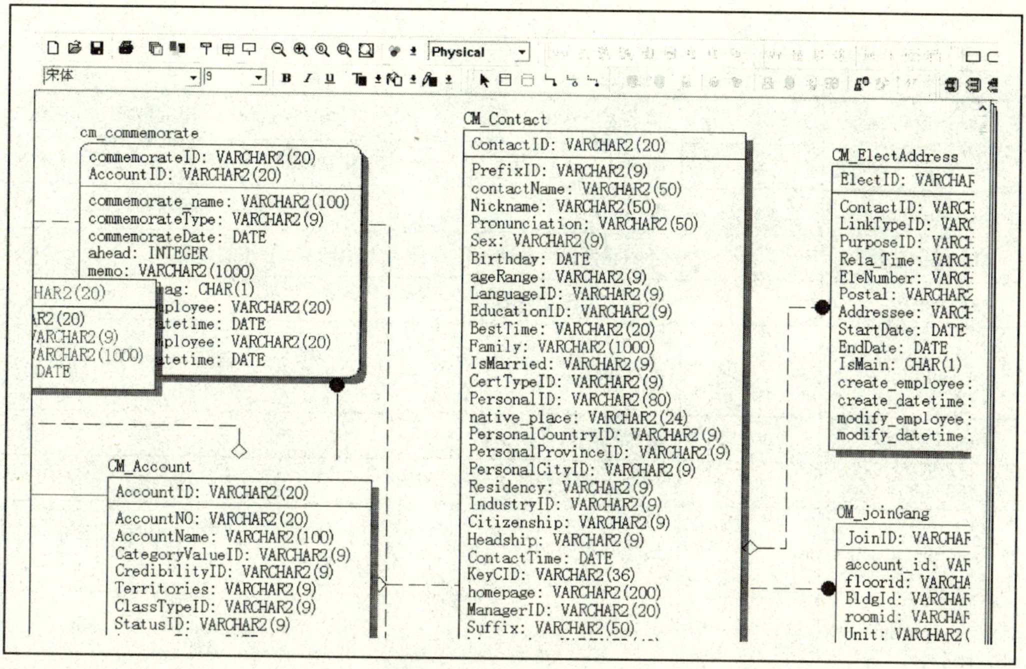

图 13.3.6　物理数据模型

- **文字描述形式的 ERD 举例**

Contact　存储有关客户联络方式的信息

表 13.3.1　联系人 ERD 表

逻辑字段名	缺省值	描述	备注
Contact_ID		系统内联系人的唯一标识符	由系统生成
Prefix		称谓，如先生、小姐等	
Last Name		联系人的姓	
First Name		联系人的名	
Suffix		联系人的封号或头衔	
Nickname		联系人的昵称	
Pronunciation		联系人姓名的拼音	
Gender		联系人的性别	用户定义可选值，如：男、女

接上表

逻辑字段名	缺省值	描述	备注
Account_FK		联系人所从属的客户	是指向 Account 列表的外键
Job Title		职衔	此字段只适用于公司客户的联络。
Department		部门	只用于公司客户的联络
Manager_FK		表明联系人所从属的的经理	指向 Contact 的外键
Assistant		联系人助理的姓名	
Education		教育程度	用户定义可选值，如：小学、高中大学等
DOB		出生日期	
Language		联系人所使用的语言	
Best time to call		最佳致电时间	下拉菜单，如上午、中午、下午、晚上等
Correspondent Preference		联络方式偏好	用户定义可选值，如：电子邮件、通信、致电、传真等
Family		以自由文本格式存储家庭状况信息	
Marital status		婚姻状况	用户定义可选值
Personal ID No		联系人身份证号	
Personal Province		联系人籍贯	用户定义可选值
Residency		联系人居住地	用户定义可选值
Citizenship		联系人市民身份	用户定义可选值
Staff Flag		标明联系人是否是职员	
Lock Assignment	Y	标记该联系人记录的负责人不允许被系统的动态的工作人员分派程序所更改	允许值： Y N

ERD 工具软件的设计举例

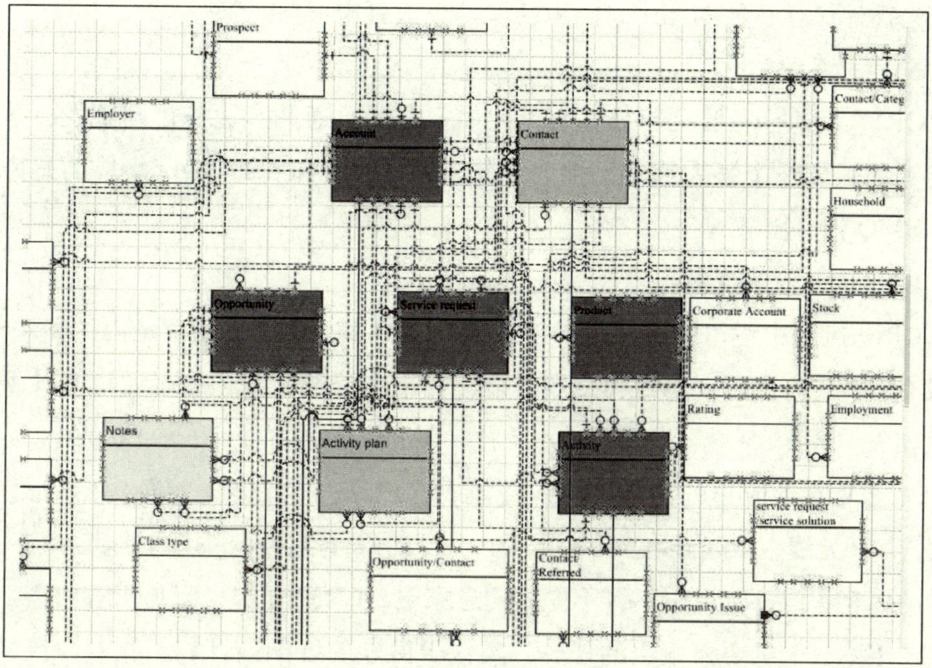

图 13.3.7 ERD 设计界面

实体关系设计中最关键的三部分为实体、关系、属性。分析设计业务实体并确定实体的层次关系，同时详细设计实体的属性，最后将这三部分映射到物理数据库中，这是企业应用数据建模的过程。这种建模称之为 ER（实体关系）建模或 ERA（实体关系属性）建模。一个抽象、正确、设计灵活的数据模型是一个成熟的 CRM 系统的基础。

3）**系统平台**

● **可配置组件平台**

国外成熟的 CRM 系统多为一个成熟的多架构平台。它可以支持客户端、浏览器、离线终端、无线终端、CTI 系统等，同时还在底层通讯层增加了 EAI 引擎。

CRM 系统平台在技术上具体表现为组件化、插件化和平台化。它一般为一个解释性语言平台，可以作为一个 IDE 开发环境来使用；同时它的界面、功能都实现组件化，可以自由插拔组合等；它的参数设置、界面关系、控件代码等作为插件保存在数据库中，随用随取，更加自由灵活。

● **消息系统**

CRM 系统的消息机制很重要，比如：提醒、通知、业务规则触发、数据交换等都需要一个强大稳定的消息系统。MSCRM 和 Saleslogix 集成的是微软的 MSMQ 消息服务。

● **通讯与移动技术**

CRM 应用中运用通讯与移动技术的地方很多，最常用的就是电话和短信，一般 CRM 系统会内嵌电话和传真功能，提供短信网关等，或者通过 CTI 系统提供相关服务。

而随着移动应用的需求，无线逐渐成为热点。无论是一定范围内的蓝牙，还是 WAP 无线，或是正在测试阶段的 3G，都是移动应用的技术基础。

在 CRM 信息应用中不得不提到信息家电。CRM 并非一定是阳春白雪，普及 CRM 是一个重要而艰巨的任务。类似于微软的维纳斯计划，我们为什么不敢畅想家庭主妇利用墙上屏幕彩电通过遥控键盘上网登陆 CRM 系统进行关系管理呢?

13.4 具体实现

1) **业务对象与实体关系**

● **业务对象与业务实体举例**

表 13.4.1 业务对象列表

业务对象	业务实体
Contact	Activity
	Activity Plan
	Attachment
	Complaint
	Contact*（该业务对象的主业务实体）

续表

业务对象	业务实体
	Employment
	Notes
	Opportunity
	Service Request

表 13.4.2 业务对象列表

业务组件域	表	表字段	内容
Last Name	CONTACT	LAST NAME	
First Name	CONTACT	FIRST NAME	
Nickname	CONTACT	NICKNAME	
Gender	CONTACT	GENDER	
Job Title	CONTACT	JOB TITLE	
Department	CONTACT	DEPARTMENT	
Assistant	CONTACT	ASSISTANT	
Education	CONTACT	EDUCATION	
Language	CONTACT	LANGUAGE	
Best time to call	CONTACT	BEST TIME TO CALL	
Family	CONTACT	FAMILY	
Marital status	CONTACT	MARITAL STATUS	
Personal ID No	CONTACT	PERSONAL ID NO	
Staff Flag	CONTACT	STAFF FLAG	
Address	MAILING ADDRESS	ADDRESS	联系人的主联系地址
Province	MAILING ADDRESS	PROVINCE	
City	MAILING ADDRESS	CITY	
Postal	MAILING ADDRESS	POSTAL	
Country	MAILING ADDRESS	COUNTRY	

- ERD 设计

在进行业务设计时，将业务实体关系与数据库设计结合在一起的办法，通常是采用 ERD 工具软件。它既可以设计业务数据模型（业务对象），也可以设计逻辑数据模型（业务实体），当然也可以设计物理数据模型（数据库的表）。

2) UI 与查询

● UI（用户界面）

在 CRM 系统的实现中，为什么要把 UI 作为一个细节来详细阐述呢？这主要是因为国内的软件开发模式习惯于以前的功能开发，而忽略了把 UI（用户界面）也作为对象和实体来进行分析。只有这样才能设计灵活的用户界面，UI 是可配置、可定制、可插件化的。

这一部分将以 Siebel 的 UI 为例进行分析，同时借鉴 Saleslogix 和 MSCRM 的 UI 设计。国外成熟 CRM 系统的 UI 风格大多类似，基本上将整个程序的屏幕划分成几个区域，每个区域为一个视图，这个视图是由一个业务组件来实现的，视图中包含列表或者表单，各自由列表组件（DBGrid）和表单组件（Form）来实现，而菜单和工具栏、导航栏作为一种特殊的视图由特殊的组件实现。

大部分国外 CRM 系统是通过业务组件与数据库插件参数相配合来进行 UI 的灵活配置的。在 MSCRM 中，基于 DotNeT 架构设计的范式，将所有 UI 界面都封装在 UI.DLL 中，更有利于提升 UI 界面的安全性和灵活性。

● UI 组成

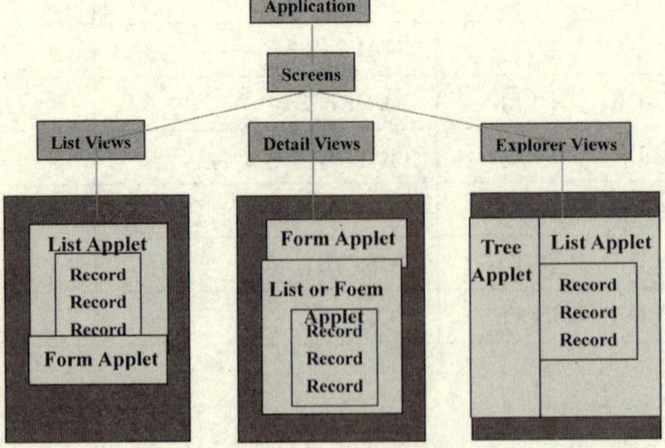

图 13.4.1 UI 组成

一个 Application 包含多个 Screen

一个 Screen 包含多个 View

一个 View 包含多个 Applet

一个 Applet 显示多个 Record

● UI 组成部分的定义

Record　一系列数据

Applet　显示为 Form 或 List 形式的相关的数据组，借助它可录入数据并能进行导航。

View　Applet 的集合，用来显示一个业务实体的信息。举例：所有的销售订单，我的服务请求等。

Screen　View 的集合，用来实现一个主要的业务功能。举例：服务，商机，雇员。

Application　按企业（或组织）的特定业务需求而配置出来的应用程序。

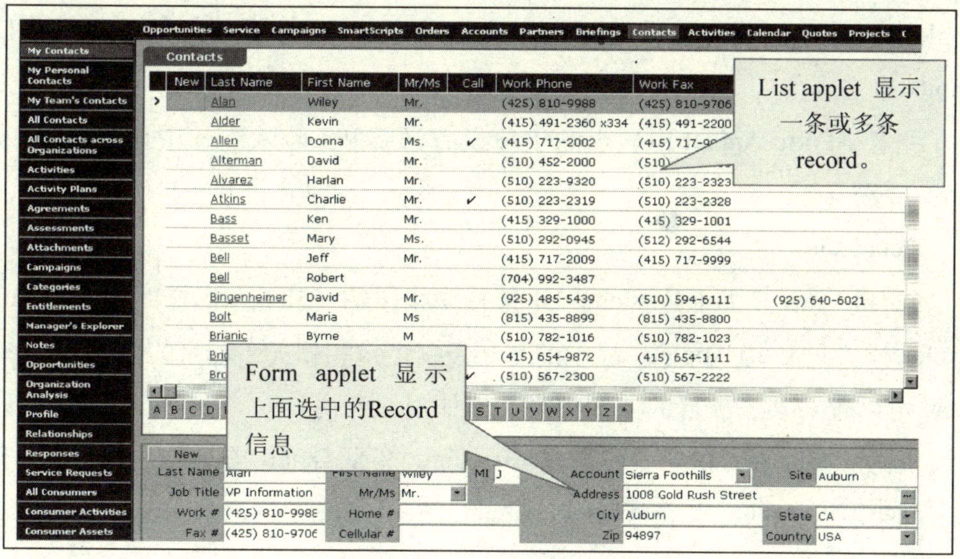

图 13.4.2　数据显示图

Siebel Apple

一个 Applet 显示一个业务实体的一个或多个 Record。

Siebel View

View 是 Applet 的集合，在 Siebel 系统中有三种类型的 View：List V iew，Detail View，Explorer View。

List View

List View 正如上述 Siebel UI 架构中指出的，其显示区域的上方是 List Applet, 下方是 Form Applet。而 List Applet 大多是由 DBGrid 或类似组件实现的。比如在 Saleslogix 中，List Applet 是由 Query 组件实现的，可以自定义列表的显示列、标题、排序、过滤条件、字体、Group 标签等。

List View 助于你快速浏览关于一个业务实体的所有记录。List Applet 可以让你同时看到多条记录，尤其在同时工作于多条记录时很有用。用垂直滚动条可以查看更多的记录，用水平滚动条可以查看记录中的更多字段。

Form Applet 可以显示一条单个记录的完整信息。由于一眼可以看到关于此记录的字段信息，所以很方便地录入或查看关于此条记录的字段信息。Form Applet 是专门用来录入必填和通用字段信息的。其他字段信息的录入，靠 List Applet 来完成。

注意：Form Applet 中显示的字段没有必要和 List Applet 中该条记录中显示的字段一样。

Detail View

Detail View 正如上述 Siebel UI 架构中指出的，其显示区域的上方是 Form Applet, 下方是 L ist Applet。显示的是一条父记录和相关子记录的信息。D etail View 可以查看某一项目的详细信息。比如说，利用 D etail View，可以查看一个商机的所有联系人信息。不论是 List View 还是 Detail View ，记录信息可以以三种类型的 Applet 来展示：List Applet，Form Applet，Chart Applet。

Explorer View

Explorer View 正如上述 Siebel UI 架构中指出的，其显示区域的左方是 Tree Applet, 右方是 L ist Applet。以层次、架构形式显示父、子记录信息。

Siebel Screen

Siebel Screen 是由一组 View 来构成的，能够实现某一主要的业务功能。

Siebel Application 导航

Screen 和 View 之间的导航有两种方法，方法一：从菜单条中选择 Screen，之后再选择子菜单；方法二：从 Tab 条中选择 Screen，然后再从 View 条中选择 View。

Applet 之间的 Navigation

选择一个 Applet，点击其内部或选择一条记录。有一些 Applet 配置有触发器按钮，允许使用者在不同的 Applet 之间切换。

● **使用超链命令导航**

在 List Applet 中点击超级链接文本字段，就可以进入另一个 View 中。

其他的方法还有：点击鼠标右键，选择一个菜单等。

历史列表会记录下以前的 View 和 Record 的导航，以前的线程记录会反映在历史工具条左边的历史下拉列表中。

举例来说，你可能从我的客户 View 开始，进入到客户联系人 View 中，然后进入到联系人活动 View 中。线程条会记录下你的工作线程：客户，联系人，活动。

还可以利用菜单中的 Back 和 Forward 命令和历史工具条中的 Back 和 Forward 命令在线程之内和线程之间来导航。也可以在线程条中点击最后一个按钮，相应的 View 列表会显示出来。从该列表中选择一个 View，可以帮助维护原来的工作。

使用历史下拉菜单可以导航进入以前的线程。举例来说，如果正在报价时被一个电话打断，要求进入日历去确认一个会议，这时，可以使用历史下拉列表迅速返回到刚才的报价工作中。

3) **查询**

查询命令可以从数据库中检索到所需要的信息，帮助用户找到一条或多条满足条件的记录，并进行快速定位；还可以生成一系列数据用来查看和报告，也可以刷新屏幕用来查看更新信息。

Group 组进行客户细分的时候，也需要通过查询来生成不同条件的业务数据 Group 组和客户细分群。

● **案例查询（QBE）**

Siebel 系统提供 QBE 来帮助用户快速方便地找到想找的信息。

举例来说，你可以使用查询命令找到一组销售机会、客户、联系人、产品或竞争者的信息。你也可以在打电话的同时利用查询命令找到一个你想要的地址或一组联系人。你可以利用诸如大于或等于等运算符生成一个查询需求。比如，在销售收入字段中输入大于 50,000，你就可以查看潜在销售收入为 50,000 美元的销售机会。利用 Siebel 系统，你可以生成单一查询和合成查询。单一查询依据一种情况来查询，而合成查询依据两种或更多种情况来查询信息。如果想再次使用该查询命令，可以将该查询保存。在查询的下拉列表中可以选择已保存好的查询。比如，你想保存一个查询，用来查找潜在销售收入大于 50,000 美元的销售机会，你将它命名为“大单”，而且可以从查询下拉列表中定期地运行。你还可以将它设置为你个人的缺省查询，这样，每次你进入我的销售机会 View 中，你看到的都将是大单 Group。

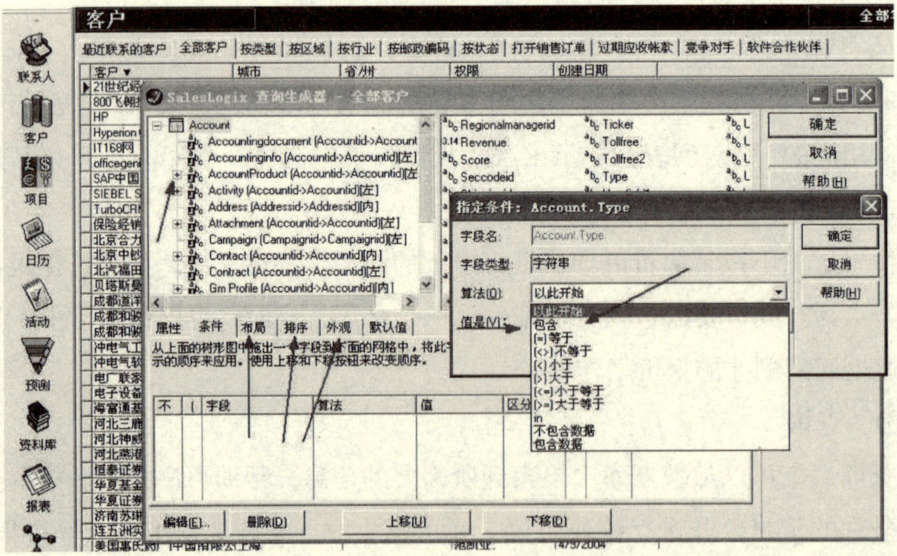

图 13.4.3　Saleslogix 的查询生成器

● **运行查询**

运行一个查询要涉及以下几个步骤：确定查询条件、生成新查询、定义查询条件、执行查询、显示查询结果。

定义查询标准要在相应的字段输入查询标准，一个字段可以输入一个或多个查询条件。查询中有大小写区分，要在配置文件中设置。

查询运算符

←（小于或等于） 可以用在数字和日期字段

〈〉（不等于） 可以用在所有字段

OR 允许在一个字段中输入多个值

Wildcards（*） 可以用来搜索多个字符

值可以是常量值，从输入的固定值或从该字段对应的数据库现有数值中选取；也可以是变量，将系统中的全局变量赋给查询运算值，可以动态查询。

● **保存查询**

用户可以保存查询以备将来使用，有的 CRM 系统称之为 Query 或 Group。从查询菜单中选择“另存查询为”，输入查询名。保存的查询使用保存前的分类次序。使用“另存查询为”这个命令可以修改查询名。当不再需要该查询时，可将该查询删除。

注意：通配符的使用会影响到查询的速度；查询所花时间取决于要查询的字段和条件。

4) **队列**

队列，也就是排队，是用来管理客户与企业间交互的沟通渠道。当企业目前客户的服务需求超过了现有的服务能力时，排队就会产生。这是因为目前资源都被占用，后来的客户不能及时得到沟通和服务。由于客户到达企业沟通渠道的时间不同且沟通或者服务的时间也是不同的，所以排队是不可避免的。

CRM 系统的队列机制跟踪客户交互包括：电子邮件、电话呼叫、web 协作、服务预订等，并根据服务代表或者渠道的状态来智能地确定工作项目的顺序、优先级并确定每个工作项目的送达地点和送达给谁。排队决策根据渠道类型、技能类型和服务代表可用性等组合来制订，确保按照配置的规则逻辑及时、有组织地处理工作项目。

进行队列管理，需要将多个客户接触点和所有沟通渠道都统一在一个唯一的用户界面中，服务代表通过传统的呼叫中心（呼入、呼出、传真、网页互动）或者更新技术的呼叫中心组合来进行队列工作。

队列利用基于技能的路由逻辑，安排客户到适当的资源。路由逻辑来仿真地实现复杂的商业规则。基于队列机制，企业可以通过分配、路由选择和排队每个沟通渠道的工作项目，实现每个沟通渠道的最大化生产率和客户满意度。这减少了响应时间和客户等待时间，同时平衡了优先权。

● **基本特征**

列系统的基本特征:需求群体、到达过程、队列结构、队列规则、服务过程。

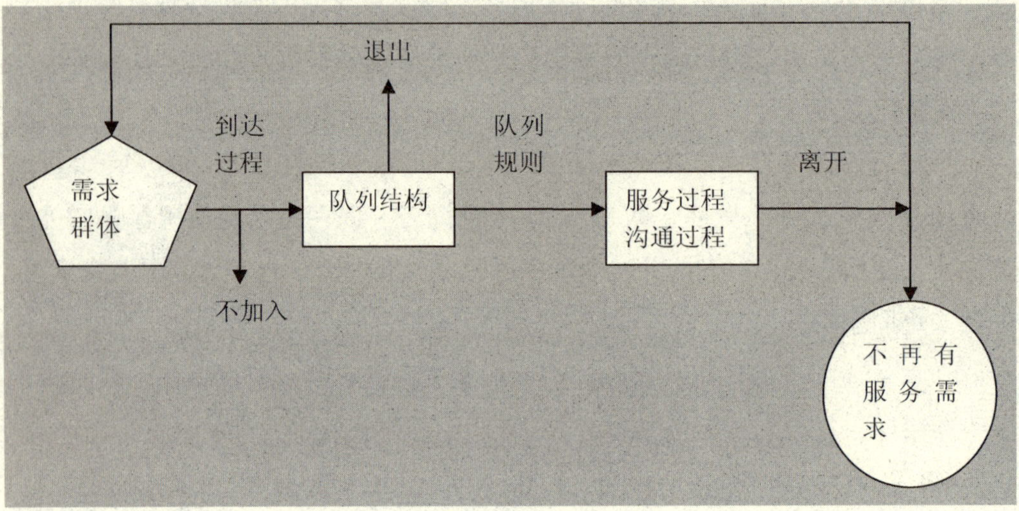

图 13.4.4 队列系统图解

寻求服务或者进行交互沟通的客户构成需求群体。客户到达率或沟通率由到达过程（或沟通渠道）决定。如果接待或沟通中心恰好空闲，那么客户会立即得到服务和沟通；如果很繁忙，客户则需要排队等待。队列有很多结构，如果队列很长，或者队列移动很慢，一些客户就可能直接不加入队列；还有一些已经在队列中的客户，可能感到不愿继续等待，从而在没有接受服务或交互沟通前就退出队列。当服务接待中心出现空闲，将会从队列中选择一位客户进行服务或交互沟通，这种选取客户的策略就是队列规则。服务结束，客户离开，这时，客户可能又重新加入要求服务或交互沟通的群体，也可能不再回来。

需求群体　同客户群。它不是唯一的，同 CRM 的核心客户细分一样，需求群体也可以分为多个细分客户群。每一个细分客户群的需求是不一样的，更重要的是每一个细分客户群的价值是不一样的，每一个细分客户群的期望值是不一样的，这是队列规则需要考虑的因素。

到达过程　到达的间隔时间呈指数分布。客户需求密度的不同会直接影响其对服务能力的要求。企业可以通过调整服务能力来匹配服务需求的变化，也可以通过让客户进行预约或预订来使客户需求变得比较平缓。例如电信公司使用差别定价的方法，鼓励人们在非高峰时间（夜间）打电话；奥迪 4S 服务店通过客户预约进行维修需求的平衡。

队列结构　排队的数量、位置、空间要求及其对客户行为的影响。

队列规则　从排队的客户中挑选一个客户的策略。最常用的队列规则就是先到先来，这是一种静态的规则，只依据客户在队列中的位置来判断。但是这种规则对所有的客户一视同仁，反而与 CRM 的价值观相违背，CRM 强调的是高价值的客户优先于低价值的客户，高忠诚度的客户优先于低忠诚度的客户等等。因此，还要有动态响应的队列规则，这个规则是可以根据多种因素来进行灵活配置的。

服务过程　影响服务或沟通行为的因素：时间的分布、环境的设置、管理政策和员工的行为。服务行为或交互沟通的时间一般是一个常数；环境的设置会影响过程；而员工对待客户的行为很关键，当队列很长时，它带来的压力会迫使员工加快速度，减少花在每个客户身上的时间，糟糕的是牺牲了质量，这种行为是很不利的。

● **电话队列举例**

电话队列功能是市场活动管理（批量电话）与呼出功能管理的简化功能。此功能的目的主要是帮助销售部门制订联系人呼出电话列表、触发电话脚本、记录通话结果、评估通话质量、将联系人联系到相应的客户、将通话转化为销售机会、生成活动、跟踪客户活动和记录客户所购买的产品等。

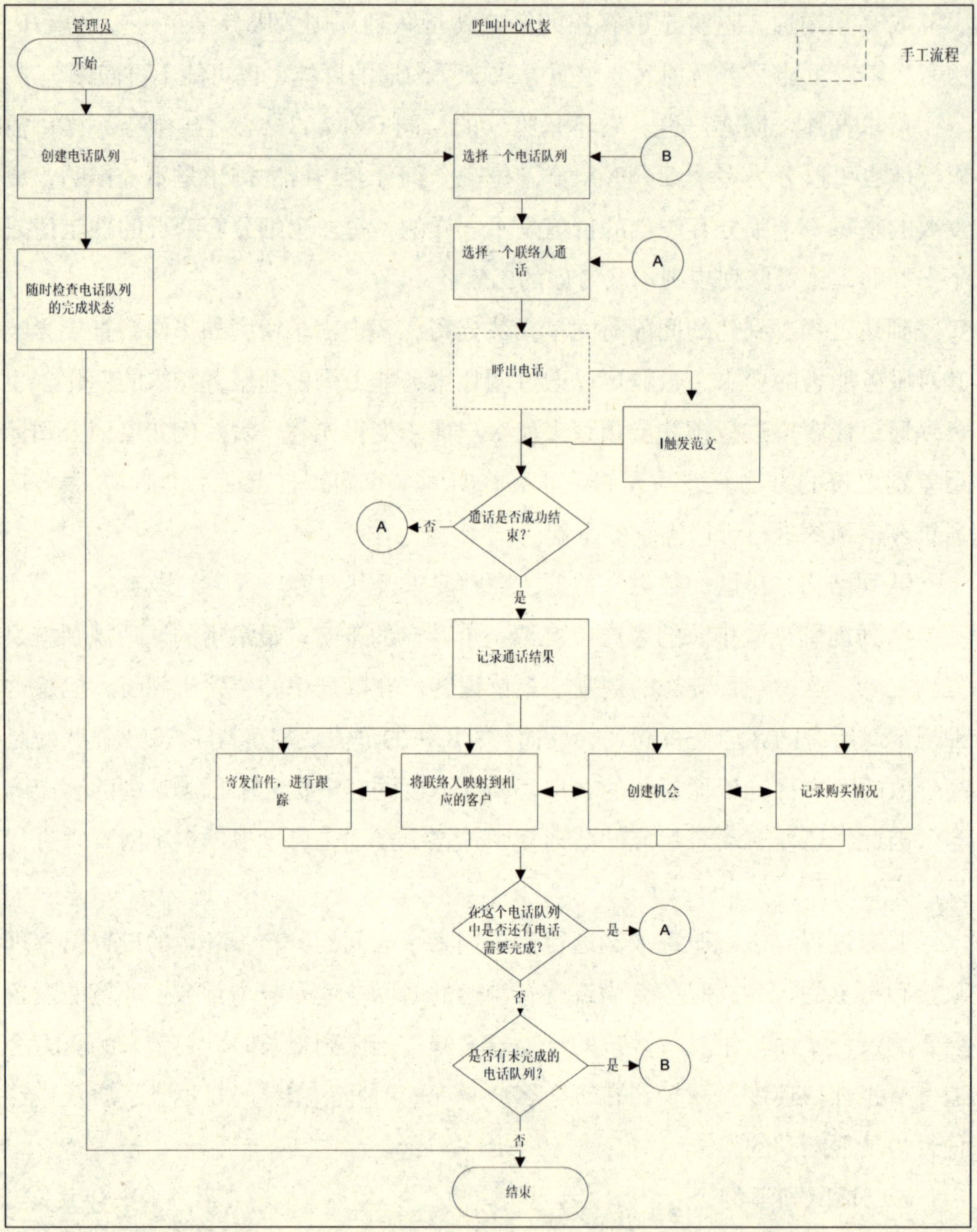

图 13.4.5　呼出电话流程

5）管理报表

管理报表模块的目的是向用户提供各种业务报表，帮助用户及时掌握当前业务开展的状况，了解客户或是各种活动的发展动向，并据此制订有针对性的销售策略和工作计划，以进行资源的合理调配，同时它也是管理层用户进行迅速正确决策的基本依据。

管理报表的益处

销售人员、客户服务人员及外勤人员等业务人员能及时了解当前各自的业务状况，获取最新业务信息和趋势变化，为其及时调整业务开展方向提供数据基础；

公司管理人员能对其管理的业务进行多层次、多角度的分析，并能据此做出正确有效的销售策略和工作计划，实现人员的合理调配；

为公司内部和外部提供各种详细的业务报表；

为系统管理人员提供系统管理的报表，帮助他们跟踪数据记录的更动变化。

在此，有必要对管理信息系统提供的报表与企业数据仓库提供的报表之间的区别作出说明。管理报表模块为用户提供的报表是基于数据库的原始信息，它没有对数据的处理，因此，在本书中提供的报表是 CRM 系统中的常规业务报表和基本分析报表，而有关于带有商业智能的管理分析报表将会在以后的 CRM 与商业智能系列出版物中提供。

本书列示的是主要的报表因素，其本身也是一个最简单的一维报表，即只有一个分析参数的报表。通过对一维报表的嵌套组合（即字段的嵌套组合），可以产生更为复杂的多维报表来满足用户，特别是满足管理层用户的实际需要。

在此，对书中使用的示意表作一下说明：

表 13.4.3 报表分析实例

分析对象	分析目的	数据源	分析方法1	分析方法2	分析方法3	分析方法4	公司客户	个人客户
客户类型	分析在企业客户中的公司客户和个人客户信息及其构成。	客户→客户、类型	客户数量	百分比	趋势	记录列表	不适用	不适用
是否为潜在客户 ▼	分析企业实际客户与潜在客户的构成，从中发现企业业务的平衡性和未来发展的潜力。	客户→潜在客户	客户数量	百分比	趋势	记录列表		
－潜在客户状态	分析企业潜在客户的状态，从中了解企业当前对潜在客户的处理状态，及未来可能发展趋势。	客户→潜在客户．状态	客户数量	百分比	趋势	记录列表		

分析对象：报表元素的分析元素（即字段名）。

分析目的：分析此元素的意义。

数据源：代表该分析对象的字段在数据库中的数据源。

分析方法：采用何种方式进行分析，如数量、百分比比例、比率、数量/百分比趋势等。

▼：表示该分析对象有下属的分析对象。

－或－－：表示该分析对象是上一个分析对象的子项。

对报表的嵌套和组合是通过对分析字段的嵌套与组合来实现的。用户可以对同一个功能模块中的不同字段进行嵌套组合，也可以对不同功能模块中的相同关字段进行嵌套组合。在对字段进行嵌套组合时必须考虑到字段的逻辑层次。当字段A所属于字段B时，只能在B字段下分析A字段。如：销售阶段所属于销售方法，因此可以分析在不同销售方法下处于不同阶段的销售机会，但不能分析在不同阶段下采用不同销售方法的销售机会情况。

书中列示了在客户关系管理系统中常用的业务分析报表，但是，在最终实施时，仍然需要针对最终用户的业务特性和实际需求来进行客户化。

管理报表模块还为用户提供了一些标准操作功能，为用户更方便的使用报表提供帮助。

下表显示了管理报表的标准操作。

表 13.4.4 管理报表的标准操作

标准操作	可用 (Y/N)	特殊处理规则
复制和粘贴	Y	无
保存	Y	无
打印	Y	无
放大和缩小	Y	只对输出图形有效
全屏显示	Y	只对输出图形有效
移动	Y	只对输出图形有效
输出	Y	用户可以将报表的结果输出到不同格式的文件中，如：.doc 文件、.jpg 文件、txt 文件以及 Excel 或其他数据源文件等。用户还可以选择其他的输出对象，如：电子邮件、公司主页等。

在生成报表前，用户必须进行查询条件的设定。用作查询的字段将不能作为分析参数使用。由于管理报表的查询条件设定与一般查询条件的设定无异，所以在此不再赘述。

13.5 实现方式

CRM 系统报表的实现方式一般分为三种：内部研发、集成第三方和外挂 BI 系统。

国外的 CRM 系统大多混合采用前面两种方式，而第三方报表工具软件中最著名的是水晶报表（Crystal Report），目前 Siebel、Saleslogix、MSCRM 都集成了水晶报表（但都不是唯一的）。

1）矩阵安全权限

安全权限管理通过在 CRM 系统中建立组织架构的方式来达到对登录用户建立不同的数据记录浏览权限的安全控制，有助于 CRM 系统中的各管理模块和各功能组的有效运作；同时根据不同用户的工作职责和范围，赋予用户对各类视图和数据、功能操作等不同的访问权限。

安全权限管理应具有两大特点：在系统中创建一个或多个组织机构，实现在不同的组织架构下浏览不同数据记录的权限控制；赋予登录用户不同的视图和数据访问权限和基本功能操作属性。

安全权限管理的主要任务：

通过定义组织架构，明确了使用 CRM 系统的公司内部从组织、部门、职位到用户的不同隶属和汇报关系及赋予登录用户相应的访问权限，在功能设置上包括了组织的定义、部门的定义、职位的定义、权限的定义、用户和雇员的定义等；

通过定义不同的权限赋予登录用户名不同的视图访问权限；

定义不同业务性质或业务角色的 CRM 系统的数据记录浏览权限控制和功能属性操作。

2）一般权限实现

● **用户**（user）

用户指登陆系统进行操作者，从严格意义上讲，用户不等同于企业员工。因为在 CRM 部署实施中，经常存在以职位或者业务角色而不是具体的个人作为用户的情况，这样的设置对于企业业务管理更加有利。同时，一个企业员工可能拥有多重用户名，一个是自己的姓名，一个是自己所属的业务角色。

用户的权限实现是根据不同用户的工作职责和范围，将一个或多个权限名赋予一个或多个登录用户，由此决定允许哪些视图登录用户访问，同时赋予登录用户基本的功能操作属性（增加、修改、删除）。

系统应缺省一个存在的用户名（系统管理员），一般为 admin 或者 administrator，它将拥有整个系统的所有视图、数据访问和相应功能属性的操作权限。

● **用户组**（Team）

用户组是指一组用户的集合，其集合是基于业务数据范围的。从安全权限的角度讲，属于同一个用户组的，其数据是可以共享的，而数据的编辑权限由用户组组长进行设置。

在具体应用中，用户组可能是企业的部门（department）、业务单元（Business Unit）、组织结构部分（orgnization structure）、销售 / 服务区域（divion）等，也可能是一个为了在一定时期内管理部分特定客户而临时组成的客户小组，如VIP客户组。

在安全权限管理中定义该用户组的数据访问权限，包括对主要业务实体的数据的访问、编辑权限。该用户组的权限设置将适应于该组内的所有用户。

每个用户组有一个组长，组长有权限管理用户组内的用户，并确定本用户组的数据访问共享、编辑等权限策略，组内权限分只读、编辑、创建等级别。

基于用户组，在CRM系统的视图中将会具体体现出“我”的视图、“我的小组（Team）”视图、“所有”视图、“多组织”视图等。

● **功能**（Function）

安全权限的另外一个重要部分就是功能操作范围。视图界面的访问权限、菜单工具条按钮的访问权限都是可以在功能权限中进行设置的。当一个用户或用户组被赋予所指定的视图访问和记录功能属性操作权限时，应拥有浏览到在相应视图的Applet中应该浏览到的数据记录信息以及其他特别的功能操作属性。

在这里，视图界面的访问权限与业务实体的数据访问是不同角度的，虽然视图将对应一个实体，比如客户界面与客户实体。功能权限设置的是对客户界面的访问权限，而数据权限设置的是对客户实体的数据的访问权限。如果只将客户类型为线索的客户实体数据赋予市场线索组，那么市场线索组在访问客户界面时只能看到线索客户；而如果在功能权限中设置市场线索组没有客户界面权限，那么即使市场线索组有数据权限，也不能访问客户视图。

一般而言，功能权限可以对单个用户设置，也可以对用户组设置。但是，有一些特殊的功能，比如审批按钮、订单打印、销售流程核准等功能，是需要赋予一个用户或者一个业务角色的。

● **管理隶属**（manager）

在数据权限范围中有一个特别的关系设定，就是上下级的关系：用户是否是管理权限（is manager）；用户需要汇报给哪一个用户（report to）。管理隶属一般会出现在用户组、组织以及一些特殊的管理应用中。

在安全权限中有一个默认的上级规则，就是上级可以查看下级的数据，无论二者是否属于一个用户组，但是一般而言只有只读权限，有时候也提供设置只读修改权限。上级规则支持无限级，即上级可以查看下级的下级的下级的数据。系统管理员是所有用户的顶端上级。

在日历管理中，需要特殊处理，一般默认的规则是上级可以在日历模块中看到自己的所有下级的日历活动安排，同上级规则。但是，有时候也有一些其他设置，可以又开放查看不属于自己管理的其他用户的日历活动的权限设置。

通过以上所提到的在一般权限实现中的用户、用户组、功能和管理隶属等基本可以实现一般企业的安全权限管理，同时基于用户组与功能组的交叉，并结合用户的个性设置、上下级的隶属，也是可以实现比较复杂的集团化矩阵权限管理的。

3）高级权限实现

- **业务角色**

业务角色权限是数据与功能基于业务的结合。业务角色的具体定义请参照前面所述，业务角色的权限实现是将数据与功能基于某一业务的结合，它更多体现的是围绕一个特定业务需求而进行的一系列数据和功能权限的组合。

比如客户投诉专员，那么在业务角色权限设置中将会根据客户投诉专员的业务需要，赋予该业务角色对客户视图、客户活动视图、客户产品实体、客户投诉视图以及客户数据、活动数据、隶属于该客户的产品数据、该投诉记录的权限等。

业务角色的权限适用于该业务角色所属的所有用户。

- 业务对象

业务对象权限是数据与功能基于对象（实体）的结合。业务对象与实体的定义请参照前面所述，业务对象的权限实现是将数据与功能基于某一对象（实体）的结合，它体现的是围绕一个特定对象（实体）的相关数据与功能权限的组合。

比如前面提到的线索客户，它对应客户对象（主实体为客户实体），客户对象在数据方面对应客户数据，在功能方面对应客户视图和客户相关的菜单工具条。当定义线索客户时，就可以设置为数据为类型为线索的客户数据，功能为客户视图的权限组合。

业务对象的权限设置可以分为三个层次：访问、共享和分派。访问又可以分为只读和读写。共享是指在进行该业务对象权限的设置时允许其他用户的共享权限，比如线索客户的只读共享权限可以赋予销售经理。分派是指对于该业务对象的分派权限，比如市场经理有分派权限来分派线索客户权限给市场部门的某一个员工或者销售部门的跟踪销售代表。

4）其他权限实现

●组织

组织是 CRM 系统中整个组织架构的第一步(组织本身是没有层次关系的)，一个组织可以理解为一个具有独立核算的公司，也可以被理解为若干角色、区域或部门的集合。

设置组织架构，同用户组一样，用户仅能看到属于自己组织下的数据记录。同时，用户基于某个组织下被指定的职位，系统能够提供属于这个职位的用户能浏览和存取相应数据记录的权限。

企业还可以定义一个外部客户访问的组织，便于更好地管理和控制外部用户浏览和访问 CRM 系统中的数据记录，这在合作伙伴管理和渠道管理中特别有用。

组织架构的组成是千变万化的，没有唯一或者正确与否，下图只是一个体现，并不一定正确，仅供参考。

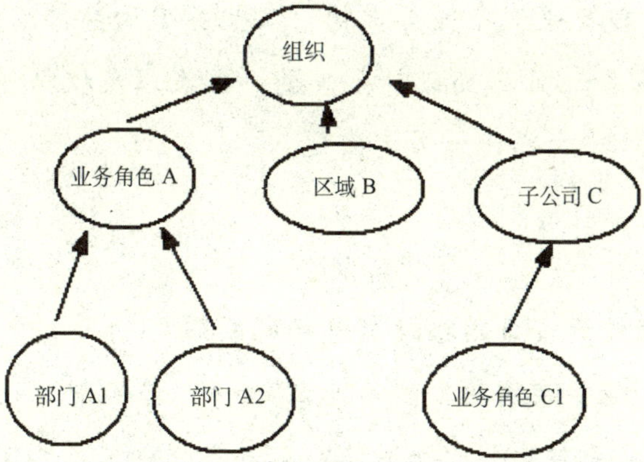

图 13.6.1 组织结构

● **部门**

通过设置相应的上级部门、本级部门以及所属组织等关键信息，构建一个在某个组织之下的各个部门之间的不同层次和隶属关系。例如，某组织（集团公司）下辖几个区域分公司，某区域分公司由销售部、市场部、客户服务部构成。从此例来看，区域分公司和销售部、市场部、客户服务部之间被定义为有上下隶属关系的不同部门，区域分公司之间为属于同一层次关系的不同部门。组织本身也必须被定义为一个部门，并且作为一个部门在部门浏览器视图中得到显示，构成一个完整的组织架构层次关系。

● **职位**

职位是指用户（雇员）所拥有的一个具体岗位。

一位用户可以拥有一个或一个以上的职位，一个职位也可以由一个或一个以上用户所拥有。职位是相对固定的，而拥有职位的用户则可以随时改变一个职位。

定义职位的作用主要是通过职位的设置来相应体现在组织内部同一部门内或不同部门之间职位的层次和隶属关系，由此而实现不同职位可以浏览不同数据记录的权限。

CRM 系统应有一个缺省职位（系统管理），此职位将被赋予对所有视图中的所有数据记录进行浏览的权限。

摘要

系统架构的实现要来源于业务架构，从业务架构分析到系统架构，然后再基于实体与数据关系、UI 界面设计、查询、报表以及权限等等具体实现方式，从而完成一个 CRM 平台的设计或者实现。

思考

13.1 CRM 系统的设计思路遵循怎样的原则？

13.2 CRM 的业务架构的主线是什么？

13.3 什么是业务对象、业务实体？二者之间的关系如何？

13.4 在 CRM 实现的过程中应注意哪些事项？

14 呼叫中心

目标：在读完本节后，您应该能够——

了解呼叫中心的发展过程；

了解呼叫中心的基本概念；

认识呼叫中心的分类和构成；

认识呼叫中心的功能和应用。

导言

呼叫中心越来越多地应用于企业，大多数企业对于CRM的实践首先来自于客户服务部门的呼叫中心。呼叫中心在服务客户、采集客户数据和提高客户满意度方面起到了巨大的作用，同时也提高了企业的工作效率，整合了与客户的众多沟通渠道。

但是，企业也应该看到，呼叫中心并不意味着CRM的全部。作为一种工具，呼叫中心更应该成为企业执行客户战略和贯彻客户意识的手段，而不是目的。

14.1 呼叫中心的发展

1) 呼叫中心的历史

呼叫中心是CRM重要组成部分，呼叫中心经历了漫长的发展过程。从功能和应用的角度来看，呼叫中心在我国的发展主要经历了三个阶段。

第一代：提供信息的声讯台。每年高考后异常火爆的168查分台就是一个典型的例子。现在它仍在被广泛地使用。

第二代：集成配送系统和金融支付系统的交易辅助呼叫中心。它们已成为电子商务的一部分，其中比较典型的是很多网站的预订电话。

第三代：现在广泛应用的作为企业与客户之间重要交互渠道的呼叫中心，比较常见的有移动通信的客户服务热线、800、400免费电话等。

2) 呼叫中心的发展方向

- **从以PBX为核心向CTI技术为核心转变**

在传统的系统中，各种应用软件是构筑在交换系统之上的，比如ACD功能、交互式语音应答系统 IVR 等；而如今，越来越多的厂商、系统集成商在构建呼叫中心时逐渐将 CTI 技术作为整个系统的核心，而将 PBX、IVR、AGENT 等全部作为系统中的组件围绕在 CTI 的周围。以 CTI 技术为核心的最大好处是：基于电话的语音网络与基于计算机的数据网络的完美有机结合，使语音流与数据流能够实现同步传输，从而能够使系统为用户提供优质的服务奠定良好的基础。

各个应用软件以模块的方式存在于系统中，具有很高的灵活性，用户可以根据自己的需求购买软件，软件功能的增加和修改非常方便和灵活。换言之，根据用户具体需求的专项开发、集成的系统遵循的都是“加法”原则，即客户要什么就加上什么，但拼装的结构会影响整个系统的稳定性，日后系统功能升级和规模扩大也是很大的工程；而以 CTI 技术为核心的功能规模模块化所遵循的是“减法”原则，即：系统本身已经一体化地整合了所有的功能、支持最大的规模，而用户在构建呼叫中心时，可以根据当时的具体需求从已有的功能中进行筛选，选择最需要的，减去暂时不迫切需要的，等需要的时候又可以灵活地从当时做“减法”删去的功能中轻松取回即可。这就改变了以往的呼叫中心由于交换系统的限制，只能提取到有限信息的状况，CTI 技术使呼叫中心可以完成很复杂的数据库提取以及灵活的呼叫。整个系统的稳定性得到了充分的保障，实施成本、时间，以及日后升级扩容都具备了最大的灵活性。

- **系统趋于开放并符合标准**

传统的 PBX 较为封闭，不同的交换机厂商都会向系统集成商提供不同的协议；即使是一向倡导开放的 CTI 硬件厂商也并未能够实现真正开放与标准化。不同硬件厂商提供的 API（Application Program Interface）各不相同，而且不同厂商的硬件经常不能共存于同一个系统中。如果一定需要在同一个系统中使用不同硬件厂商的产品，你就必须熟悉各家的 API。这些都在一定程度上阻碍了新业务的开展。因此，开放和标准化是呼叫中心产业顺利发展的重要前提。目前，越来越多的交换机厂商都推出了具有符合 CSTA 标准的 CTI Link，而硬件开发商也正在努力遵循一些共同的标准，如 S.100，S.300，H.100 等。开放和标准化不仅会大大缩短软件开发的周期，避免了重复开发而导致的资源极大浪费，而且开发的标准必将带来更大的市场和更成熟的技术。

● **Internet 与呼叫中心的融合**

传统意义上的呼叫中心，其与用户的连接是单纯依靠电路交换网，用户与呼叫中心之间的通信方式局限于语音。现在，互联网作为一种新的联络方式，正在为越来越多的用户所接受，通过互联网开展服务已经成为必然的潮流。新的问题是：传统的呼叫中心系统与新兴的互联网业务系统之间的衔接。两套各自独立的系统之间的信息重复、服务层次不连贯、管理凌乱复杂、记录分散不便于管理等。这就需要 CTI 技术将 Internet 与传统的呼叫中心融合在一起，使用户不仅仅可以通过语音进行交流，而且可以通过传真、电子邮件乃至图像进行沟通。一体化技术改变了呼叫中心构建基础。

近年来，融合通信作为一个新的技术发展方向越来越受到业界瞩目。融合通信的概念最早由 Intel 公司在 2000 年提出，其基本概念源于“统一消息”，就是将一个公司的电话交换平台、局域网、E-mail 处理系统、传真机乃至客户服务中心（Call Center）等等通信平台融合到一起，建成一个统一的通信平台并进行统一的管理，从而为公司节约成本、提高服务水平。

14.2 呼叫中心的基本概念

在我们的日常生活中会接触很多的呼叫中心，呼叫中心起源于客户对服务品质的要求，主要是通过电话、传真等为客户提供快速、准确的咨询信息、业务受理和投诉等服务，通过程控交换机的智能呼叫分配、计算机电话集成、自动应答系统等高效手段和有经验的人工座席，极大提高客户满意度，使企业与客户关系更紧密，提高企业竞争力。它是一种基于 CTI 技术（计算机网、通信网集成技术）的一种新的综合信息服务系统。

现在有些人喜欢把它的发展的历史分成几代。但应说明的是：早期的仅以电话和接话人员组成的电话热线服务不能看作呼叫中心的第一代。现代呼叫中心本身的含义应该是：它是一种基于 CTI 技术的、充分利用通信网和计算机网的多项功能集成并与企业连为一体的一个完整的综合信息服务系统。它能有效、高速地为用户提供多种服务。

14.3 呼叫中心的分类与构成

1) 呼叫中心的分类

比较常用的分类方法是根据业务代表座席或接入多少中继线路数量来衡量。按照这种分类方式我们把呼叫中心分为三大类：

- **大型呼叫中心**

通常超过100个座席的呼叫中心称为大型呼叫中心。在全球性的跨国公司和大型企业较为常见。有的座席高达上千个，一般配置庞大，投资很高。要求有足够容量的大型交换机、自动呼叫分配器（ACD）、自动语音应答系统、CTI系统、呼叫管理系统、业务代表座席和终端、数据仓库或数据库等技术设备提供支持。

- **中型呼叫中心**

中型呼叫中心指座席代表在50～100之间的呼叫中心。中型呼叫中心系统结构较大型呼叫中心简单，投资较少，受到很多中小企业的欢迎。中型呼叫中心投资小、见效快、升级灵活，需求量不断上升。

- 小型呼叫中心

小型呼叫中心指座席数目在50以下的呼叫中心。主要组成部分也由PBX、CTI服务器、业务代表座席、应用服务器构成。

2) 呼叫中心的构成

通常呼叫中心主要由五部分组成：程控交换机（PBX）、自动呼叫分配器（ACD）、交互式语音应答（IVR）、计算机语音集成（CTI）服务器、人工座席代表（Agent）和计算机系统主机。

程控交换机（PBX）是呼叫中心的通道。对外是与市话局中继线的接口，对内是与座席代表话机和自动应答设备（VRU）的接口。与传统的PBX不同的是中继线数大于内线数。

自动呼叫分配器（ACD）将客户来电按照预订的规则分派给座席代表。若座席代表全忙，则自动将来电放入等待队列，并按照预订义规则安排来电在队列中的位置。座席代表空闲时按队列顺序接听。同时ACD为等待的客户提供提示信息，主要为了提高客户等待时的满意度。

交互式语音应答（IVR）指用户通过双音频电话输入信息，IVR 系统向用户播放预先录制好的语音，回答用户的问题。IVR 还具有语音信箱、传真收发等功能。通过 IVR 技术，可以实现客户呼叫的自动完成。

14.4 呼叫中心的功能与应用

1) 呼入管理

呼入管理为客户的呼入提供个性化的、及时的解答和回复。主要包括以下功能。

● 按照业务类别进行路由

客户与企业之间有多种沟通渠道，不同的客户会有不同的渠道使用偏好，如何提高跨渠道的沟通的有效性？通常根据企业业务规则、座席技能和客户概况，设置各交互渠道的路由方式。

座席代表通过呼入管理迅速地查找客户、将客户分成不同类别制订服务的优先次序，而且可以根据 CRM 或 ERP 中的客户信息将客户呼叫路由到合适的座席，提高沟通客户的满意度。比如重要客户在队列中具有较高的优先权，并且由业务水平较高的座席代表处理，路由的顺序因行业和企业以及客户的不同而不同。

● **与交互式语音应答（IVR）的集成**

主要是为了实现客户自助式语音服务，自主服务将 FAQ 等知识库内容集成到呼叫中心，并根据对所有客户服务过程的分析来提高客户服务水平，最终提高客户满意度。

2) 呼出管理

呼出管理主要是执行主动的客户交互活动，主要包括以下几个方面的内容。

● **执行活动**

根据市场和销售部门提供的市场营销活动方案执行各种营销活动。包括对潜在客户的跟踪和培养、对于现有客户的关怀和保留等营销活动，还包括对于以前、或其他渠道发生的交互活动的跟踪。

● **呼出名单综合管理**

首先是有限次序的管理，分为两个部分的管理：潜在客户和现有客户的管理。基本的原理是根据潜在客户的价值、事件的紧急程度和优先顺序以及其他特征进行排序，保证在最佳时间做最正确的事情。

● **配额管理**

有时，呼出对象可能处于不同的地理位置，需要将呼出电话合理地分布到各个客户代表的呼叫清单中。

● **提供座席代表的生产率**

呼叫中心的大部分运行成本来自客户座席代表。比如软拨号的功能可以提高拨号的效率，降低座席代表的工作强度，提高工作效率。

● **分析能力**

通过相应的管理软件提供的分析功能提供各类报表。比如客户的渠道偏好、使用频率最高的客户交互渠道、营销活动的执行情况等等，为企业今后的经营决策提供科学的依据。

3) 电话脚本管理

电话脚本可以提供预订和客户自定义的电话脚本，使得与客户接触的座席代表标准化（内容和方式仍然是个性化的）。

● **提高交互活动的效率**

预订义和自定义的电话脚本，可以根据客户的信息提供针个性化沟通脚本，在提高客户满意度和沟通效果的同时也提高了座席代表的工作效率。

● **实现与客户交互活动的自动化**

电话脚本还可以提供标准化的流程。座席代表可以按照预订义和自定义的流程执行各项客户交互活动。

4) 客户交互历史的分析和管理

记录所有客户与企业的交互活动，包括交互渠道、时间、目的、处理结果、受理人等信息，并利用数据挖掘工具提供客户的相关信息。

通过对于座席代表的交互活动的分析，找出工作中的优势和不足，提高今后的工作水平。

摘要

呼叫中心的发展经历了三个阶段的发展。一种基于CTI技术（计算机网、通信网集成技术）的呼叫中心是一种新的综合信息服务系统。呼叫中心分为大型呼叫中心、中型呼叫中心、小型呼叫中心。呼叫中心主动提供呼入管理、呼出管理、电话脚本管理等主要功能。

思考

14.1 什么是呼叫中心？

14.2 列出生活中常见的呼叫中心。

14.3 呼叫中心有哪些分类？

14.4 呼叫中心有哪些主要的功能？

14.5 呼叫中心的主要应用有哪些？

15 数据仓库与商业智能

目标：在读完本节后，您应该能够——

了解数据仓库的基本概念；

了解数据仓库的主要技术；

了解数据仓库在 CRM 中的应用；

认识商业智能与 CRM 的关系。

导言

数据仓库为企业的运营提供了结构和工具，使企业可以系统地组织、理解和使用数据进行决策。很多的企业都已经发现，在当今激烈的竞争当中，数据仓库已经成为一个帮助其发展的利器。近几年来，许多公司耗资百万来建立数据仓库，因为他们坚信数据仓库可以帮助企业更多地了解客户需求，从而保留更多客户，最终实现企业赢利的提高。

15.1 数据仓库概述

什么是数据仓库呢？受到广泛认可的数据仓库的定义是由 W.H.Inmon 提出的，即数据仓库是面向主题的、集成的、时变的、非易失的数据集合，支持管理决策的制订。这个定义中指出了数据仓库的四个关键特征：

1) 面向主题

数据仓库是围绕一些主题，如客户、产品、销售组织等等。数据仓库关注决策者的数据建模与分析，而不是构造组织的日常操作和事务处理。因此数据库排除了对决策无价值的数据，提供了针对特定主题的简明视图。

2) 集成的

通常的构造数据库是将多个异种数据源，如关系数据库、一般文件和联机事务处理记录结合起来。通过数据清理和数据集成技术，保证命名约定、编码结构、属性度量等的一致性。

3) 时变的

数据存储从历史的角度提供信息，数据仓库中关键结构隐式或显式地包含时间元素。

4) 非易失性

数据仓库采用物理地分离存放数据的方式。这些数据源于操作环境下的应用数据，由于采用分离方式，数据仓库无需进行事务处理、恢复和并行控制。通常，只需要进行两种数据访问：数据的初始化导入和数据的访问。

常见的数据仓库产品主要有：Business Objects、Oracle BIEE、IBM、Sybase、Informix、NCR、Microsoft、SAS、CA等等。

15.2 数据仓库的主要技术

1) 数据抽取

数据通过数据抽取进入数据仓库。数据仓库通过抽取将联机事务处理系统、外部数据源、脱机的数据存储介质等的数据导入到数据仓库。数据抽取主要包括互联、复制、增量、转换、调度和监控等几个方面。数据仓库的数据并不要求与联机事务处理系统保持实时的同步，因此数据抽取可以定时进行，但多个抽取操作执行的时间、相互的顺序、成败对数据仓库中信息的有效性则至关重要。在技术发展上，数据抽取所涉及的单个技术环节都已相对成熟，其中有一些是躲不开编程的，但整体的集成度还很不够。目前市场上所提供的大多是数据抽取工具。这些工具通过用户选定源数据和目标数据的对应关系，会自动生成数据抽取的代码。但数据抽取工具支持的数据种类是有限的；同时数据抽取过程涉及数据的转换，它是一个与实际应用密切相关的部分，其复杂性使得不可嵌入用户编程的抽取工具往往不能达到要求。因此，实际的数据仓库实施过程中往往不一定使用抽取工具。整个抽取过程能否因工具的使用而纳入有效的管理、调度和维护则更为重要。从市场发展来看，以数据抽取、异构互连产品为主项的数据仓库厂商，一般都很有可能被其他拥有数据库产品的公司吞并。在数据仓库的世界里，它们只能成为辅助的角色。

2) 数据的存储和管理

数据仓库的真正关键是数据的存储和管理。数据仓库的组织管理方式决定了它有别于传统数据库的特性，同时也决定了其对外部数据的表现形式。要决定采用什么产品和技术来建立数据仓库核心，则需要从数据仓库的技术特点着手分析。

数据仓库要解决的第一个问题是对大量数据的存储和管理。这里所涉及的数据量比传统事务处理量大得多，且随时间的推移而累积。从现有技术和产品来看，只有关系数据库系统能够担当此任。关系数据库经过近 30 年的发展，在数据存储和管理方面已经非常成熟，非其他数据管理系统可比。目前不少关系数据库系统已支持数据分割技术，能够将一个大的数据库表分散在多个物理存储设备中，进一步增强了系统管理大数据量的扩展能力。采用关系数据库管理数百个 GB 甚至到 TB 的数据已是一件平常的事情。一些厂商还专门考虑大数据量的系统备份问题，好在数据仓库对联机备份的要求并不高。

数据仓库要解决的第二个问题是并行处理。在传统联机事务处理应用中，用户访问系统的特点是短小而密集；对于一个多处理机系统来说，能够将用户的请求进行均衡分担是关键，这便是并发操作。而在数据仓库系统中，用户访问系统的特点是庞大而稀疏，每一个查询和统计都很复杂，但访问的频率并不是很高。此时系统需要有能力将所有的处理机调动起来为这一个复杂的查询请求服务，将该请求并行处理。因此，并行处理技术在数据仓库中比以往更加重要。

在针对数据仓库的 TPC-D 基准测试中，比以往增加了一个单用户环境的测试，成为“系统功力”（QPPD）。系统的并行处理能力对 QPPD 的值有重要影响。目前，关系数据库系统在并行处理方面已能做到对查询语句的分解并行、基于数据分割的并行，以及支持跨平台多处理机的群集环境和 MPP 环境，能够支持多达上百个处理机的硬件系统并保持性能的扩展能力。

数据仓库要解决的第三个问题是针对决策支持实现查询的优化。这个问题主要针对关系数据库而言，因为其他数据管理环境连基本的通用查询能力都还不完善。在技术上，针对决策支持的优化涉及数据库系统的索引机制、查询优化器、连接策略、数据排序和采样等诸多部分。普通关系数据库采用 B 树类的索引，对于性别、年龄、地区等具有大量重复值的字段几乎没有效果。而扩充的关系数据库则引入了位图索引的机制，以二进制位表示字段的状态，将查询过程变为筛选过程，单个计算机的基本操作便可筛选多条记录。由于数据仓库中各数据表的数据量往往极不均匀，普通查询优化器所得出的最佳查询路径可能不是最优的。因此，面向决策支持的关系数据库在查询优化器上也作了改进，同时根据索引的使用特性增加了多重索引扫描的能力。

以关系数据库建立的数据仓库在应用时会遇到大量的表间连接操作，而连接操作对于关系数据库来说是一件耗时的操作。扩充的关系数据库中对连接操作可以做预先的定义，我们称之为“连接索引”，使得数据库在执行查询时可直接获取数据而不必实施具体的连接操作。数据仓库的查询常常只需要数据库中的部分记录，如最大的前 50 家客户等等。普通关系数据库没有提供这样的查询能力，只好将整个表的记录进行排序，从而耗费了大量的时间。决策支持的关系数据库在此做了改进，提供了这一功能。此外，数据仓库的查询并不需要像事务处理系统那样精确，但在大容量数据环境中需要有足够短的系统响应时间。因此，一些数据库系统增加了采样数据的查询能力，在精确度允许的范围内，大幅度提高系统查询效率。

总之，将普通关系数据库改造成适合担当数据仓库的服务器有许多工作可以做，它已成为关系数据库技术的一个重要研究课题和发展方向。可见，对于决策支持的扩充是传统关系数据库进入数据仓库市场的重要技术措施。

数据仓库的要解决第四个问题是支持多维分析的查询模式，这也是关系数据库在数据仓库领域遇到的最严峻的挑战之一。用户在使用数据仓库时的访问方式与传统的关系数据库有很大的不同。对于数据仓库的访问往往不是简单的表和记录的查询，而是基于用户业务的分析模式，即联机分析。它的特点是将数据想象成多维的立方体，用户的查询便相当于在其中的部分维（棱）上施加条件，对立方体进行切片、分割，得到的结果则是数值的矩阵或向量，并将其制成图表或输入数理统计的算法。

关系数据库本身没有提供这种多维分析的查询功能，而且在数据仓库发展的早期，人们发现采用关系数据库去实现这种多维查询模式非常低效，查询处理的过程也难以自动化。为此，人们提出了多维数据库的概念。多维数据库是一种以多维数据存储形式来组织数据的数据管理系统，它不是关系型数据库，在使用时需要将数据从关系数据库中转载到多维数据库中方可访问。采用多维数据库实现的联机分析应用我们称之为MOLAP。多维数据库在针对小型的多维分析应用有较好的效果，但它缺少关系数据库所拥有的并行处理及大规模数据管理扩展性，因此难以承担大型数据仓库应用。这样的状态直到“星型模式”在关系数据库设计中得到广泛的应用才彻底改变。

几年前，数据仓库专家们发现，关系数据库若采用“星型模式”来组织数据就能很好地解决多维分析的问题。“星型模式”只不过是数据库设计中数据表之间的一种关联形式，它的巧妙之处在于能够找到一个固定的算法，将用户的多维查询请求转换成针对该数据模式的标准SQL语句，而且该语句是最优化的。“星型模式”的应用为关系数据库在数据仓库领域的通行打开绿灯。采用关系数据库实现的联机分析应用称为ROLAP。目前，大多数厂商提供的数据仓库解决方案都采用ROLAP。在数据仓库的数据存储管理领域，从当今的技术发展来看，面向决策支持扩充的并行关系数据库将是数据仓库的核心。在市场上，数据库厂商将成为数据仓库的中坚力量。

3) 数据的表现

数据表现是数据仓库的门面。这是一个工具厂商的天下。它们主要集中在多维分析、数理统计和数据挖掘方面。

多维分析是数据仓库的重要表现形式，由于MOLAP系统是专用的，因此，关于多维分析领域的工具和产品大多是ROLAP工具。这些产品近两年来更加注重提供基于Web的前端联机分析界面，而不仅仅是网上数据的发布。

数理统计原本与数据仓库没有直接的联系，但在实际的应用中，客户需要通过对数据的统计来验证他们对某些事物的假设，以进行决策。与数理统计相似，数据挖掘与数据仓库也没有直接的联系。而且这个概念在现实中有些含混。数据挖掘强调的不仅仅是验证人们对数据特性的假设，而且它更要主动地寻找并发现蕴藏在数据之中的规律。这听起来虽然很吸引人，但在实践上却有很大的出入。市场上许多数据挖掘工具其实不过是数理统计的应用。它们并不是真正寻找出数据的规律，而是验证尽可能多的假设，其中包括许多毫无意义的组合，最后由人来判断其合理性。因此，在当前的数据仓库应用中，有效地利用数理统计就已经能够获得可观的效益。

● **数据仓库设计的技术咨询**

在数据仓库的实施过程中，有一些更为基本的问题需要解答。它们包括：数据仓库提供哪些部门使用、不同的部门怎样发挥数据仓库的决策效益、数据仓库需要存放哪些数据、这些数据以什么样的结构存放、数据从哪里装载、装载的频率多少为合适、需要购置哪些数据管理的产品和工具来建立数据仓库，等等。这些问题依赖于特定的数据仓库系统，属于技术咨询的范畴。

事实上，数据仓库绝不是简单的产品堆砌，而是综合性的解决方案和系统工程。在数据仓库的实施过程中，技术咨询服务至关重要，是一个不可缺少的部分，它甚至于比购买产品更为重要。目前，数据仓库的技术咨询主要来自数据仓库软件产品的供应商和独立的针对数据仓库技术的咨询公司。

● **数据仓库技术近 20 年来的进展**

近年来，计算机技术，尤其是数据库技术的发展为 DSS 提供了技术支持；激烈的市场竞争促进了高层次决策人员对 DSS 的实际需求。两方面的共同作用，促成了以 DW 为核心、以 O-LAP 和 DM 工具为手段建设 DSS 的可行方案。数据库技术的发展 DW 需要以下数据库技术的支持。

高性能数据库服务器 DW 的应用不同于传统 DB 的 OLTP 应用。传统 DB 的应用是操作型的，而 DW 的应用是分析型的，它需要高性能的 DBMS 核心的支持，以使较快地获得分析结果，这通常需数秒至数分钟。虽然比 OLTP 的响应时间长一些，但由于分析型应用涉及的数据量大，查询要求复杂，因此，对 DBMS 核心的性能要求更高，同 DBMS 必须具有良好的查询优化机制。

并行数据库技术 DW 中的数据量大，而且随着时间的延长，新的数据还会不断进入。DW 中的数据库通常是 GB 甚至 TB 级的，可谓是超大规模数据库(VLDB)。而并行数据库技术是存储和管理 VLDB, 并提供对 VLDB 复杂查询处理的有效技术。

数据库互操作技术 DW 中的数据大多来自企业或行业中业已运行的 OLTP 数据库或外部的数据源。这些数据库常常是异构的，甚至是文件系统中的数据。DW 必须从这些异构数据源中定期抽取、转换和集成所需要的数据，并把它们存入 DW 中。因此，异构数据源之间的互访和互操作技术是必需的。

● OLTP 与 OLAP

联机事务处理（OLTP）主要执行联机事务和查询处理，涵盖了一个组织的大部分日常操作，如进销存、银行账户、工资等等。

联机分析处理（OLAP）在数据分析和决策方面为用户提供支持，可以用不同的格式组织和提供数据，两者的主要区别主要表现在以下五个方面。

用户和系统的面向性：OLTP 是面向客户的，用于企业员工、客户和信息技术专业人员的日常事务和查询处理。OLAP 是面向市场的，用于企业中高层管理者的数据分析。

数据内容：OLTP 管理当前数据，而这些数据常常很繁琐，难以方便地用于决策。OLAP 管理大量的历史数据，提供汇总和聚类机制，并在不同粒度级别上存储和管理信息，使数据更容易应用于决策。

数据库设计：OLTP 采用实体－联系的 ER 模型和面向应用的数据库设计。OLAP 是采用星形或雪花模型和面向主题的数据库设计。

视图：OLTP 通常关注一个企业或部门的当前数据，而不涉及历史数据和不同组织间的数据。OLAP 常常跨组织和部门，因此适用多个不同的数据库模式。

访问模式：OLTP 主要由短、原子事务组成，需要并行控制和恢复机制。OLAP 大多数情况下面对的是只读数据。

其他的区别还包括数据库大小、操作频繁程度、性能度量等等。

4) 数据挖掘

数据挖掘是通过仔细分析大量数据来揭示有意义的新的关系、模式和趋势的过程。它使用模式认知技术、统计技术和数学技术。

数据挖掘能够帮助企业降低成本、减少风险、提高资金回报率。现在很多公司开始采用数据挖掘技术来判断哪些是最有价值客户，继而重整产品推广策略，用最小的花费得到最好的销售。电信行业和银行业较先使用数据挖掘，电信公司使用数据挖掘检测话费欺诈行为，银行使用数据挖掘检测信用卡欺诈行为。

数据挖掘模型建立完成后，进行验证和评价非常必要。比如用市场调查得到的客户数据做了一个模型，来预测哪些客户群会对新产品感兴趣。通常情况下还不能用这个模型直接指导行动，更稳妥的做法是，先对一小部分客户做一个实际的测试，得到市场的实际反应情况，然后再大规模的采取市场推广行动。

数据挖掘帮助分析师和决策人员更深入、更容易地分析数据。为了保证数据挖掘结果的价值，用户必须非常了解自己的数据；并且了解数据挖掘工具是如何工作的，了解不同的技术和算法对模型的准确度和模型生成速度的影响。

大部分情况下，数据挖掘的分析数据源可以是数据仓库或数据挖掘集市。数据挖掘工具对访问数据仓库、进行数据挖掘有许多好处。因为导入到数据仓库的数据已经经过了大量的数据清理和转换工作，缩短了数据挖掘的数据清理过程。

数据挖掘常用的算法包括：神经网络、决策树、ID3、遗传算法等等。

15.3 数据仓库在 CRM 中的应用

基于数据仓库进行的数据挖掘在商业领域的应用十分广泛，具体到 CRM 最基本的领域可以应用以下几个方面。

1）客户获取

每个企业都有巨大的潜在客户群，通过数据仓库的应用，将那些最有可能获取的客户分析出来，建立客户对于市场营销活动的反应行为模式。通常使用的有二元反应行为模式和分类反应行为模式，通过试验活动获得反馈数据，通过对反馈数据的分析建立预测分析模型，将预测分析模型应用到潜在客户列表中，找出那些最有可能获取的客户。

2）客户细分

客户细分是 CRM 的重要组成部分。应用数据仓库进行客户细分，可以根据客户的预测行为定义客户细分群。

3）客户赢利能力分析

企业要始终关注高价值的客户。客户赢利能力成了企业关注的一个焦点，应用数据仓库技术可以分析潜在客户行为特征和客户的行为特征，通过数据挖掘技术计算出客户的潜在赢利能力。

4）交叉销售和升级销售

通过对客户购买行为的分析，建立预测模型，预测出哪些客户、在什么时候可能会成功地实现交叉销售和升级销售。

5）客户保持

对流失的客户建立模型，分析流失的模式，在当前未流失的客户中找出流失可能性最大的，也就是符合这些模式的客户，开展有针对性的客户保留活动，提高企业客户的保留率。

6）销售和客户服务

客户服务是提高客户满意度，从而提高销售收入和赢利的有效的手段，利用数据挖掘可以将正确的信息传递销售和客户服务人员那里，使他们能够为客户提供个性化的优质服务，比如著名的啤酒和尿布的故事。

7）市场营销

有针对性的市场营销活动才是成功的市场营销活动，所以市场营销活动在很大程度上依靠信息来实现。数据挖掘系统可以为市场营销活动提供准确的数据，使得营销活动的定位准确，获得较高的客户响应率，同时减少不恰当的营销活动也降低了活动的成本，从而提高了效率并且降低了总成本。

8）风险评估和欺诈检查

目前在银行业应用比较广泛的是 Falcon 系统，它利用神经网络算法来预测客户的信用和客户的欺诈行为，可以降低银行的营业风险。

15.4 商业智能与 CRM

1）商业智能概述

商业智能（Business Intelligence）或者简称 BI，并不是一个新生事物，虽然最近才被人们广泛的认识，其实早在上个世纪七、八十年代简单的 BI 分析型软件就已经出现了，但是由于计算能力不足、用户友好性差和难以集成使得 BI 难以广泛应用。到上世纪 90 年代出现了经理信息系统（EIS），能够比较直观地显示数据，但是仍然需要手工导入数据源，操作复杂。直到数据库及其相关技术的成熟和广泛应用，才产生了我们今天看到的商业智能。

商业智能的定义商业智能是企业利用数据资源做出更好的商业决策，是关于获得、分析和发现新机会的策略与技术。

企业的日常经营管理活动会产生大量数据，包括客户的订单、销售机会、客户的交易记录、供应商的相关数据以及企业所处环境的其他数据。商业智能是为了让企业做出更好的商业决策，那么就必须将上述的数据转化为可以提供决策支持的知识，需要综合运用数据仓库、OLAP、数据挖掘等技术。

商业智能可以分为三个层次：

- 物理层

商业智能的物理基础。包括数据仓库、企业的相关数据、商业智能系统、OLAP 分析工具。

- 分析层

指相关的算法、模型。用于分析信息、得出结论、形成假设、验证假设，并实现数据到信息的转变，发现可以用于决策支持的知识。

- 应用层

信息或知识的实际应用。这种应用可以是战术层的也可以是战略层的。战略层通过对来自企业内部和外部的多个数据源产生的知识和信息的应用，提高企业决策能力。战术层通过对数据的获取、管理和分析，为企业各个层次的员工提供信息，提高日常工作决策的准确性。

商业智能还可以为企业各个应用系统（客户关系管理 CRM、供应链管理 SCM、企业资源计划 ERP）提供数据应用分析和决策支持。

2) 商业智能在 CRM 中的应用

前面我们提到了商业智能可以为应用系统提供数据分析和决策支持，商业智能在 CRM 中应用主要包括以下几个方面。

- 客户数据管理

从多个客户数据源 ETL（抽取、转换、转贮）数据、整合数据集能力；对大量客户数据的高效存储与维护。

- 辅助建模

帮助企业建立合适的客户知识发现和应用模型，为企业实现以客户为中心的经营策略提供策略。

● 数据分析

通过 OLAP，Legacy 等多种数据分析实现信息查询并生成相应报表，将数据转化为信息。

● 客户知识发现

从客户数据和信息中发现隐含的、有潜在利用价值的信息。

这些客户知识包括两个内容：一个是活动辅助知识，如客户的性格、渠道偏好、产品偏好等知识；二是管理和决策知识，如客户的生命周期价值、未来需求预测、客户忠诚度的评价、客户流失预警等。

摘要

数据仓库是面向主题的、集成的、时变的、非易失的数据集合，支持管理决策的制订。数据仓库的主要技术包括数据抽取、数据存储和管理、数据的表现和数据挖掘。数据仓库在CRM中的应用主要包括客户保持、销售和客户服务、市场营销等领域。商业智能是企业利用数据资源做出更好的商业决策，是关于获得、分析和发现新机会的策略与技术。

思考

15.1 什么是数据仓库？

15.2 数据仓库的主要技术有哪些？

15.3 数据仓库在 CRM 中有哪些应用？

15.4 商业智能在 CRM 有哪些应用？

第四章
厂商产品

16　系统评估

目标：在读完本节后，您应该能够——

了解 CRM 系统的评价标准；

认识 CRM 系统评估的重要性；

能够基于系统评估标准评测系统。

导言

Gartner Group 对 CRM 的定义清晰地指出 CRM 是商业策略而不是技术和软件，但是在国内近几年的 CRM 实践中，却存在着大量的问题，而这些问题的产生有着很多的因素，直接导致大量企业对 CRM 实践的积极性受到严重打击。而汉拓科技致力于将创新的CRM能力成熟度模型推广和应用于国内的CRM实践中，也是希望能够给混乱的市场增加一点透明和指引，建立一个企业、系统商和研究机构之间和谐的沟通交流平台。

16.1 评估标准概述

1）CMM（CRM能力成熟度模型）的三个层次：

企业CRM能力成熟度模型

从企业的角度，对企业的整体CRM战略规划、执行能力进行评估。很多企业和项目在部署CRM之前，恰恰忽略了企业自身能力的问题。如果不进行全面细致的能力评估，看到真正的需求和差距，不针对具体需要提升的部分，如何有效地部署？如果这个企业连最基本的客户数据采集能力都不能执行，那么项目规划一个很完美的商业智能目标怎么可能实现？

CRM系统商能力成熟度模型

从软件厂商的角度，对CRM软件厂商的系统产品进行评估。因为产品属于不同规模、领域和架构，所以评估体系会比较复杂而全面。基于一个行业所认可的标准来对产品进行评估，有利于软件厂商的自我提升和企业用户的选型参考。需要注意的是：CRM产品能力成熟度模型不是表明一个产品比另一个产品好，不是比较，而是基于标准对每个产品进行独立的客观的分析。

CRM项目能力成熟度模型

从项目的角度，对具体的CRM项目，尤其是项目过程进行评估。每一个项目都有存在的理由，因为都有属于自己的目标，无论这个目标是显性还是隐性的。对于一个项目的评估，是参照一个标准，基于项目的目标对整个项目过程来进行的，尤其是整个项目的规划能力、阶段实现能力、持续优化能力等将是关键指标。

2）CMM成熟度级别定义

CMM参照SW-CMM，把CRM能力成熟度用原始级、可重复级、已定义级、可管理级和优化级来区分，以求CRM应用企业、CRM软件公司、CRM项目重视对CRM能力成熟度评估，加强关键活动领域的关键活动的质量控制。

通过CMM评估模型，促使CRM涉及到的企业现有管理能力评估、CRM系统的需求分析、CRM软件的质量考察、CRM软件供应商的产品管理、CRM实施服务和管理咨询的支持、企业内部对CRM项目的全面管理、企业和CRM供应商合作成立的项目组织的责任分工等众多活动严格按照计划进行，促使项目成员能够按照CRM实施步骤预料的实施结果与计划的吻合程度，促进企业针对能力标准进行持续的过程改进，提升CRM能力质量，促进企业管理模式的更新，使企业能够按时、按预算、按效果地完成CRM管理工程。

提出CMM评估模型，就是肯定CRM能力是可以通过成熟的实施过程、可验证的努力而得到预期的实施效果，而且可以对过程质量控制的深浅不同对CRM能力进行分级评估。

CRM能力成熟度模型主要用来评估CRM应用企业、CRM系统商和CRM咨询公司的CRM能力和改进CRM能力的管理方法，目的是帮助各方对CRM的关键活动进行管理和质量改进。企业的CRM能力成熟度模型同样可以把CRM过程的成熟等级划分为初始级、可重复级、已定义级、可管理级和优化级，从而为企业从单项CRM功能扩散到综合性的CRM功能提供了改进的路径，也为企业CRM部署的控制提供了标准和质量控制点。这种评估模式不是武断地定义一个企业的CRM是成功的还是失败的，而是基于不同的阶段对不同的侧重点进行详细的评估，其评估结果可以比较公正地表现出一个企业的CRM状态。

3）CMM模型指标方法

能力存在一个由低到高的提升过程，CRM能力也是这样。评估CRM能力成熟度先根据三个层次来进行，即：企业CRM能力、CRM产品能力、CRM项目能力。每一个层次包括不同的领域和业务，也就对应着不同的标准和考核指标。在每一个层次中，有关键指标；围绕关键指标，又有相应的具体流程和活动，能力评估就是根据这些关键指标和相应流程合活动的情况合状态来进行的。在CRM能力成熟度模型中，会有对每个层次的不同级别的关键指标和标准流程和活动有详细的定义和描述，同时会有能力不足的措施说明等。

能力成熟度评估主要依据目前的能力状态是否达到规定的要求而进行划

分，能力不达标则能力成熟度低，反之则高。因此，CMM 评估模型对 CRM 能力成熟度划分等级进行分值评估，在每个层次的 CRM 能力成熟度模型中有详细的关键指标，还有详细的标准流程和活动指标，对于每一个指标的目前能力状态，比如分为 5 个等级，采取 5 分制，基本没有的为 0，有很少的为 1，有一部分的为 2，依此类推，从 1 ～ 5 来评估当前能力，再根据指标的等级和关键程度可以设置权重，最后再计算总分。最后，针对所有的关键指标或者所有的标准指标的累计分数对整个 CRM 能力成熟度进行总分评定。

CRM 能力成熟度模型的分值评估结果，分 2 种形式表现，一种是直接的图表形式，一种是带有详细指标评测表和指标点评的评估报告。其中，直接图表形式就是通过雷达图的形式表现出来，每一个指标就是一个雷达支线，将会标明当前的能力成熟度评估图，同时也会标明能力成熟度标准图以及规划改进的能力成熟度前景图，当然也可以再增加同行业内最佳实践的能力成熟度标杆图，甚至是竞争对手的能力成熟度评估图，从而给出一个完整的全面的 CRM 能力成熟度评估图。

CRM 能力成熟度评估将采取调查、调研、访谈、效果跟踪等方法进行，而基于 CRM 能力成熟度评估模型详细的访谈调查表格和测评系统将成为主要工具。对于一个具体的评估项目，最终的 CRM 能力成熟度评估将形成一个能力成熟度评估报告，这个报告包括 CRM 能力成熟度评估图表和文字报告，将对当前能力状态、最佳实践、优化建议和前景规划等给出详细的描述，尤为重要的是该报告不是固定的，而是动态的，将会持续跟踪评估。

本书中所发布的是围绕系统评估方面的 CMM 评估模型体系中的 CRM 系统商成熟度模型，读者可以通过联系汉拓科技来免费获得其他两个模型的详细指标描述和免费的详细评测报告，以形成完整的 CMM 体系认识。

16.2 评估模型指标

对 CRM 系统商的评估是基于 512 个标准进行的（其中 234 个业务功能标准，30 个业务成熟度标准，30 个模型与方法论标准，62 个技术特点标准，64 个实施能力标准，39 个用户支持标准，33 个扩展性与灵活性标准，30 个交付应用标准）。对于每个标准都制订了测评的评分标准。这 512 个测评标准直接来源于汉拓科技对于市场的研究和调查及项目的实践。

需要说明的是，虽然构建了这样一个复杂的 CMM 体系，但对于软件特定的功能、技术特点、用户友好、用户支持等问题还是存在一定的主观因素，系统商通过不同的方法来解决业务需求。汉拓科技希望通过坚持 CMM 体系中的这 512 个选择标准，从而能够保持中立性和客观性。

在下面章节中对八个大类的指标进行概要介绍。

16.2.1　业务功能

1)　客户管理

- 联系人管理
- 客户管理
- 客户细分

2)　销售管理

- 销售管理
- 订单管理

3)　时间管理

4)　客户接触中心

- 客户接触中心
- 客户服务
- 电话营销 / 销售
- 知识管理

5)　服务管理

- 现场服务
- 项目管理

6)　营销管理

- 市场营销
- 线索管理

7) **企业门户管理**

- 合作伙伴关系管理（PRM）
- 员工关系管理（ERM）

8) **智能分析**

9) **电子商务**

10) **供应链管理（SCM）**

16.2.2 业务成熟度

1) 标准解决方案
2) 行业解决方案
3) 功能复杂度
4) 业务复杂度
5) 业务连贯性
6) 成熟的业务模式
7) 内置业务流程模板
8) 用户业务接受度

16.2.3 模型与方法论

1) 系统模型效能
2) 模型可靠性
3) 模型开放性
4) 方法论
5) 集团实施模式
6) 可复制能力
7) 可执行能力
8) 风险预估体系

16.2.4 技术特点

1) 工作流
2) 结构连续性
3) 架构兼容性
4) 网络兼容性
5) 技术要求
6) 开发语言
7) 支持数据库
8) 安全功能

16.2.5 实施能力

1) 集成
2) 实施团队
3) 合作伙伴
4) 时间和费用
5) 配置
6) 客户化
7) 数据转换
8) 效果评估体系

16.2.6 用户支持

1) 文档
2) 帮助功能
3) 国际化
4) 部署
5) 培训
6) 支持
7) 产品升级
8) 问题知识库

16.2.7 扩展性与灵活性

1) 二次开发
2) 用户可扩展性
3) 应用集成性能
4) 源代码开放
5) 界面友好性
6) 应用模式多元化
7) 无线与移动应用
8) 适用性与灵活性

16.2.8 交付应用

1) 用户数
2) 供应商规模
3) 版本
4) 支持语言
5) 总体拥有成本
6) 持续应用
7) 用户评价
8) 成功案例

16.3 具体应用方法

1) CMM 指标层次

CMM 体系包括三个层次的指标,其中分为一级指标、二级指标和三级指标。

其中，CMM 系统商指标包括 8 个大类为一级指标，每个大类有 8 个小类总共 64 个小类为二级指标，另外在 64 个二级指标下细分为 512 个详细指标，为三级指标。

CMM 评估时，对于每一级指标都可以通过雷达图来展现评估结果，同时在对详细指标评估时会进行详细点评以形成评估报告。

CMM 一级指标

一级指标图如下：

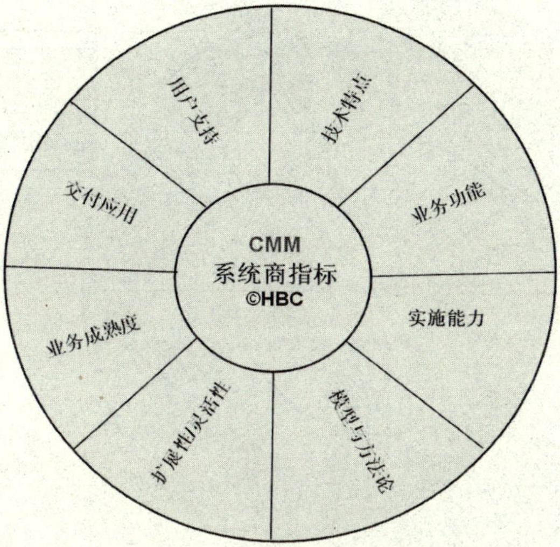

图 16.3.1 CMM 一级指标

CMM 二级指标

二级指标图如下：

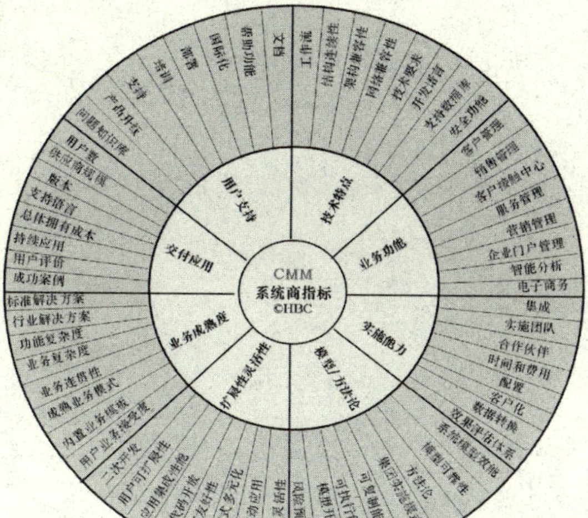

图 16.3.2 CMM 二级指标

CMM 三级指标

三级指标描述

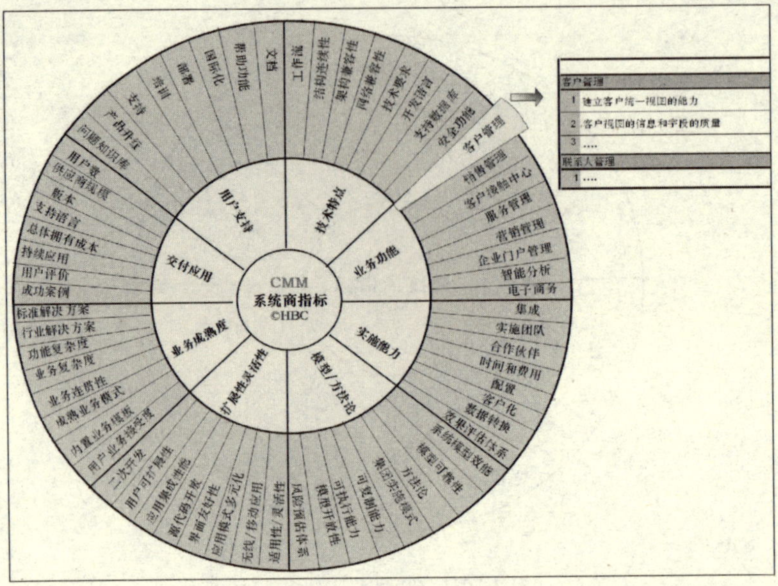

图 16.3.3 CMM 三级指标

CMM 雷达图

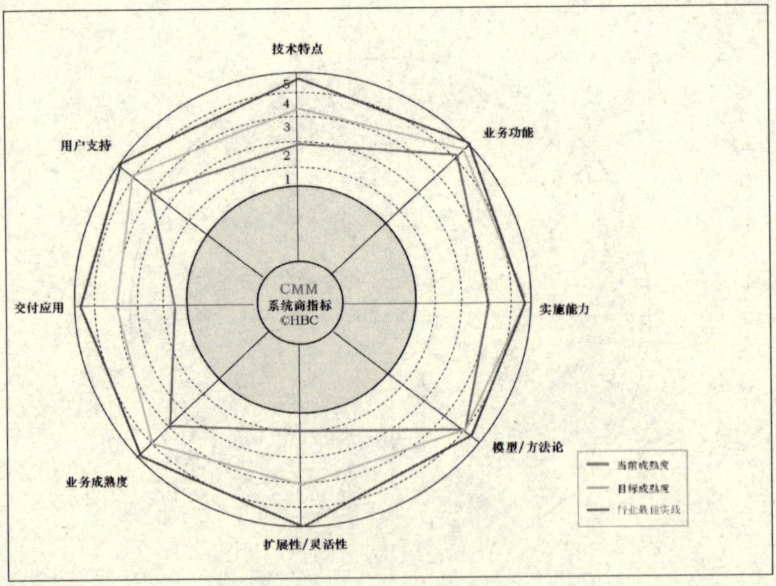

图 16.3.4 CMM 雷达图

CMM 详细评估报告

标准版评估报告

·MySAP 评估

·概述

MySAP 是一个集成的解决方案产品，包含了企业范围的客户关系管理解决方案。MySAP4.0 由包含以下模块：客户交互中心（呼叫中心）、移动销售、（销售管理、日程、联系人和客户管理、市场营销）、现场服务（订单录入、客户服务）和电子销售（电子商务）。产品具有联系人、客户、销售、时间、线索、知识、项目、员工关系管理和供应链管理功能，同时还有客户接触中心、客户服务、现场服务、电话营销、营销、PRM、业务分析和电子商务的功能。

MySAP可以运行在MS-Windows98/2000、MS-WindowsNT、Linux、Uinx和MS-WindowsXP,支持Palm Pilot、MS-Pocket PC 和 iPAQ。支持的数据库包括Oracle、MSSQL、DB2、 Sybase、Informix 和 SAP databases。提供的安全结构包括MTS和SAP所有权安全协议（proprietary security protocols (SNIC)）和Kerboros。

SAP 定位于垂直产业的大型企业和公共机构，比如制造、服务、消费品、高科技和公共服务。

（略）……

·联系人管理

联系人管理	强
联系人概况	联系人概况通过列表格式显示，每个字段都有 picklist 查询列表。可以跟踪职业和个人信息，比如姓名、类型、敬称、职位、昵称、婚姻状况、生日、语言、业务合作伙伴（客户）、部门、职责、地位、权利、地址、电子邮件、电话号码、性别、行业和分裂。从联系人概况的电子邮件和网址处直接进行访问。包括联系人菜单的特定选项，地址、搜索、活动、沟通、联系时间、分类、销售团队以及其他内容。能够和 MS-OutLook 进行配置， MS-OutLook 中的联系人信息自动转移到联系人概况的对应字段。
组织结构图	察看业务合作伙伴（客户）的树形结构层级图，可以用图标来代表每个列表中组织中的组织（比如房子）和人（头像），组织结构中的元素包含超级链接，选中后可以显示联系人的整体概况。企业的部门也可以通过树形的层级结构图显示。
联系历史记录	通过活动和沟通的菜单选项可以访问联系人历史记录。活动通过类型、状态、开始日期和描述列出。可以钻取联系人历史记录的详细信息，通过交互中心访问联系人历史记录。

图 16.3.5 CMM 标准版评估报告

企业版评估报告还将附带大量的具体功能对应界面和系统演示视频文档，为企业和系统商提供一个全面、详尽、丰富的沟通交流平台。

2）CMM 评估模型应用方法

CMM 评估体系是一个复杂的模型，具体应用的时候根据应用目的而应用方法也有所不同，下面将具体介绍 CMM 评估模型的应用方法。

- **选择指标范围**

在不同的模型应用环境下，由于选用的目的不同、关注因素不同、外部环境不同，因此是可以选择不同的指标范围，确定此次评测选用的一级指标、二级指标和三级指标。

CMM 体系中的标准并非在每一次评估中都需要用的，它实际上是一个满足大部分 CRM 评估的标准的合集。所以应用者首先要自己或者借助评估顾问来选择 CMM 指标范围，确定哪些指标参与此次评估。

- **设置权重与分值**

由于评测的结果以雷达图的五分制展现，或者以选型评分表的百分制展示，因此需要对评估指标设置权重比与分值：大类权重，大类分数值，小类权重，小类分数值

设置一级指标的权重，一级指标的分数值，如果是百分制的评分表则一级指标的分数值汇总为评测总分值；如果是五分制的雷达图则一级指标的分数值转化为五分制，以下类推。

该大类的一级指标的分数值，按该大类的二级指标分解到二级指标的分数值，作为二级指标的百分制或五分制的分值。

二级指标的分数值，按该小类的三级详细指标分解到三级指标的分数值。

特别指出的是：如果需要，可以设置二级指标的权重进行二级指标的重要程度调整。

- **生成评测表格**

根据评估分数值形成CMM评估表，为电子表格形式，带有指标编号和权重、分值，后面为实际评测分数和备注，可以作为单独的厂商系统评测，也可以作为横向的多家厂商系统的水平评测。当横向的多家系统商评测时实际评测分数栏为多家系统商评测分数。

百分制的评分表直接累加形成总评测分结果；五分制的雷达图需要转换为五分制，形成不同层次的雷达图。

文件(F) 编辑(E) 视图(V) 插入(I) 格式(O) 工具(T) 数据(D) 窗口(W) 帮助(H) Adobe PDF

	A	B	C	D	E	F	G	H
1								
2				CMM系统商评估表				
3								
4	编号			评估指标	分值	权值	评估得分	
5							vendor	
6	1.			业务功能	800	50%		
7	1.	1.		客户管理	100			
8	1.	1.	1	建立联系人概况的能力	5			
9	1.	1.	2	定位特定的联系人并查看详细信息	5			
10	1.	1.	3	通过图标或阴影标明联系人对公司或销售机会的影响级别	5			
11	1.	1.	4	每个客户对应多个联系人的能力	5			
12	1.	1.	5	基于联系人查看历史活动记录的能力	5			
13	1.	1.	6	建立并访问组织/区域的结构图的能力	5			
14	1.	1.	7	…				
15								

图 16.3.6 CMM 评测表格

评估生成详细评测报告

在进行具体指标评估打分的同时，需要基于指标标准对每一个详细指标进行具体实现的点评，同时在汇总生成的评测报告中可能会对指标外的比较重要的因素进行追加点评。

在企业版报告中，会增加具体指标的编号对应的功能界面截屏，同时增加二级指标和三级指标对应的功能操作演示视频，以更加形象的方式进行描述和对比。

3） 适应情景

CMM 评估体系可以有效地应用于 CRM 方面的各项工作，其中比较成熟的应用有以下方面：

——系统商购买指南评测

——企业系统选型咨询

——系统商产品研发参照体系

——企业项目研发参照体系

——大型项目审计

摘要

CMM体系对于系统的评估是基于512个标准进行的（其中234个业务功能标准，30个业务成熟度标准，30个模型与方法论标准，62个技术特点标准，64个实施能力标准，39个用户支持标准，33个扩展性与灵活性标准，30个交付应用标准）。这512个测评标准源于汉拓科技对于市场的长期研究和调查及丰富的项目的实践。

思考

16.1　评估标准从几个角度进行CRM的评估？

16.2　为什么要进行CRM系统评估？

16.3　试着用这些标准评估你接触过的系统。

16.4　你认为还有哪些标准应该用于系统评估？

17 主流CRM解决方案

目标：在读完本节后，您应该能够——

了解主流CRM供应商；

了解主流CRM供应商的解决方案；

能够进行横向对比CRM系统。

导言

CRM系统作为企业实现CRM策略和流程的工具，一直作为企业信息化工程的核心部分。现在企业越来越清晰地认识到CRM系统是企业实现CRM的核心工具，而在CRM系统选择上又是各有千秋，没有最好的，只有最适合企业的。汉拓科技在建立评估模型体系的同时，挑选了6家系统商作为CRM系统的标杆，即“6S”：Siebel、SAP、Saleslogix、MSCRM、Sage CRM、SalesForce，同时选择了商业开源CRM系统SugarCRM作为附加的“1S”，无论是企业选择还是系统商交流，该“6+1S”基本上可以代表全部CRM系统的特点和趋势。

17.1 Siebel解决方案

1) 简介

Siebel是全面的模块化的企业CRM解决方案。Siebel 7.8提供联系人管理、客户管理、销售管理、时间管理、客户接触中心、客户服务、现场服务、电话营销/销售、市场营销、线索管理、PRM、业务分析、知识管理、电子业务、项目管理、实时功能、员工关系管理等方面全面的功能。

Siebel是基于web的应用软件，带有高交互、零安装的HTML客户端。可以在连接和非连接的MS-Windows 98/2000、MS-Windows ME、MS-Windows XP和MS-Windows NT上运行。N层结构使得程序可以部署在不同的配置上，包括客户端/服务器结构和手持设备。服务器支持包括Oracle、MS-SQL Server、Informix、Sybase和IBM的关系数据库。

Siebel包括以下重要模块和一些特定的模块：Siebel Sales、Siebel Call

center and service、Siebel Field Service、Siebel Marketing、Siebel PRM、Siebel ERM、Siebel Analytic、Siebel Real Time Decision、Siebel Wireless 和 Siebel Order Management。Siebel 有以下针对行业的应用软件：汽车行业、通信和媒体、联合制造、消费品、能源、金融服务、高科技、保险和健康服务、生命科学、专业服务和运输行业。

Siebel CRM 应用软件的实施可以由 Siebel 的顾问或有 Siebel 7+ 认证的联盟合作伙伴完成。使用 Siebel 工具可以增加特定的业务功能和用户定义字段。系统管理员在属性窗口选择字段的类型，并输入字段名称和设置字段的字符长度。Siebel 提供 WYS/WYG 进行窗体编辑，用户可以通过 WYS/WYG 编辑器进行点击修改字段、字段属性以及显示特征等操作。使用 Siebel 工具中的业务流程管理功能，可以集成、内建工作流工具。用户可以使用图形界面在工作流程图中建立工作流并使用流程设计功能将他们与用户事件关联或在离线时按计划运行。Siebel Data Mapper 可以从外部应用软件导入 CVS 或 XML 文件的数据，如需记录之前的字段映射和关系可以通过 Siebel Data Mapper 设置。

Siebel 为众多行业的大公司实施了软件。比如金融、航空、电信和制造等。使用阶段化的实施方法实施多种 CRM 产品，实施阶段从三个月到一年不等。当前版本为 Siebel8.1。

2) 系统介绍

营销管理首页

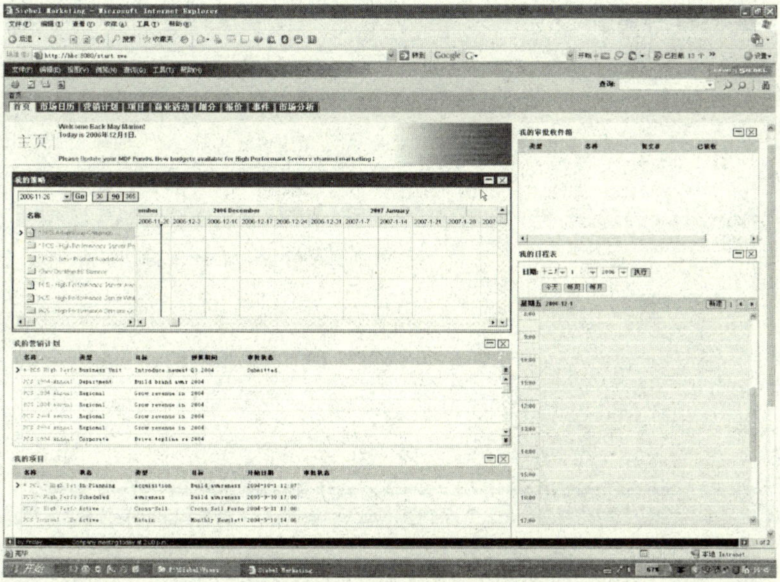

图 17.1.1　Siebel 营销管理

销售管理首页

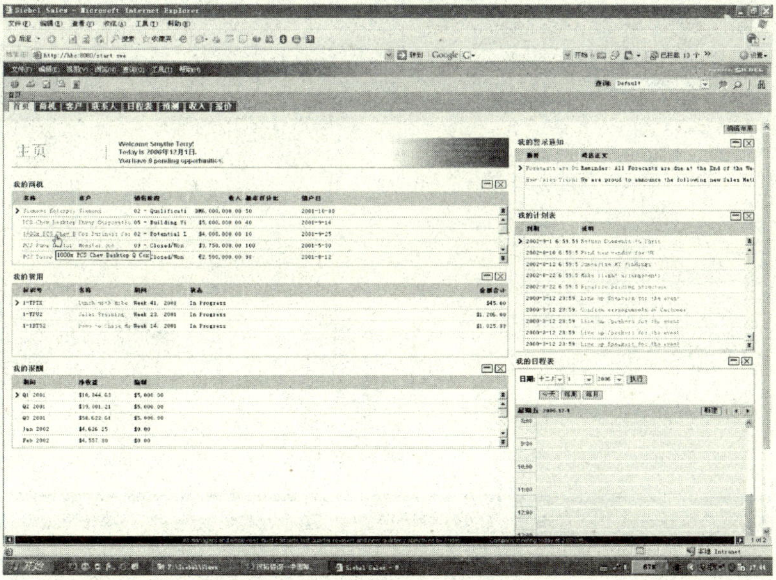

图 17.1.2　Siebel 销售管理

客户管理首页

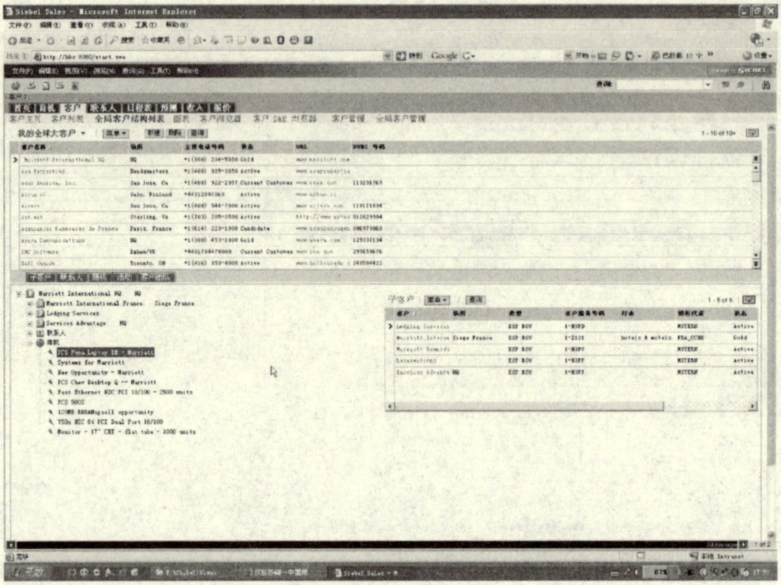

图 17.1.3　Siebel 客户管理

服务管理首页

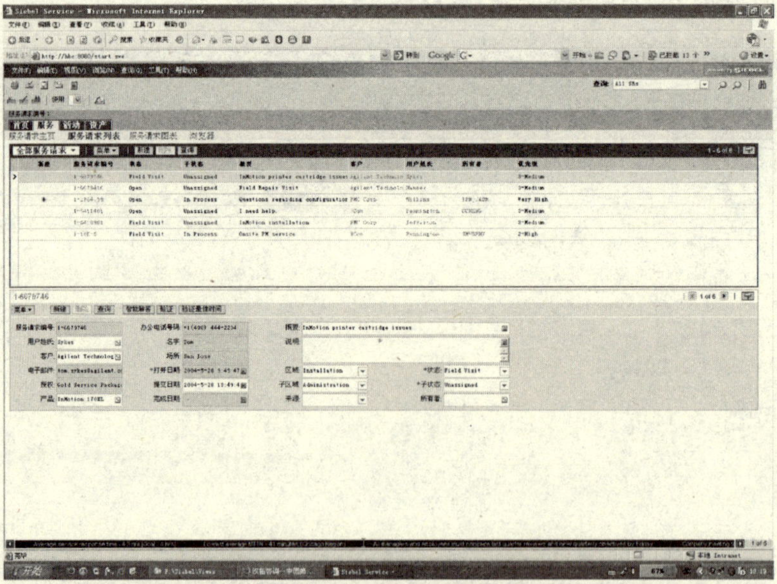

图 17.1.4　Siebel 服务管理

伙伴管理首页

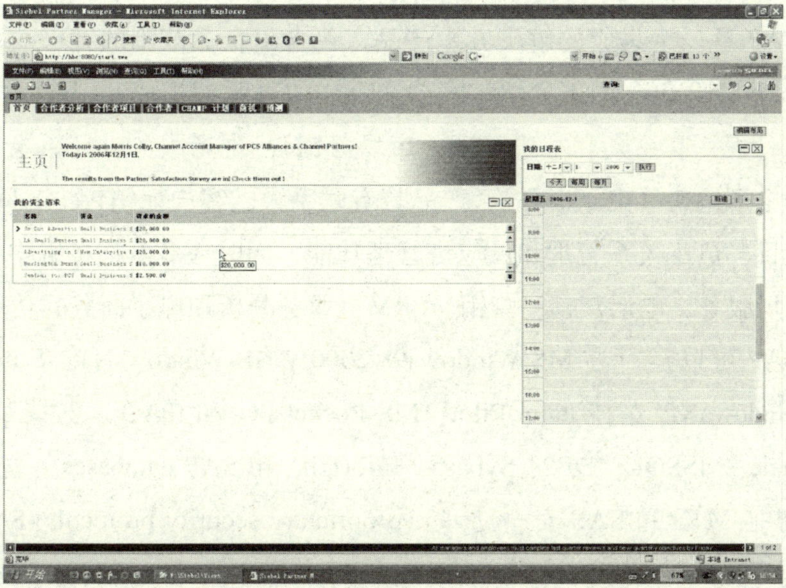

图 17.1.5　Siebel 伙伴管理

呼叫中心管理首页

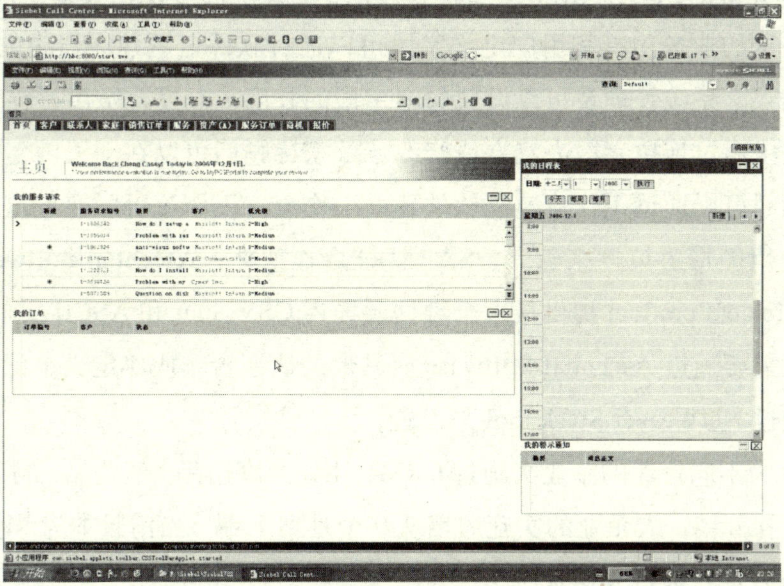

图 17.1.6　Siebel 呼叫中心管理

17.2 SAP 解决方案

1) 简介

MySAP 是一个集成的解决方案产品，包含了企业范围的客户关系管理解决方案。MySAP 包含以下模块：客户交互中心（呼叫中心）、移动销售、（销售管理、日程、联系人和客户管理、市场营销）、现场服务（订单录入、客户服务）和电子销售（电子商务）。产品具有联系人、客户、销售、时间、线索、知识、项目、员工关系管理和供应链管理功能，同时还有客户接触中心、客户服务、现场服务、电话营销、营销、PRM、业务分析和电子商务的功能。

MySAP 可以运行在 MS-Windows98/2000、MS-WindowsNT、Linux、Uinx 和 MS-WindowsXP, 支持 Palm Pilot、MS-Pocket PC 和 iPAQ。支持的数据库包括 Oracle、MSSQL、DB2、Sybase、Informix 和 SAP databases。提供的安全结构包括 MTS 和 SAP 安全协议（proprietary security protocols (SNIC)）和 Kerboros。

SAP 定位为垂直产业的大型企业和公共机构，比如制造、服务、消费品、高科技和公共服务。

MySAP 的实施可以由 SAP 的内部顾问完成，也可以由 SAP 的合作伙伴完成。特定的业务功能和用户定义字段可以通过软件蓝图建立器中的 CRM 设计模块加入。系统管理员可以设置每个字段的长度、高度、宽度，窗体可以在设计模块中通过拖拉字段来建立或修改。厂家称顾问可以在一天内建立工作流流程。顾问可以通过工作流建立软件建立工作流。工作流可以通过定义工作流步骤和使用图形决策树来建立。SAP 认证合作伙伴、Ascential Software 或 the SAP BWTealeaf product 提供从多个数据源导入 CSV、Flat 和 ASCII 文件的功能。字段映射需要通过 Ascential Software 或其他的认证合作伙伴定义。记录间的关系必须通过 NetWeaver Stack tool 来设置。

SAP 为不同行业的企业实施过 CRM，比如家庭用品、消费品、制造、汽车、图书出版和分销。大企业的实施周期从 9 个月到 1 年。当前版本为 MySAP5.0。

- **全方位获取持久信息**

MySAP CRM 交互中心可以使您通过任何方式（电话、传真、E-mail 或网站）

与您的客户保持联系。你可以通过移动设备如便携式电脑、手机和PAD使用MySAP CRM。

而且，MySAP CRM给您的员工提供各方面途径获取市场数据、分析数据以及应用程序等。因此销售、营销、客户服务和管理的员工可获取他们需要的信息来建立客户关系。

● **可操作、可分析、可协作的CRM**

可操作的CRM管理客户交互，并在销售、营销、服务过程中与客户交互保持同步。可分析的CRM帮助您优化信息来源以便您更好地了解客户动向。可协作的CRM让您协同供应商、合作伙伴和客户一起合作来完善生产过程、满足客户需求。

● **最深入的针对特定行业的、以客户为中心的、端到端的流程**

市场驱动开发的SAP给各个行业带来最大收益的业务流程都是和该行业业界领先的客户共同开发的。只有MySAP CRM发布了280个独一无二的端到端的业务流程 。MySAP CRM的业务流程不仅局限于前台，同时也无缝集成了横跨供应链、财务、人力资源等系统的任务灵活的实施选项，加速了价值的体现。

最佳业务实践(Best Practices)使MySAP CRM适合各种规模的企业。SAP能够衡量并提供CRM解决方案给所有规模的公司，无论是企业、分公司或是部门，级别模块化的、面向流程设计的MySAP CRM使得我们的用户能够优先关注战略优先事务，最快达成结果，并一步步地拓展他们的解决方案——在前进的每一步都实现可观的投资回报率。 SAP解决方案管理器(SAP Solution Manager)帮助更快地实现价值，帮助加快实施时间并为实际运行提供无与伦比的支持能力。

● **基于Netweaver的最开放、可升级的技术平台传递价值**

SAP NetWeaver带来适应性及扩展性最大程度可变的实施选项为我们的用户提供了足够的灵活性来针对他们持续变化的业务调整并扩展他们的MySAP CRM解决方案，以保护他们的投资低总体拥有成本(TCO)。CRM以及对于人员、信息与流程集成技术的一站式采购降低总体拥有成本(TCO)

2) **系统介绍**

SAP CRM 提倡可操作、可分析、可协作的 CRM，可操作的 CRM 管理客户交互，并在销售、营销、服务过程中与客户交互保持同步。可分析的 CRM 帮助您优化信息来源以便您更好地了解客户动向。可协作的 CRM 让您协同供应商、合作伙伴和客户一起合作来完善生产过程、满足客户需求。

销售管理

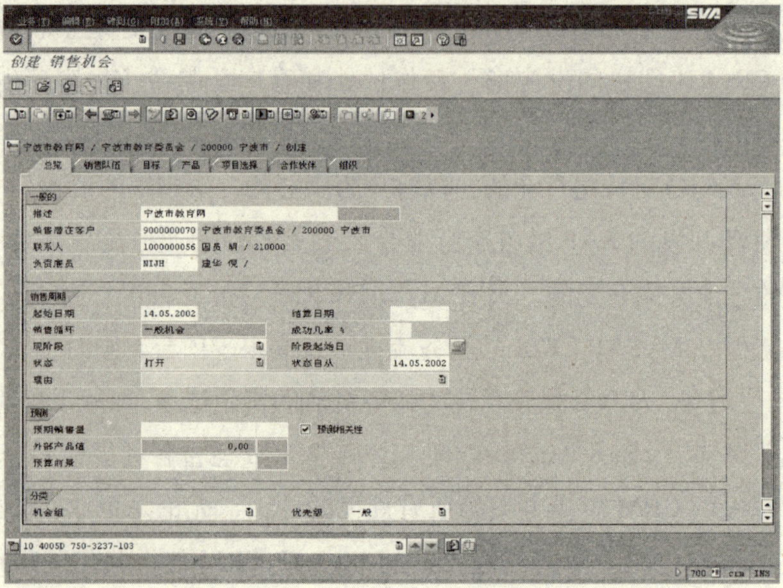

图 17.2.1 MySAP CRM 销售机会

投诉管理

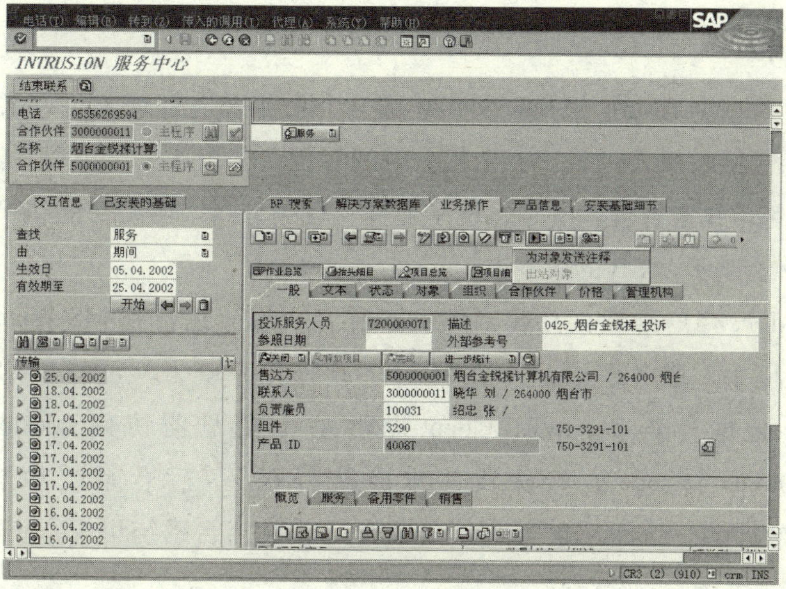

图 17.2.2　MySAP CRM 投诉管理

解决方案（知识库）管理

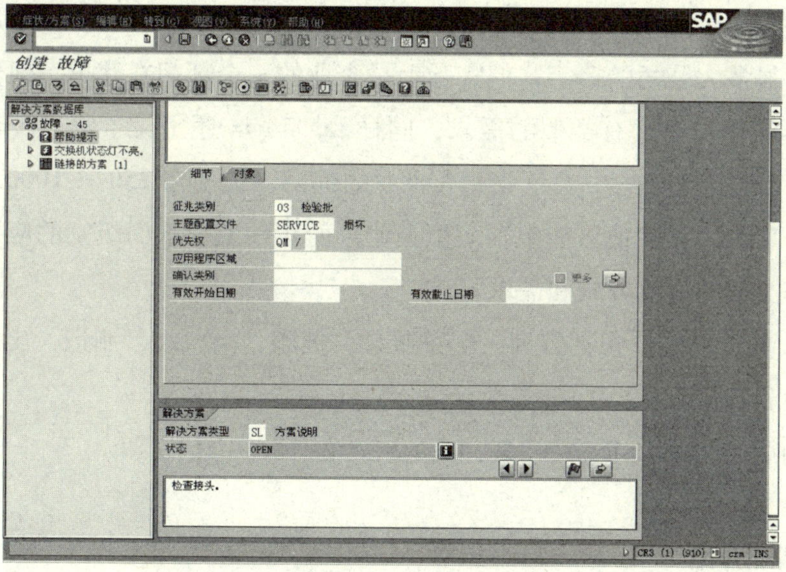

图 17.2.3　MySAP CRM 解决方案知识库

17.3 Saleslogix 解决方案

1) 简介

来自 Sage software 的 Saleslogix6 是一个企业客户管理解决方案的套件，主要功能包括联系人、客户、销售、时间管理、客户服务、市场营销、电话营销 / 销售、线索管理、PRM、电子业务、业务分析、实时功能和项目管理。Saleslogix 有基于 WEB 的版本。

Salesloix 客户端软件（瘦客户端和胖客户端）运行在 MS-Windows2000 或 NT 环境中。服务器层运行在 MS server 操作系统上，可与 MS-SQLsever 或 Oracle 数据库连接。WEB Client 提供基于浏览器访问 saleslogix 的功能。Saleslogix 与 sage 的姐妹软件集成获得财务 / 后台系统功能，例如 MAS90/200/500。Saleslogix 还可以与 SAP 之类的后台系统集成，使用附加软件可以实现手持设备的访问。

Saleslogix6 同时提供 Remote 模式，提供远程分步式的离线操作，包括远程办公室（分公司服务器）和远程用户，可以通过多种网络方式进行双向同步。

Saleslogix6 产品线致力于中等企业市场。Saleslogix 定位于年收入在 1000 万到 2.5 亿的中小企业市场和大型企业的分支机构，大概为 5 到 75 个用户。这其中包括很多大公司的名字，但实际上是企业的一个部门在使用，他们和中小企业一样运作，而且有类似的需求。同样 saleslogix 还定义了第二个市场，年收入在 2.5 亿到 5 亿的中型企业和大企业的部门，员工在 250 ~ 1000，使用大概 200 个用户。其中他可能包括大型企业，而实际上是部门级别的应用，与中型企业有类似的运营方式和需求。

Sage 软件的客户包括咨询、财务服务、健康、高科技、制造、出版、房地产、服务和物流行业。

当前版本为 Saleslogix v7.5。

2) 系统介绍

SalesLogix, 拥有 5,400 多企业用户，是中小企业 CRM 解决方案的领导者。

SalesLogix 提供销售、市场、支持、电子商务等组件，通过它们企业可以更好地管理信息资料，改善客户关系。SalesLogix 提供常用的、可靠的、可定制的功能模块，销售人员可在办公室或外地使用。SalesLogix 是模块化的、可定制的和可伸缩的，并可通过电话和手持设备的无线连接与 Web 进行无缝集成，拓展前台办公系统，使销售人员随时随地都可使用 SalesLogix。SalesLogix 可以自动追踪市场活动和网站访问者，并可让企业个性化发送 e-mail、传真和资料给特殊的用户。它还可以提供功能强大的数据采集工具和线索追踪报告。企业的客户支持代表可以看到详细的用户历史记录，方便地得到各种报表并追踪每个用户的支持标准。同时还提供完整的开包即用的网店创建工具，使企业可以快速、容易地创建一个电子交易站点。并且由于它极具竞争力的价格，企业可以确保得到快速的 ROI，因此可以很快地从中真正获益。

客户仪表盘

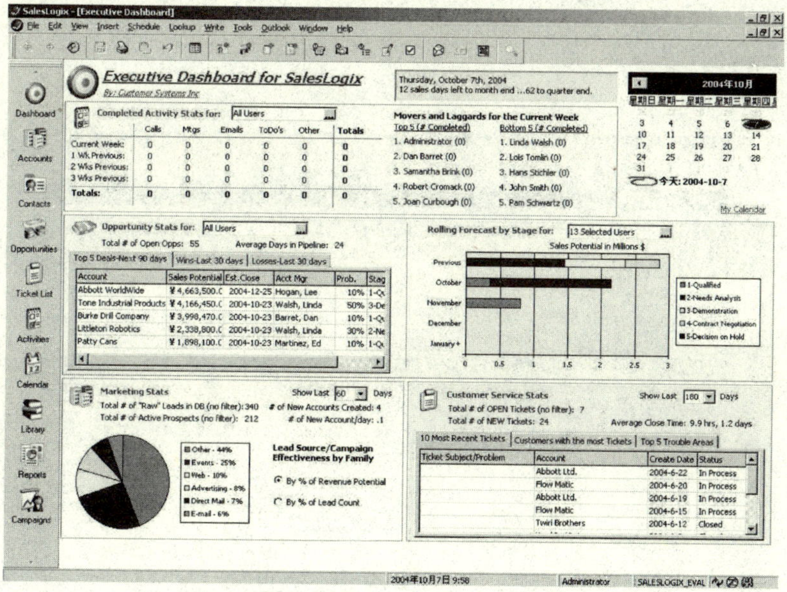

图 17.3.1　Sage Saleslogix 客户仪表盘

客户管理

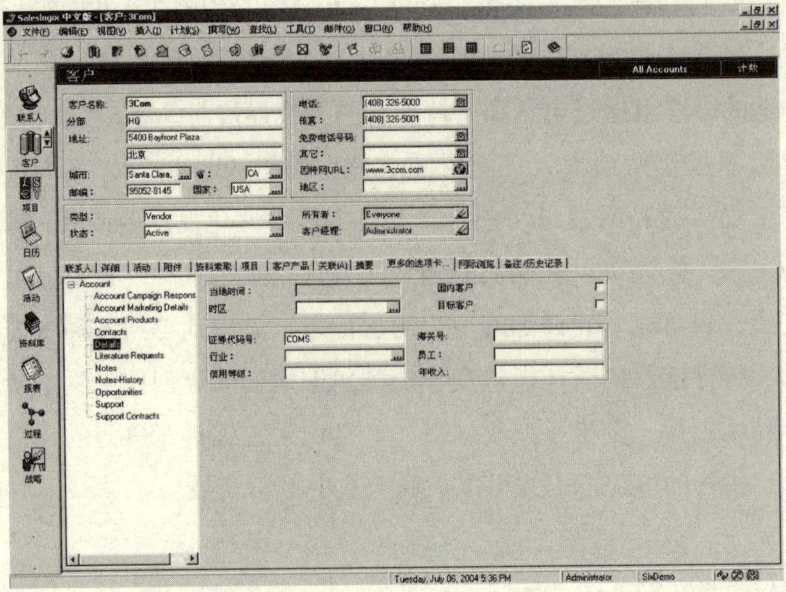

图 17.3.2　Sage Saleslogix 客户管理

销售机会管理

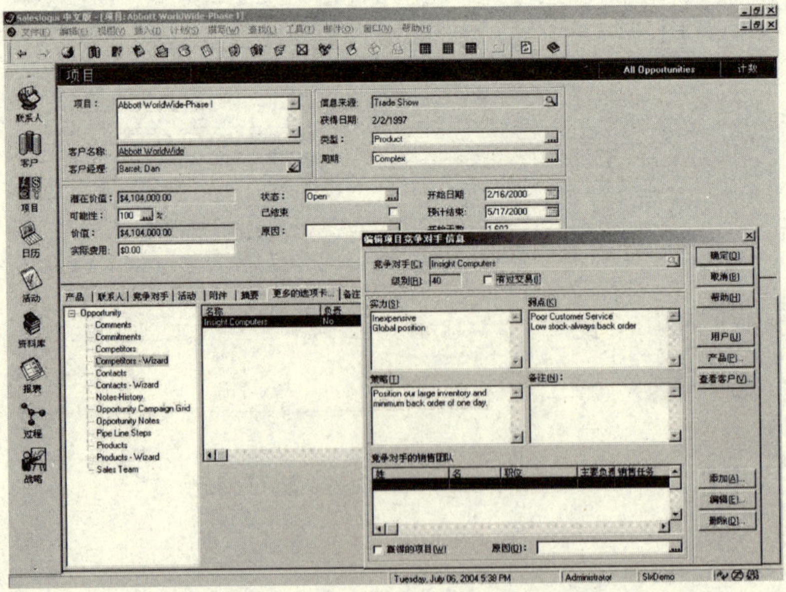

图 17.3.3　Sage Saleslogix 销售机会管理

市场活动管理

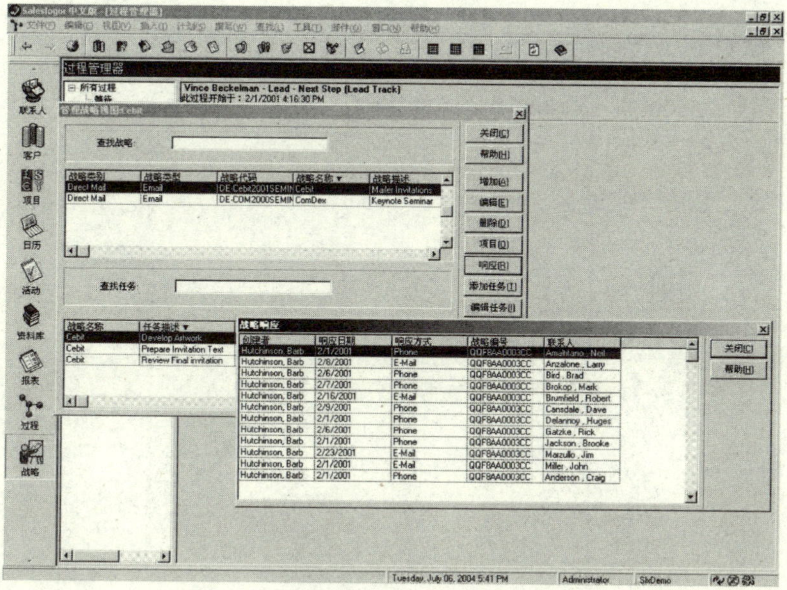

图 17.3.4　Sage Saleslogix 市场活动管理

后台管理

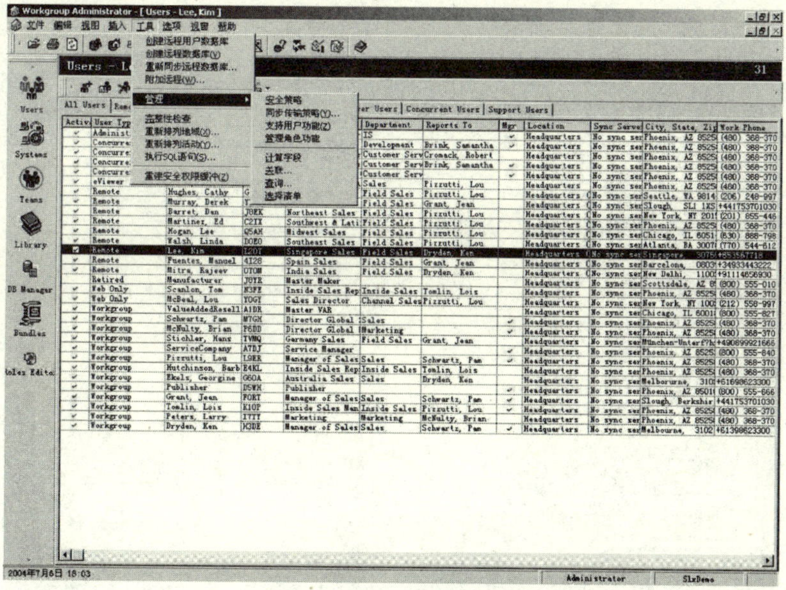

图 17.3.5　Sage Saleslogix 后台管理

视图（UI）定制

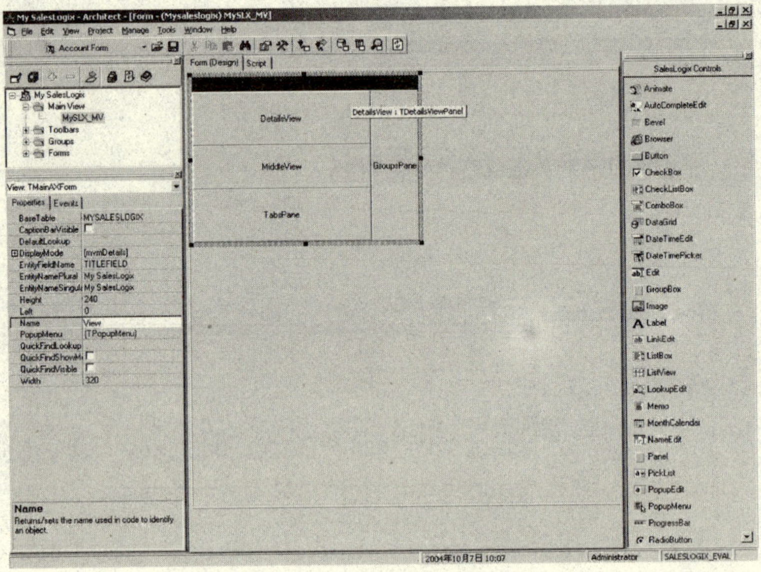

图 17.3.6　Sage Saleslogix 视图（UI）定制

编码开放与定制

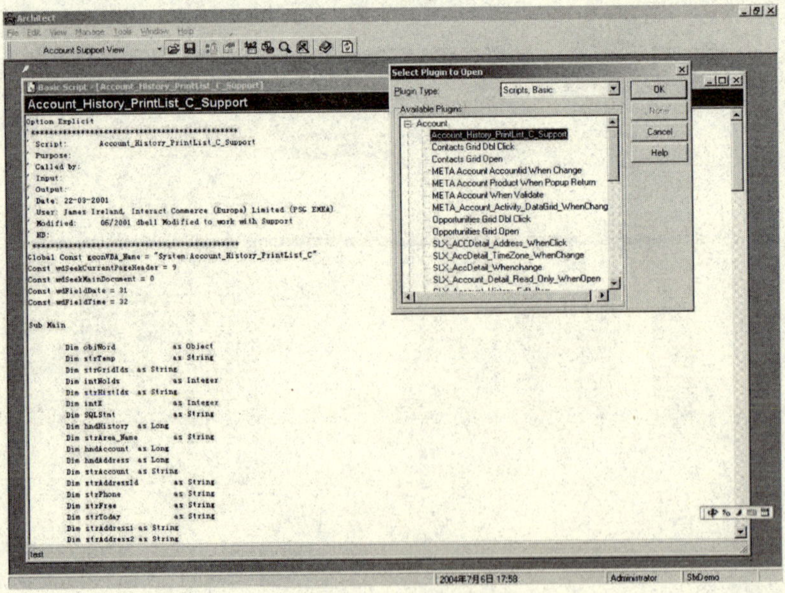

图 17.3.7　Sage Saleslogix 编码开放与定制

Web 模式

客户管理

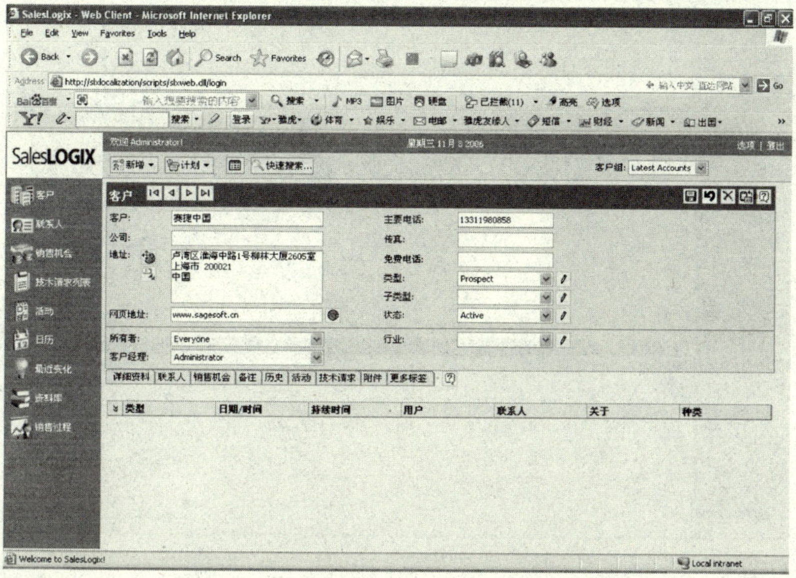

图 17.3.8　Sage Saleslogix 客户管理

销售机会

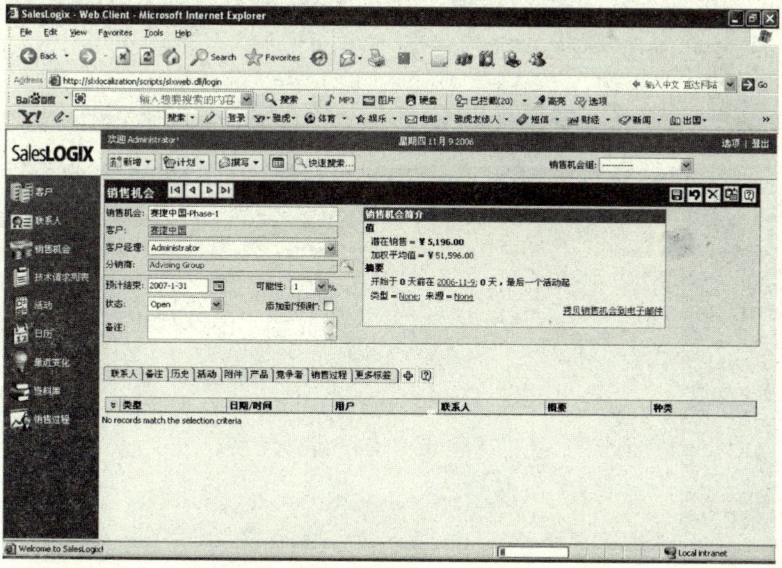

图 17.3.9　Sage Saleslogix 销售机会管理

服务请求

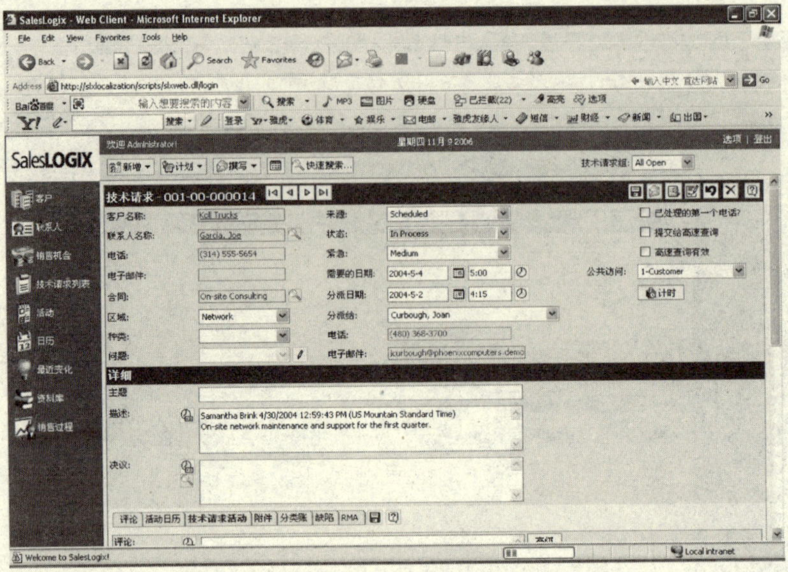

图 17.3.10　Sage Saleslogix 服务请求

参数设置

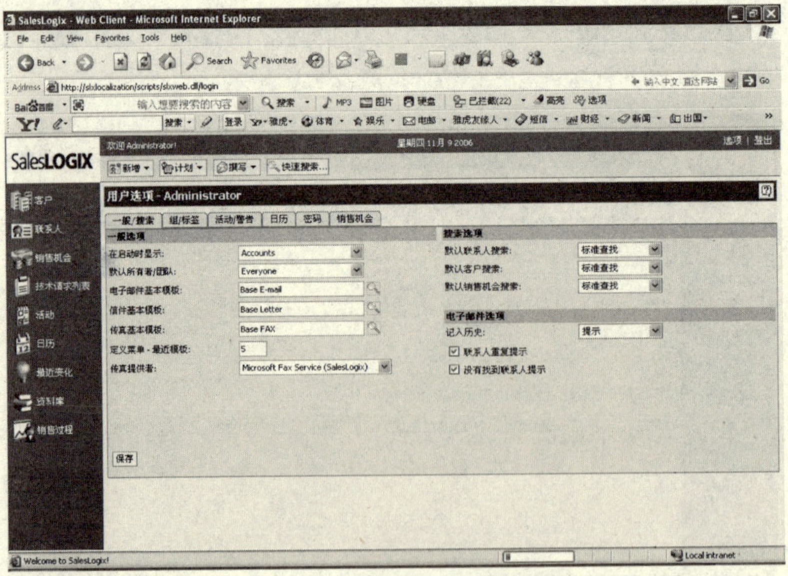

图 17.3.11　Sage Saleslogix 参数设置

17.4 MSCRM 解决方案

1) 简介

MS CRM3.0 解决方案有以下两个版本：Microsoft CRM 3.0 Professional Edition，针对大型企业应用的全面解决方案，无用户应用规模的最大数限制；Microsoft CRM 3.0 Small Business Edition 是针对中小型企业或大型企业业务部门应用的基于 SBS 平台的解决方案，在应用规模上有 75 个用户的限制。

MS CRM3.0 提供客户和联系人管理客户汇总日历、注释和附件、电子直邮、活动和任务管理、可配置的活动、搜索和高级查找、合并、打印增强功能（与 Microsoft CRM v1.2 相比）、报表、参数化报表、商机管理、潜在顾客管理、通信 / 邮件合并、区域管理、Microsoft CRM Client for Outlook（两个版本：联机版本和脱机版本）、配额、报价单、订单和发票、服务的报价单、订单和发票、工作流程、产品目录、竞争对手跟踪、销售宣传资料、市场活动和报表、合同、潜在顾客路由、案例管理、知识库管理、知识库增强功能（与 Microsoft CRM 1.2 相比）、活动和案例队列、电子邮件管理，包括自动响应、市场营销自动化、服务管理增强功能（与 Microsoft CRM 1.2 相比）、服务约会、工作日历、工作管理、计划通知、案例路由等全面功能。

MS CRM4.0 是基于微软 .NET 技术开发的多层应用软件。服务器运行在 MS windows 2000 server\advanced server、Microsoft Windows Server 2003 Standard Edition\ Enterprise Edition\ Web Edition。客户端分为两种 Microsoft CRM 3.0 Desktop Client for Microsoft Office Outlook 和 Microsoft CRM 3.0 Laptop 。支持的数据库包括 MS-SQLServer2000\2005。

MS CRM3.0 包括三个主要模块：销售模块、集成模块和服务模块。主要的特色功能有：名片扫描，自动识别客户名片上的信息，并在数据库中自动查找对应信息以避免重复（公司重复或联系人重复），还可以手工校正。数据移植脚本，用于把企业各种形式的数据（如 Excel/SQL/Access）导入 CRM 系统。声控软件，移动用户利用手机拨号登入 CRM 系统中，可以查阅自己的 Email / Appointment / 客户资料，直接用声音就可以查阅，系统将查到的资料以语音方式传回用户；与财务软件连接，与其他的软件集成；与思科连接，用于电话系统与 MSCRM 的连接集成，支持来电客户信息弹出；通过与第三方软件集成支持多种货币，适用的行业包括：制造业、贸易、电信、金融、顾问咨询、医药、交通运输、出版、IT 行业、房地产、服务业等。

MS CRM3.0 的实施由微软的顾问和微软合作伙伴完成，实施分为了两类：快速实施，期望用 30 个工作日快速实施，只需最低程度的自定义，无需迁移源数据或与其他应用程序集成，需要培训约十名用户；标准实施，期望用 60 个工作日进行中型到大型规模的实施，其中规划阶段需要额外时间。MS-CRM 可以对系统中的客户实体和系统实体进行定制，可以通过定义工作流规则、建立工作流触发的活动进行工作流的定制、可以使用窗体事件、字段事件等。支持 SDK 开发。报表可以编辑和定制。

当前版本为 Microsoft CRM 4.0。

2）系统介绍

客户

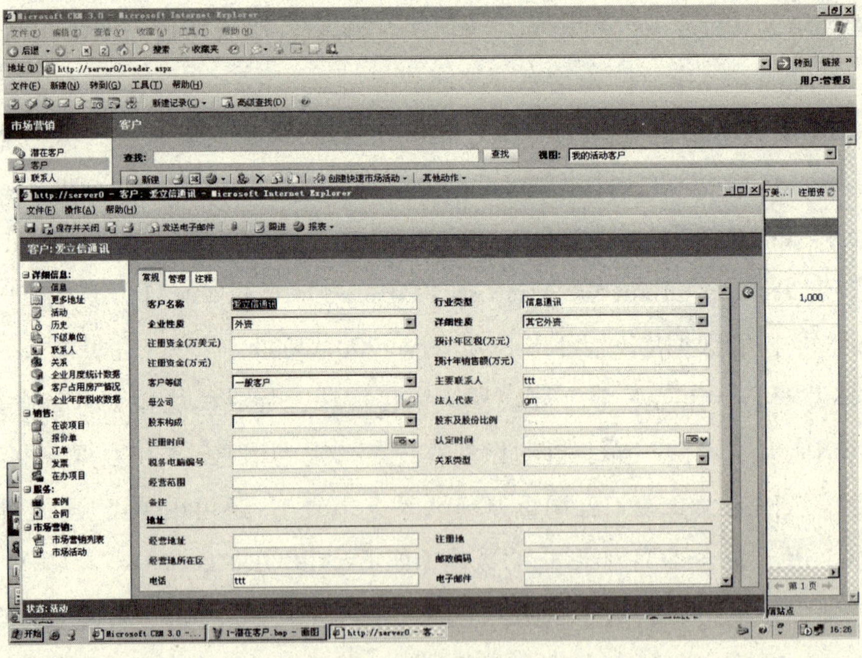

图 17.4.1　MSCRM 客户

市场活动

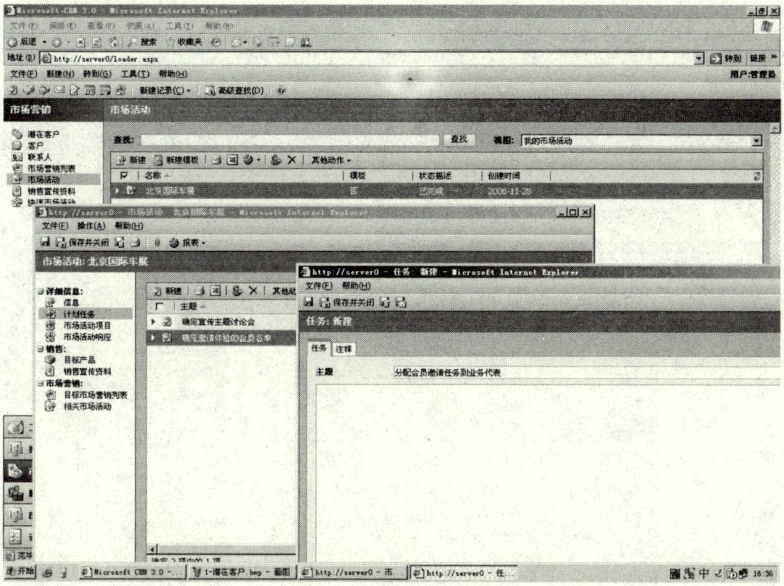

图 17.4.2　MSCRM 市场活动

销售机会

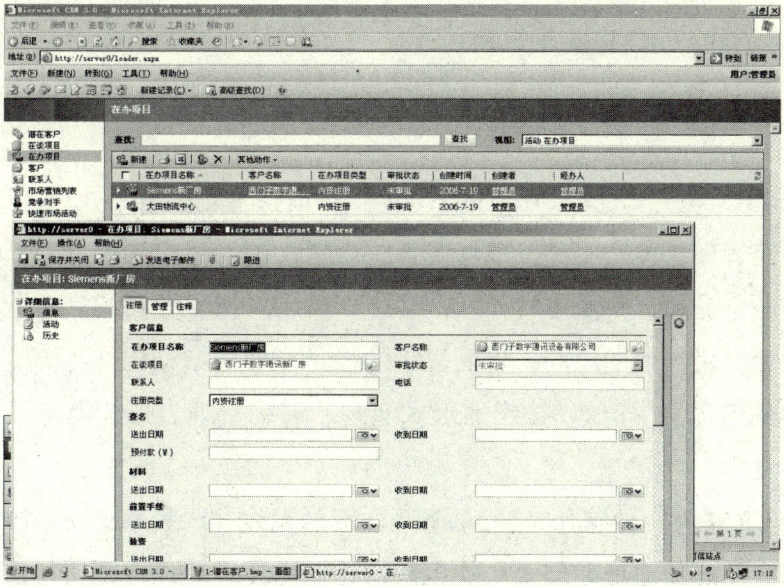

图 17.4.3　MSCRM 销售机会

服务案例

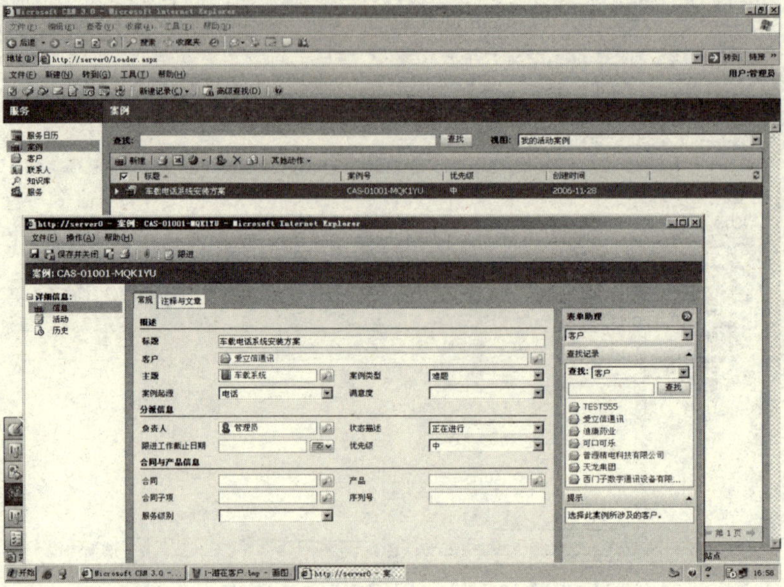

图 17.4.4 MSCRM 服务案例

17.5 Sage CRM 解决方案

1) 简介

Sage CRM 是一个基于 Web 的 CRM 应用软件。包括联系人、客户、销售、线索和时间管理、客户服务、现场服务、电话营销、客户接触中心、PRM、实时功能和业务分析。Sage CRM 产品包括 CRM100 或 CRM200。两个产品的不同之处主要是用户数的不同。界面显示的设计类似网站结构（将浏览者的屏幕分成不同的窗体）。导航以按钮的形式实现，有扁平列表形式浏览并有下拉菜单选项。

Sage CRM 为一种综合完整、基于互联网的无线客户关系管理系统（CRM），可以让用户随时随地地在整个企业范围内访问重要客户、合作伙伴及潜在客户的信息。SAGE CRM 是真正以网络及无线系统为基础的应用程序。企业仅仅只是在中心位置进行一次简单的安装，Sage CRM 即可支持整个企业机构。机构内的每个人均可通过个人电脑、PDA、平版电脑或智能手机实时访问他们所需要的关键信息，从而迅速提高生产效率、降低管理成本。

Sage CRM 可以提供全套的主机代管或现场部署选择，此即意味着企业可以完全灵活地按照自己的方式经营自己的业务。随着企业业务需要的变化，企业可以快捷而简便地转换部署环境（从主机代管部署转换到现场部署，反之亦然），而企业所有的 CRM 客户化定制及数据都会随之改变。Sage CRM 容许企业通过开放的互联网标准与传统整合技术扩充系统的功能，并与其他系统整合起来。

Sage CRM 有两个版本可供机构内部部署选择，即 Sage CRM100 及 Sage CRM200。无论企业规模大小，均可以获得价格适中、价值为本的定价。而希望在无需建立或维护自己的基础设施的情况下，快速建立系统并运行的公司也可以通过 Sagecrm.com. 的全代管 CRM 服务而更大获益。Sagecrm.com，使企业得以安全而可靠地使用最新科技，而其费用仅相当于硬件与软件的购置、及网络基础设施实施与维护所需成本的很小一部分。

Sage CRM 产品所提供的先进功能有助于在众多行业内实现有效的销售队伍自动化、营销、客户服务及呼叫中心支持，所有这些功能均可以通过一个网络浏览器或一个无线手持装置获得。通过 Sage CRM，关键的管理人员即可轻而易举地访问以客户为中心的公共信息，从而使得他们能够提供更好、更为个人化的服务，以利于培养客户忠诚度。

Sage CRM 用户完全依靠浏览器进行访问（IE5.0 或更高）。除了 CTI 集成外客户端上什么都没有。服务器运行于 windows 2000sever 和 2003sever。数据库服务器包括 MS-SQL Sever 2000、Oracle 9i/10G、IBMDB2 和 sybase 数据库。产品还可用于销售和企业应用（市场营销和客户服务）。作为外包模式使用称为 sagecrm.com。

Sage CRM 100/200 v. 5.8 定位于不同行业的小型到中型企业（SMB，包括 SOHO 公司）。但是 SAGE 有大量的高科技、财务、制造和物流行业的客户。重新设置导航、配置和个性化能力以及与 MS-OUTLOOK 集成连接了 Sage

SMB 市场的 95% 的客户。

当前版本为 Sage CRM 100/200 v. 6.2。

2) 系统介绍

系统界面

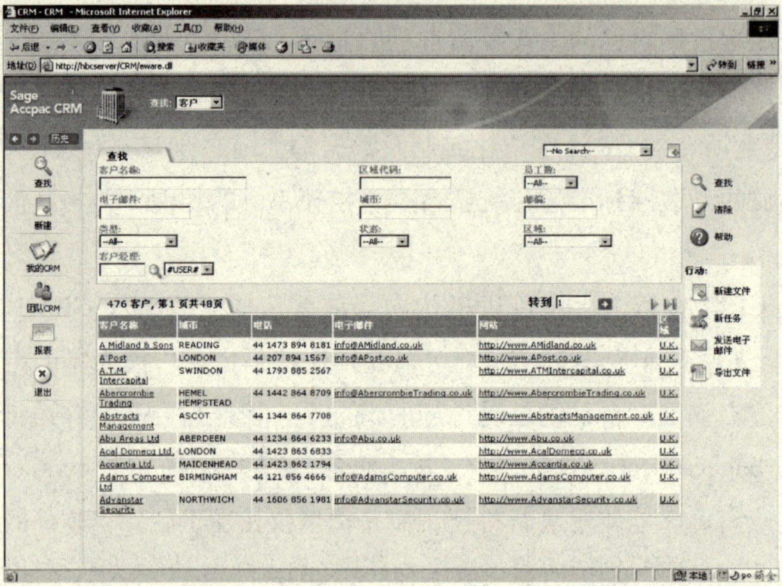

图 17.5.1 Sage CRM 系统界面

客户管理

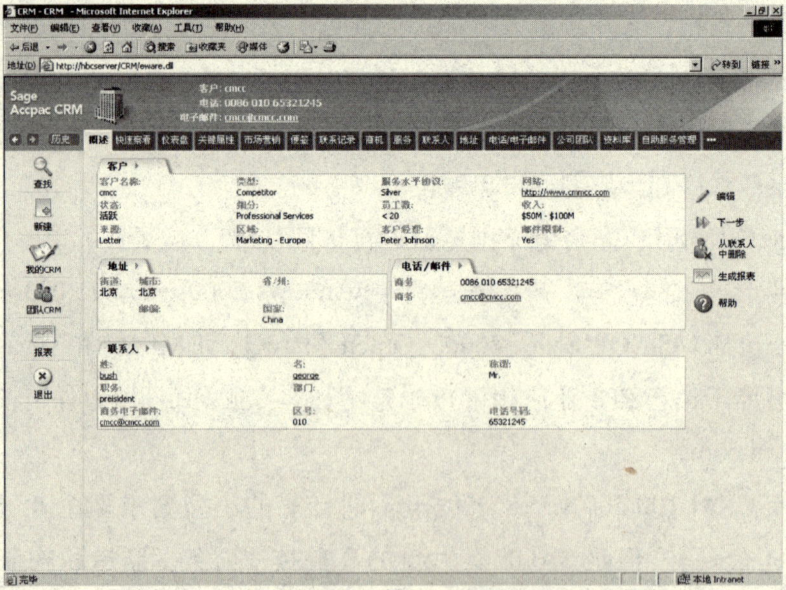

图 17.5.2 Sage CRM 客户管理

市场营销

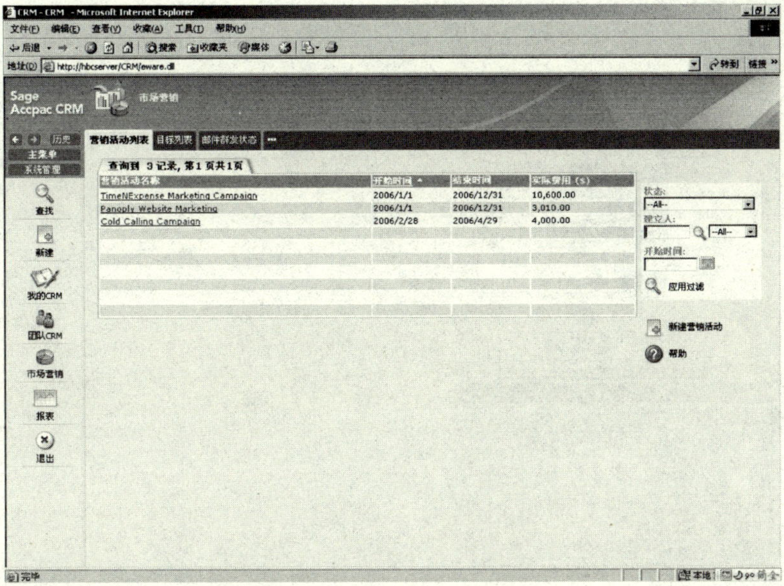

图 17.5.3　Sage CRM 市场营销

服务管理

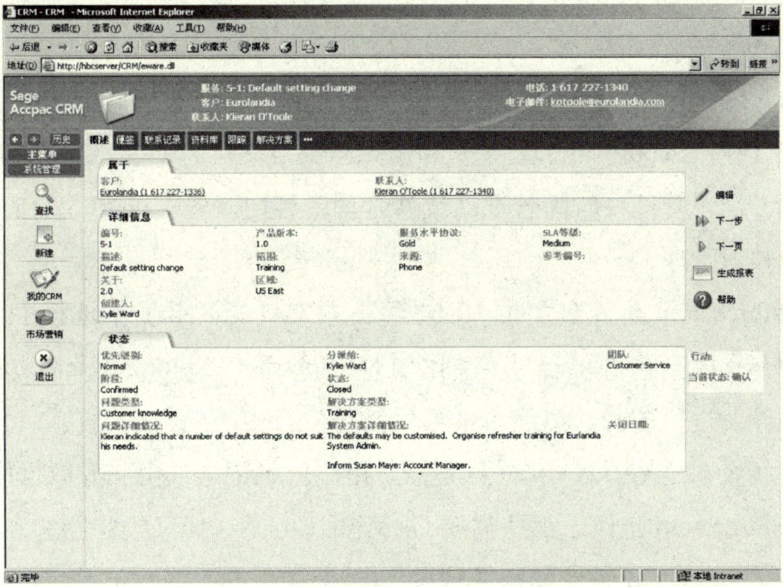

图 17.5.4　Sage CRM 服务管理

详细报表格式

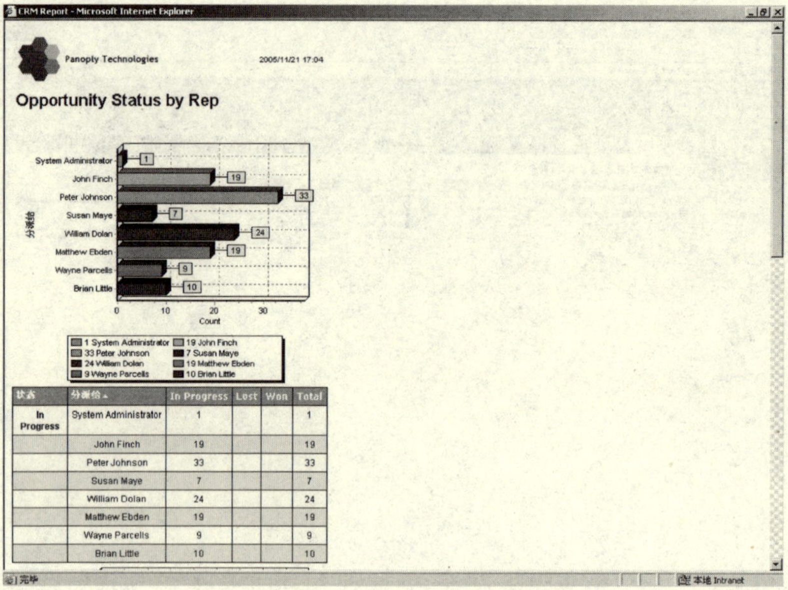

状态	分派给	In Progress	Lost	Won	Total
In Progress	System Administrator	1			1
	John Finch	19			19
	Peter Johnson	33			33
	Susan Maye	7			7
	William Dolan	24			24
	Matthew Ebden	19			19
	Wayne Parcells	9			9
	Brian Little	10			10

图 17.5.5　Sage CRM 报表

17.6　SalesForce 解决方案

1)　简介

Salesforce.com 提供在线的、基于 Web 的 CRM 解决方案，有集成的销售、客户支持（称作 supportforce.com）和市场营销自动化的功能，包括联系人管理、客户管理、销售管理、时间管理、线索管理、客户服务、PRM、业务分析、实时功能和知识管理。

Salesforce.com 是外包型的 CRM 解决方案（ASP.NET 本地模型）并且通过任何带有支持 Web 浏览器技术 (比如 MS-Internet Explorer、Netscape 或 Mac) 的电脑和设备进行访问。离线版本可以使得旅行中的销售人员在办公室外访问信息。离线版本是基于 XML 并且不需要用户的笔记本或电脑有数据库。

Salesforce.com 定位于那些需要 CRM 解决方案，但又不想购买和维护客户端 / 服务器结构 CRM 系统的构造和设备的用户。

Salesforce.com 专业服务团队提供 Salesforce.com 的实施服务。使用

Translation Workbench 功能的字段个性化向导，可以增加个性化特定的细节和用户定义的字段。S-controls 功能使系统管理员可以建立和显示个性化的数据窗体。窗体在页面设计属性中通过拖拉进行设计。在管理员模块可以用工作流规则（触发标准或行动）、工作流任务（任务设置）和工作流报警（电子邮件设置）设置工作流。使用导入向导可以用 CSV 格式导入多源数据，使用向导中的映射联系人字段和映射客户字段可以实现动态字段的映射。记录间的关系必须通过 Excel 建立。

Salesforce.com 为来自不同行业的企业实施了他们的软件，比如科技和商业咨询服务。实施周期从 30 天到 90 天。实施的费用取决于实施的需求。一个全球 425 个用户的部署，总实施费用大概在 20 万美元。软件许可费用从 65 美元到 125 美元每用户不等。取决于选择的 Salesforce.com 的版本（专业版或企业版）软件许可费用中可以有折扣。

不需要购买或安装硬件或软件，只需要最小规模的培训，整个组织就可以在几天之内部署完毕并投入运行。salesforce.com 在全球拥有超过 6,000 个客户，它提供：

快速部署

多数客户在 30 天之内成功实施了 salesforce.com。

快速投资回报

通常在实施后的两个月之内，客户即可获得回报；第一年的投资回报率就达到或超过 300%。

用户利用率高

Salesforce.com 的 Web 界面非常便于使用，用户利用率一般高达 90%。

适应您的业务的灵活性

灵活的配置确保您可以容易地自定义 salesforce.com 以满足自己的独特需求。

全球支持

Salesforce.com 是唯一的在线 CRM 解决方案，完全支持全球性组织。多币种和多语言支持使客户能够容易地在全球部署 salesforce.com。

2）系统介绍

主页

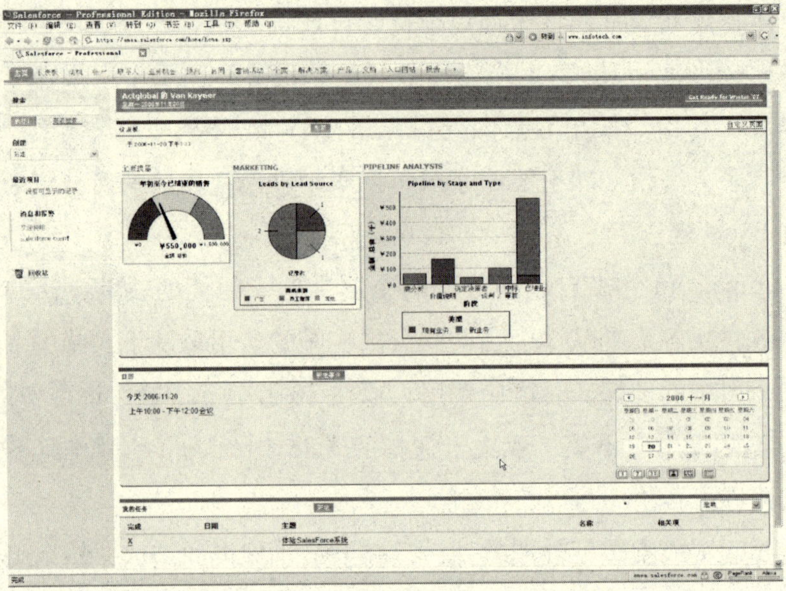

17.6.1　Salesforce.com 主页

账户

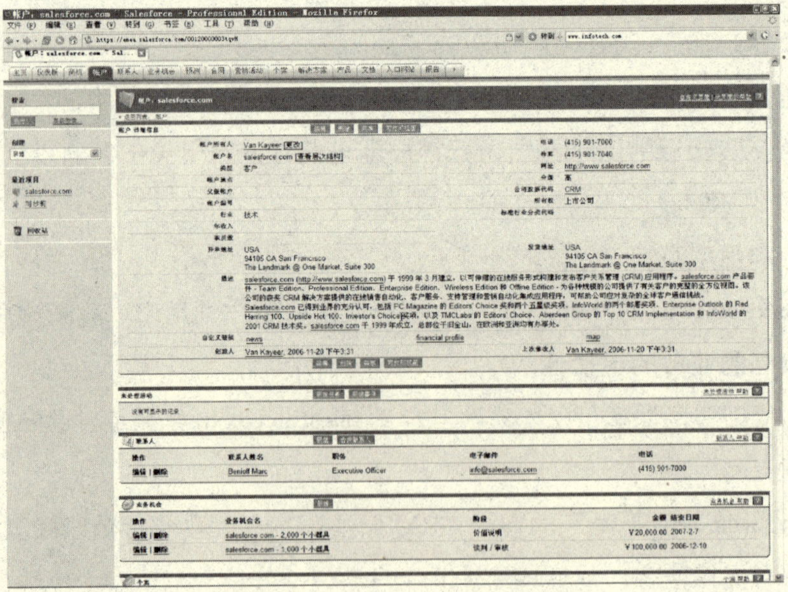

17.6.2 Salesforce.com 账户

业务机会（即销售机会）

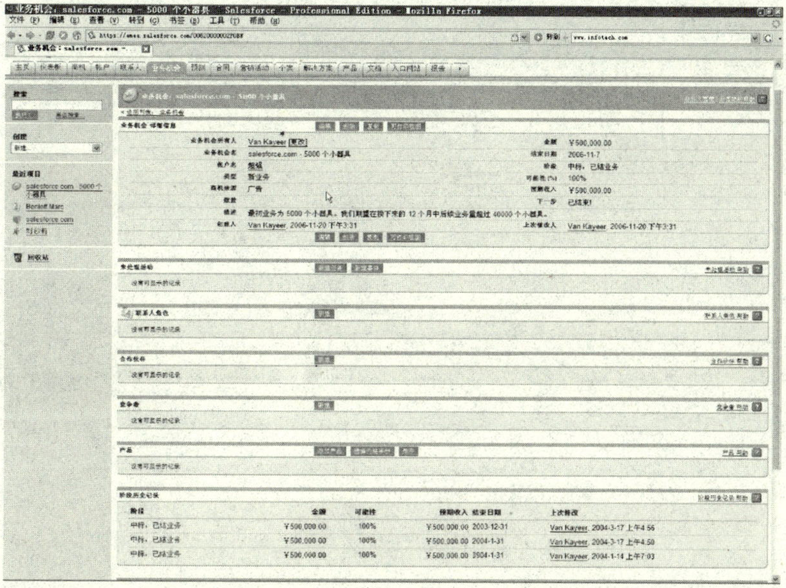

17.6.3　Salesforce.com 业务机会

个案

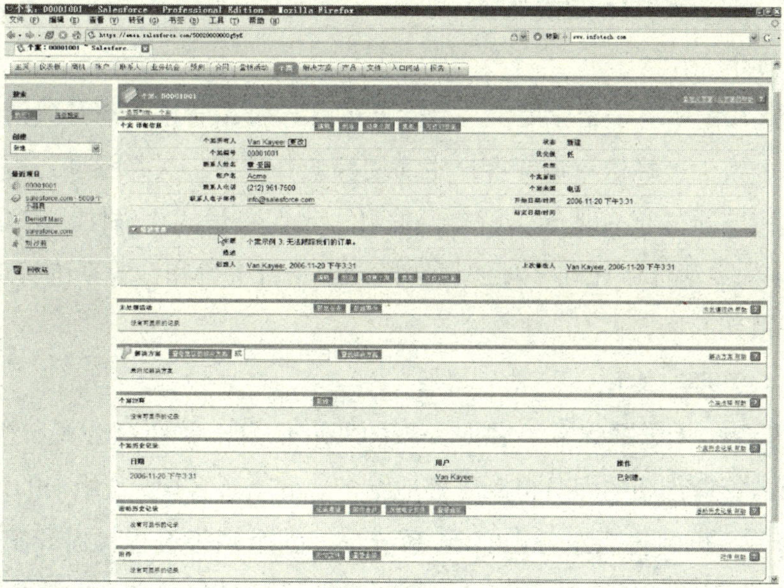

17.6.4　Salesforce.com 个案

营销活动

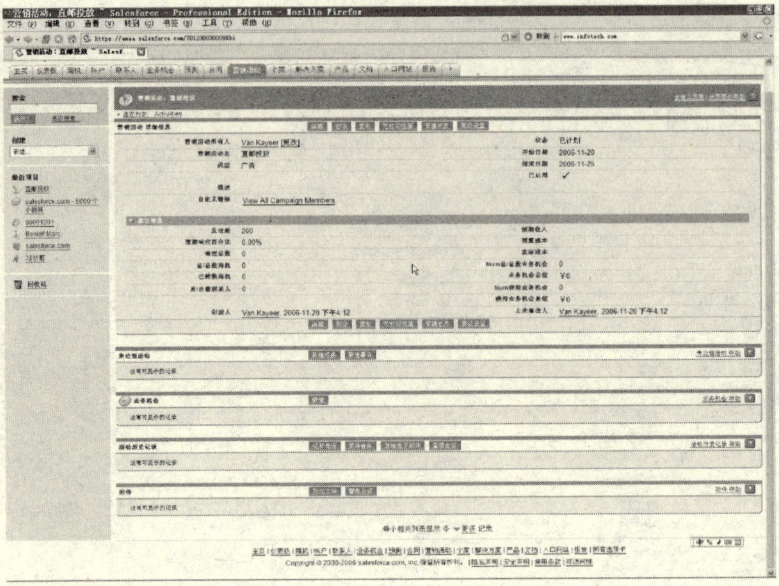

17.6.5 Salesforce.com 营销活动

17.7 SugarCRM 解决方案

1) 简介

SuagrCRM 为中小企业提供高级全面的客户关系管理，兼具灵活性与可管理性。商务人士可轻松对贯穿客户生命周期的各项客户关系活动进行管理。管理层可运用齐全的报表功能了解重要信息，确保决策的正确性。对 CIO 而言，CRM 系统的灵活性体现在多种部署选择，多平台支持和针对系统管理、定制、整合的一系列工具。

- **客户管理一体化**

CRM 系统统一采集有关客户关系的所有信息，并在全公司范围内共享。统一整合的管理让您的雇员得以更好地维护您的重要客户。从最初的市场营销，到销售环节，再到售后服务，CRM 系统掌控整个销售过程，提升企业的业务表现，确保留住您的客户。同时，CRM 系统可满足移动办公的需要，外出的雇员可以通过智能手机和手提电脑随时随地掌握客户信息。

● **简单易用**

CRM 系统注重用户体验，强调产品的可操作性。一经使用，用户即可发现该 CRM 系统上手快、操作简单、对工作的帮助切实有效。通过对界面的自定义，系统只显示对用户最为重要的信息。图表与报表功能可深化企业对业务驱动力的理解并提高信息共享程度。这些特点保证了用户对系统的使用率，继而保证了工作效率与业务表现。

● **消除信息壁垒**

借助 CRM 系统，企业得以更好地整合营销、销售、客户支持和企业管理。营销模块控制各类市场活动，轻松一点，即可为销售部门提供潜在客户。客服部门掌握所有的客户信息，为客户提供更好的咨询服务。管理层则可通过报表功能轻松看到市场活动的投资回报、最新的销售预测、客户满意度等业务信息。CRM 系统打破了企业内部的信息壁垒，实现了内部协作与共同发展。

● **自定义 CRM**

世上没有两套完全相同的 CRM 系统。不同的公司拥有不同的业务需求，只有“量身定做”的 CRM 才能契合您的公司，突显价值。CRM 系统提供丰富的设置选项用于改变界面和视图，不用编程，即可自行添加新的模块。通过模块生成器，非技术人员亦可通过CRM系统的模板新建模块，并与已有模块产生联系，实现信息的充分管理。而且，这些定制内容并不会随着系统的升级而消失。

● **SaaS 服务**

无论是直接使用标准版，或是进行配置定制，中小企业都可以在已有的 IT 环境中部署 CRM 系统，满足企业数据安全、标准化管理、系统集成等需求。我们提供按需租赁服务，即 SaaS 服务，中小企业不需要投入人力物力即可尽快进行部署应用。

● **开放的集成方式**

CRM 系统通过 SOAP APIs 无缝整合已有的 IT 系统，或让企业的系统直接访问 CRM 数据库。通过定制的代码，中小企业可以更为深入地定义 CRM 系统，同时保证系统版本升级的安全。

● **企业级性能**

CRM 系统由不同的模块构成，可供几千名用户使用。CRM 系统也支持集群部署，保证企业级的伸缩性。虽然是为中小企业提供服务，但是却提供企业级的性能，旨在满足中小企业最高的要求。

● **经济有效的创新**

该 CRM 系统一直享有简单易用、功能丰富、经济实惠的美誉。CRM 系统在继续保持这一传统的同时，增加了许多新的特点。

高级报表：让用户快速创建复杂报表，例如通过简单易用的报表向导创建矩阵报表

无线客户端：可在任意智能手机上实现完美无缝体验

增强版导入：将外部数据的导入工作变得前所未有的轻松便捷

跟踪器：可帮助企业领导和系统管理员快速监控并分析 CRM 系统的使用情况，从而得以改进系统设计，提高用户使用率

云数据连接器：提供对诸如 Hoover's、LinkedIn、Jigsaw 等数据提供商的无缝数据访问

首页我的网站栏目：可在首页上显示任何网页

模块管理：为细分的管理员身份（如销售经理），提供具体模块的管理或开发权限

2) **系统介绍**

市场营销

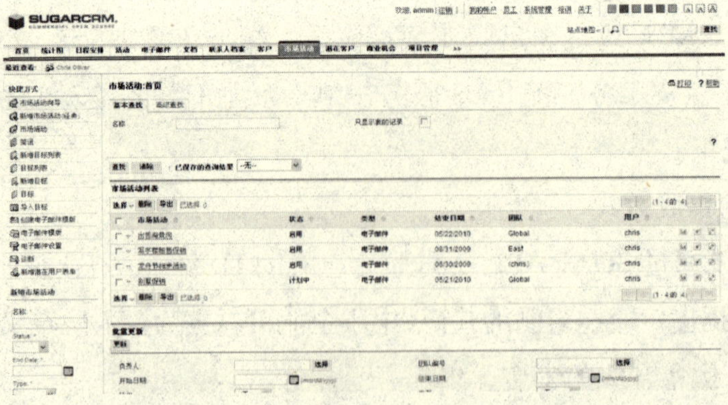

17.7.1　Sugar CRM 市场营销

客户管理

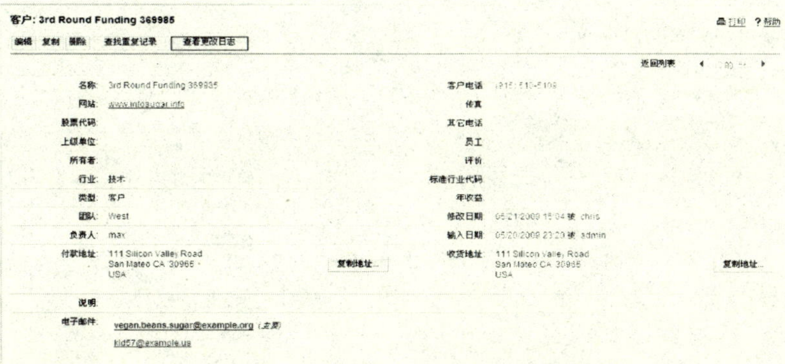

17.7.2 Sugar CRM 客户管理

联系人管理

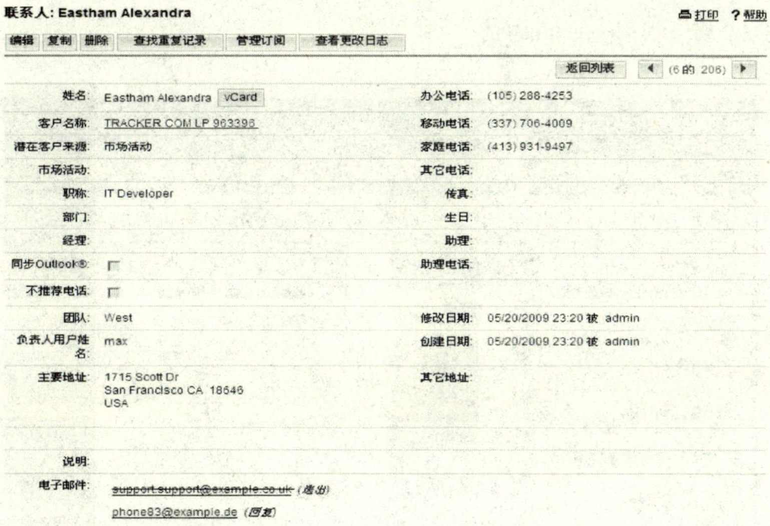

17.7.3 Sugar CRM 联系人管理

商机管理

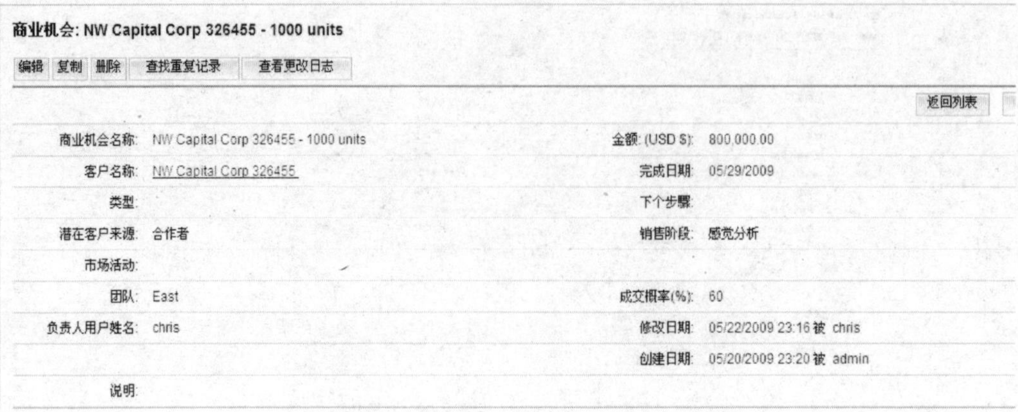

17.7.4　Sugar CRM 商机管理

CRM 与 MS Outlook 的集成

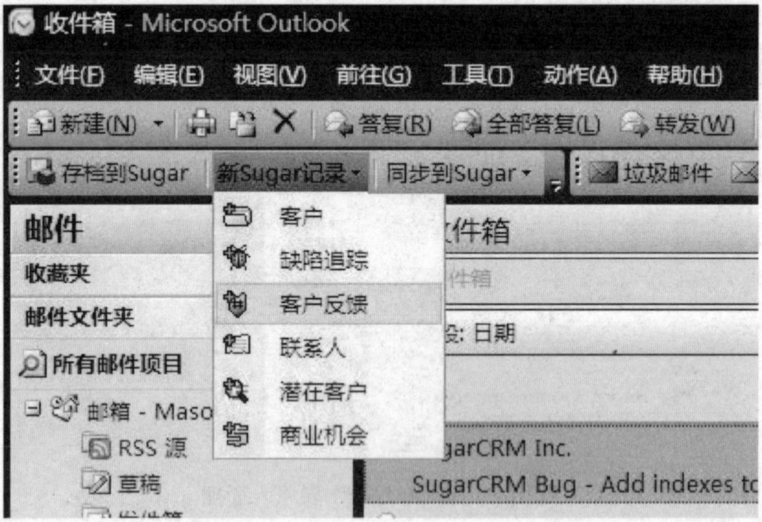

17.7.5　Sugar CRM CRM 与 MS Outlook 的集成

客户案例管理

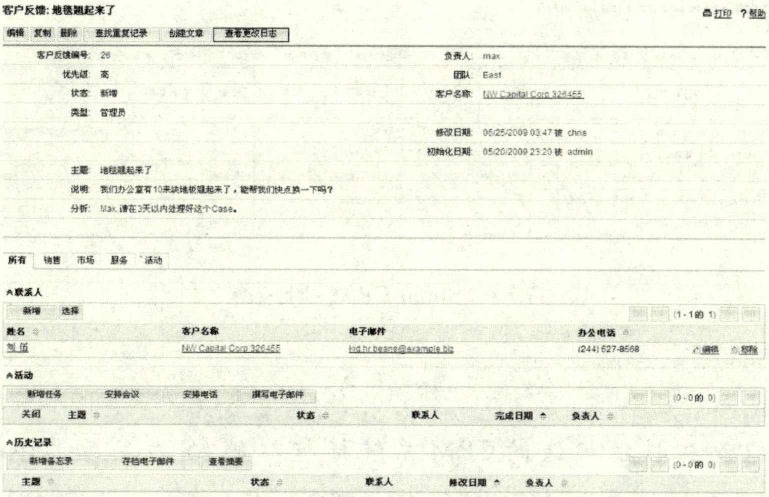

17.7.6　Sugar CRM 客户案例管理

缺陷追踪

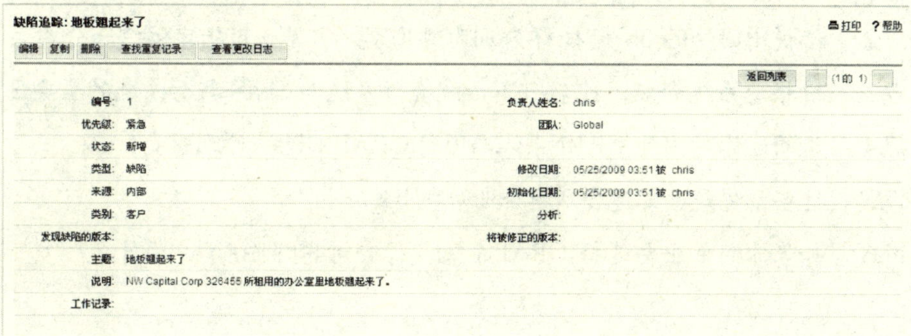

17.7.7　Sugar CRM 缺陷追踪

项目管理

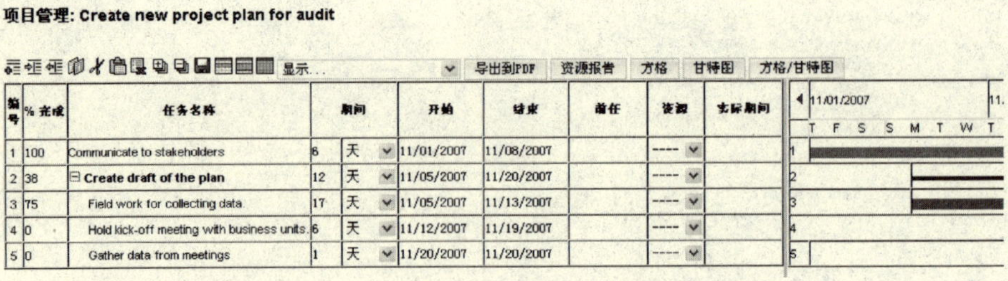

17.7.8　Sugar CRM 项目管理

摘要

本章以汉拓科技挑选的CRM系统标杆群的6S为基础，详细介绍了Siebel、SAP、Saleslogix、MSCRM、SageCRM、SalesForce的系统情况，该标杆6S基本可以全面代表所有的CRM系统。同时介绍了开源CRM系统商代表SugarCRM。

思考

17.1　从各系统介绍中，请整理出一个典型的CRM系统功能主线

17.2　请说出国外的6S标杆群分别为哪几家，并基于市场定位给出分类。

17.3　请根据系统介绍，比较一下传统套件系统与SaaS托管系统的主要区别。

17.4　请阐述你对国外CRM系统与国内CRM系统的对比感受。

17.5　这些系统是否都适合所有企业？为什么？

17.6　如果你们企业要选择CRM系统，你会考虑哪些系统？为什么？

18 主流呼叫中心解决方案

目标：在读完本节后，您应该能够——

了解主流呼叫中心供应商；

了解主流呼叫中心供应商的解决方案；

能够进行横向对比呼叫中心系统。

18.1 亚美亚解决方案

1) 亚美亚 AVAYA 简介

AVAYA 公司是全球领先的呼叫中心和企业办公通信解决方案、产品、服务供应商，在业内拥有 130 余年的经验。总部设于美国的新泽西州 Basking Ridge，是专业的呼叫中心和企业通讯系统的平台提供商，主要为企业事业单位和政府机构提供各类通讯解决方案，包括语音、融合的语音和数据、客户关系管理（CRM）、信息处理、多业务网络系统及服务等，务求令企业与顾客间的沟通更简便、更快捷、更紧密无间。

AVAYA 公司的前身是朗讯科技的企业网络部，而朗讯科技的前身是美国电话电报公司（AT&T）。沿着自 AT&T、朗讯科技到 AVAYA 的公司发展轨迹，AVAYA 拥有着一个多世纪的历程，专注于提供呼叫中心系统和办公通信解决方案、产品和服务，帮助企业获得优异的商业回报。传承自贝尔实验室的 AVAYA 产品研发队伍，保证了 AVAYA 具有全球领先的技术研发能力，从而可以向我们的用户提供技术领先的产品和完善的服务，并且能够不断地推出创新的产品服务于我们的客户，保证技术水平的先进性。

AVAYA 公司也在不断地发展壮大，在 2009 年 9 月，AVAYA 公司宣布成功收购了加拿大北电网络公司的企业通信业务，从而一跃成为全球最大、最为专业的企业通信解决方案供应商。

目前，AVAYA 已经在以下领域取得了全球领先的市场地位：

- 全球第一位的呼叫中心系统和解决方案供应商
- 全球第一位的企业融合办公通信系统和解决方案供应商
- 全球第一位的多媒体信息处理系统供应商

- 全球第一位的电话会议系统供应商
- 全球第一位的一体化通信系统供应商

凭借着先进的产品，完善的服务体系，以及强大的技术创新能力，AVAYA及其产品在全球范围内获得了大量用户的认可。目前，已有超过90%的全球财富500强企业选择了AVAYA的呼叫中心产品，而同时全球有超过90万家企业依赖于AVAYA的产品、方案和服务。

在中国，AVAYA公司通过多年的努力，已经在呼叫中心领域占据了领先的市场地位，成为了中国第一位的呼叫中心系统及解决方案供应商。AVAYA的产品和解决方案已经在中国的各行各业获得了广泛的应用，这些行业主要包括：金融保险业、电信业、电力行业、政府机关、制造业、酒店行业、服务性行业等等。

在服务领域，AVAYA同样处于全球领先的地位。AVAYA全球服务体系在全球范围内提供了统一的服务，包括系统设计、建设、实施、维护和管理等全方位的服务。AVAYA在全球有超过7000个服务专家，24个网络维护中心和13个技术支持中心。AVAYA采用许多独一无二的工具来提供完善的专业化的服务，包括远程系统监控、诊断、故障消除，拥有超过35个服务专利和150多种工具。AVAYA的专家故障诊断系统（EXPERT SystemsSM Diagnostic Tools)，使AVAYA可以远程诊断和解决超过96%的客户系统的告警。AVAYA的全球服务体系提供了网络和应用咨询、安全咨询、实施和集成、维护和托管等服务，可以帮助企业优化系统性能，同时最大化发挥系统的投资价值。

AVAYA是全球领先的企业电话通信和统一通信解决方案供应商，在企业通信的各个领域都占据着全球领先的市场份额，包括：

- 统一通信
- 融合的企业办公电话通信
- IP电话通信
- 统一消息处理
- 电话会议

AVAYA 公司的呼叫中心产品及解决方案，以其高性能的平台、丰富的功能、可靠的稳定性、优异的开放性等特性为广大行业客户所认同，已在全球各个市场均处于领先的市场份额，具有着广泛的成功实施案例。

2）解决方案

支持集中控制管理、多点接入处理的 AVAYA 公司分布式 IP 呼叫中心系统解决方案以其结构的灵活性、管理的便利性、以及成本节约等方面的许多优势，已成为了多点呼叫中心系统建设的主流解决方案，并获得了大量的实际应用。

AVAYA 分布式 IP 呼叫中心解决方案，使企业可以只在全国建设一个客户服务系统。通过采用支持 VOIP 技术的排队机设备，利用 IP 网络将该系统的覆盖范围扩展到全国各地。实现方式是在中心节点采用支持 IP 分布式结构的排队机平台作为客服系统的主处理平台，并配以 CTI、数据库、IVR、统计和监控管理系统等；而在下属节点则无需安装独立的排队机，只需安装中心点排队机的远端模块，利用企业自有的 IP 网络连接中心点的主排队机和分散在各地的远端模块，各地无需再重复配置 CTI、统计和监控管理系统等，而是由中心点的 CTI、统计管理系统等设备统一调度、控制、管理这些远端模块。

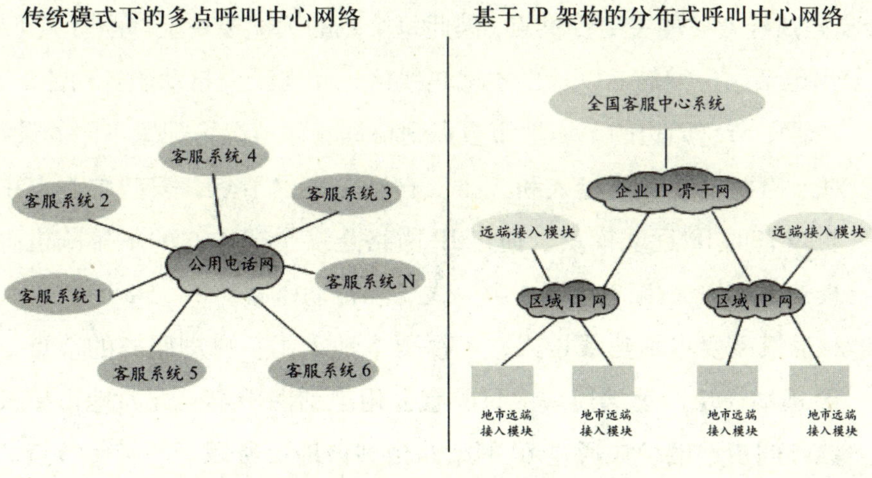

图：传统模式下多点呼叫中心网络
与分布式 IP 呼叫中心网络结构对比

基于分布式 IP 呼叫中心所带来的诸多优势，建议在本次项目中也采用分布式 IP 呼叫中心解决方案来搭建整体网络结构，从而实现集中监控、管理，统一服务内容和服务水平，各点之间互连互通的目标，为树立统一、良好的企业服务形象打下坚实的基础。

大集中网络建设

AVAYA 支持在全国统一建设一套客户服务系统，也称为全国大集中的模式。此时，全国只有一个中心节点，其他节点均属于中心点的托管节点。

- 该方式下客服系统的主平台，包括主排队机设备、CTI 服务器、统计管理系统、监控系统、数据库等等均设置在全国中心。主排队机内配置公用电话网中继、人工座席、IVR 等。一般来讲，中心点不直接面向公众提供热线服务，而是主要完成对下属节点的监控、管理功能，另外可以受理全国集中处理的业务，如投诉类业务。还可以作为下属节点的备份，以确保当下属某一分节点的座席全忙或无法解答用户问题时，可以由中心点座席代为处理。中心点的中继线路主要提供中心点用户与公网之间的互通，而不做为热线业务接入中继。
- 各省中心、直辖市、大中城市等骨干节点安装中心点排队机的 IP 远端模块。IP 远端模块与全国中心主排队机之间通过企业总部的省际 IP 骨干网连接，由全国中心的主排队机、CTI 以及监控管理系统统一调度、监控、管理。这些骨干节点是热线业务的主要提供点，因此每个点的远端模块上均配置人工座席、IVR、公用电话网中继等，以提供本地热线接入和人工、自动服务功能。
- 各骨干节点周边的下属地市节点则根据具体情况可配置不同的设备：

◇ 对于需要本地热线接入和人工、自动服务的节点，安装中心点主排队机设备的 IP 远端模块，通过 IP 网络连接全国中心的主排队机。远端模块上配置公用 电话网中继、人工和自动座席。

◇ 对于只需要本地热线接入，不需要本地人工、自动服务的节点，安装 IP 远端模块，远端模块上只配置公用电话网中继。此时地市接入的热线呼叫由远端模块通过 IP 网络路由到该地市所属于的骨干节点，再由骨干节点的人工、自动座席服务。

◇ 对于不需要本地热线接入、但需要本地人工服务的节点（此时可以由运营商将该地市的热线呼叫通过公用电话网汇接到该地市所属于的骨干节点接入），则无需配置远端模块，只需要在该地市放置远端座席。远端座席可以采用 IP 话机方式实现。此时，该地市的用户接入到骨干节点后，中心点主排队机和 CTI 通过判断该呼叫的主叫号码，即可以将呼叫通过 IP 网络分配给当地的座席处理。

◇ 对于既不需要本地热线接入，也不需要本地人工服务的节点，则无需安装任何设备，此时该地市的呼叫由运营商汇接到骨干节点并由骨干节点的座席受理。

大集中方式的网络结构图：

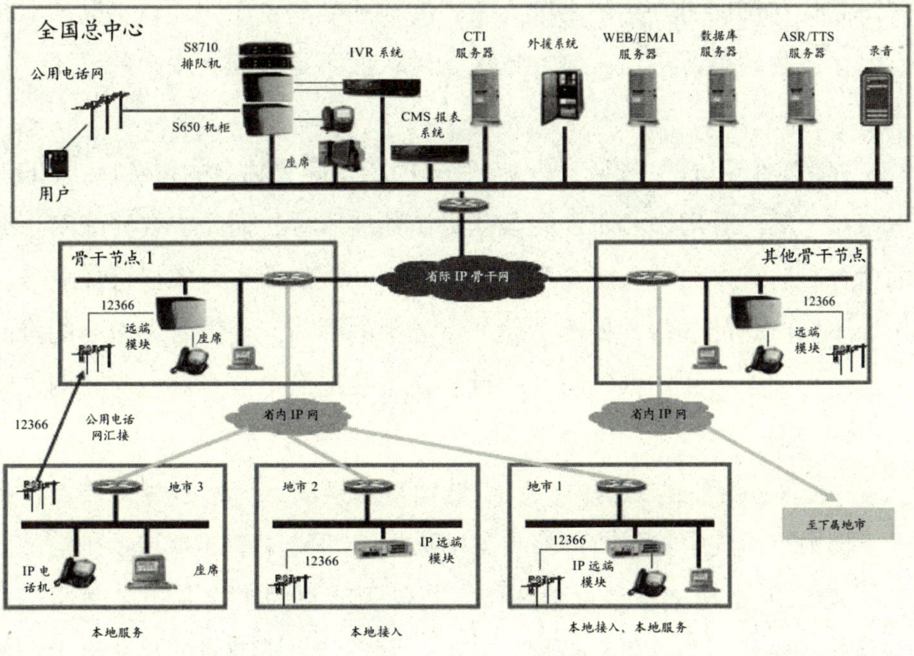

图 3：方式一网络结构示意图

分布建设方式

以全国的各省会城市、直辖市和大中城市等骨干节点或者业务区域为单位，分别建设独立的客户服务系统，而不是在全国统一建设一套客户服务系统。此时，全国按地域划分有多达十几个甚至几十个客户服务系统，各节点的系统之间相对独立，主要负责处理本地用户的业务，互不干涉。另外全网设置一个全国管理中心，负责监控管理各地的独立系统，并受理集中类业务和溢出的业务。

- 该方式下以每个骨干节点为分中心，分别建设一套独立的客服系统平台。每个骨干节点的系统都是一套完整的客服系统，包括排队机设备、CTI 服务器、统计管理系统、监控系统、数据库、IVR 等等。主排队机安装在每个骨干节点所在的城市，而在该骨干节点所管理的下属地市内，则通过 IP 网络安装骨干节点排队机的 IP 远端模块。对于每个骨干节点的客户服务系统来讲，其网络结构与前面所介绍的全国大集中的模式是完全相同的，不同的只是每个节点的系统的覆盖范围仅限制在本区域内，而不是如同大集中的系统一样覆盖全国。

- 另外在全国的中心设置一个管理中心，配置独立的排队机、CTI、监控管理系统等等。管理中心不面向公众提供热线服务，而是主要完成对下属各节点的监控、管理，另外负责受理需全国集中处理的业务，如投诉类业务。还可以作为下属节点的备份，处理下属节点溢出的呼叫。全国管理中心的排队机配置人工、自动座席和中继线路，中继线路主要提供中心点用户与公网之间的互通。

- 在各分中心的网络内，网络结构是两层的，一层是骨干节点，另外一层是下属地市。其中骨干节点安装主排队机、CTI、IVR、监控系统等。而在各地市则安装 IP 远端模块或远端座席，与骨干节点的主排队机之间通过企业的 IP 网连接，由骨干节点统一调度、监控、管理。骨干节点的排队机上均配置人工座席、IVR、公用电话网中继等，而地市节点则与前一种模式相同，存在多种不同的建设方式，在此不再重复。

由于各分中心及全国管理中心均为独立的客服系统，正常情况下，业务只在本系统内受理。但为了将全国集中类的业务由各分中心统一转接到全国中心受理，或者在忙时或夜间将呼叫由一个分中心溢出到其他分中心或总中心受理，建议在各分中心及全国中心的排队机之间进行中继组网连接。中继方式采用IP中继，从而可以利用企业的IP网络将各分中心的系统完全透明的连接，确保各分中心可以互连互通，实现呼叫和数据的同步转移。

分布建设方式的网络结构图：

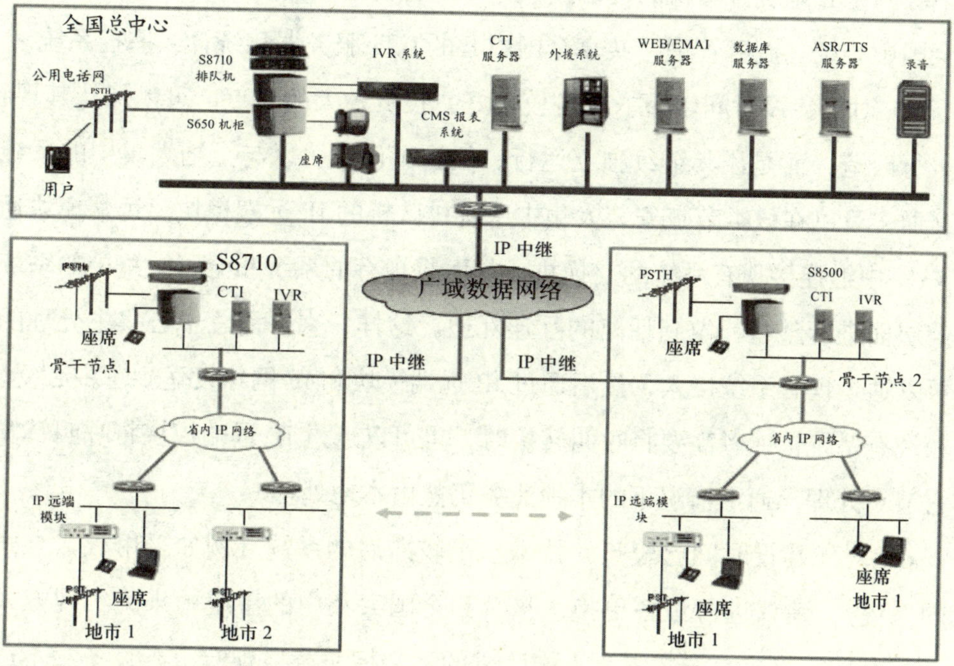

图：分步建设方式网络结构示意图

混合建设模式

融合大集中和以业务区域为中心建设整体网络结构的两种方式，将两种模式进行一定程度的融合。比如，业务量大的地区，或者已建有热线系统的地区，可以继续保持其独立运行；而对于一些新增加的点、或者业务量很小的地区则可以集中到一个统一的平台下管理，而不需要为每个点都独立建设一套完整的客服系统。这样就带来了第三种网络结构的建设方式，也称为混合模式。

采用混合模式建设的实现方式如下所述：

● 全国建设一套大集中的呼叫中心系统平台，其中心设置在全国管理中心，主要承担对全国各分中心的统一管理和监控，另外负责托管新建的、业务量小的省、市、地区。该平台采用一套可支持分布式结构的排队机平台，并集中设置CTI服务器和统计、监控、管理系统。

● 对于目前没有服务热线的地区，通过企业的自有IP网络，安装全国大集中呼叫中心系统排队机的远端模块，并配置公用电话网中继，人工自动座席，由全国中心统一调度管理，共享全国中心的CTI服务器和统计、监控系统。

● 对于建设时间较短、设备较良好、投资较大的节点，可以保持其现状，不进行改造，而是让其继续独立运行。但为了保证可以与全国大集中的系统互连互通，可以在该类节点安装大集中系统排队机的IP远端模块。远端模块通过E1数字中继连接现有系统的交换机，从而将现有的系统和全国大集中的系统在通信层面进行整合，做到话路的互连互通。这样一来，需总中心集中处理的业务可以通过现有系统接入，然后通过IP远端模块和IP网络发送到总中心受理；而在现有系统忙或者需要将呼叫转接时，也可以通过IP远端模块将呼叫转发到其它节点处理。通常情况下的本地业务仍然由本地处理。

● 对于建设时间已较长、技术水平较滞后的系统（例如采用板卡方式建设的系统），建议进行设备更换，整合到全国大集中的系统中来。实现方式与新建节点基本相同，安装中心点排队机的远端模块替换现有板卡设备。不过此时可以继续保留使用原有系统的一些可用设备，如IVR等。

对于目前采用外包方式的节点，建议按照新增节点考虑，即安装IP远端模块，融入到全国大集中的系统中，而不再继续使用外包运营商的服务。

● 新增地市节点的情况与前面所述的两种方式的解决方案相同，原有企业热线系统的地区所管辖的地市节点由原有系统解决。

混合模式的网络连接结构如下图所示：

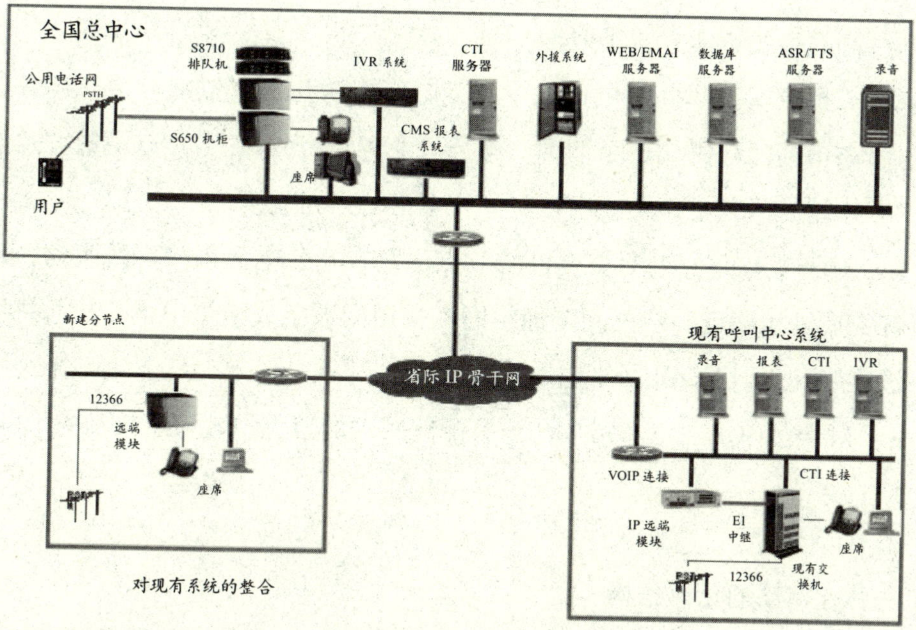

图：混合建设方式网络结构示意图

AVAYA 一体化网络的建设方式与总体结构

AVAYA 可以依托客服系统网络建设企业的 VOIP 办公网，如下所述：

- 以客服系统的 S8710 交换机做为全国 VOIP 办公通信网的核心，全国中心的 S8710 作为全国 VOIP 网的总关守，各骨干节点的 S8710/S8500 为二级关守（如果骨干节点配有独立的 S8710/S8500 系统时）。

- 在总中心、骨干节点以及地市节点安装 G650/G700/G350/G250 IP 远端网关（既可以和现有的客服系统共用一个平台，也可以为 VOIP 办公电话系统另外配置）。

- 对于目前没有办公电话交换机，而是采用直线电话办公的节点，可以将现有直线电话改为中继线路，将用户直接连接在该点的网关上。

- 对于现在采用虚拟网电话办公的，可以有两种解决方案：

◇ 一是将原虚拟网办公电话取消，改为更少的与公网之间的中继线路（模拟或数字），办公电话都直接连接在该点的网关上，此方式与上面所提高的直线电话方式类似。

◇ 二是原虚拟网办公电话基本不变，新申请几条虚拟网电话，且将这几条电话的号码作一个捆绑（连选号业务），将这几路线以中继方式接到本地的网关上，实现虚拟网办公电话与全网联接。

● 对于现有办公电话交换机的节点，原有办公电话系统不做改动，只是在原有交换机和该点的网关间增加组网连接用的数字或模拟中继，从而将原有交换机连接到全国 VOIP 网络中。

● 对于目前用户量非常少，没有配置网关的节点，建议直接放置 IP 电话机。

一体化网络的总体结构

AVAYA 客户服务与 VOIP 办公通信一体化网络的总体结构示意图：

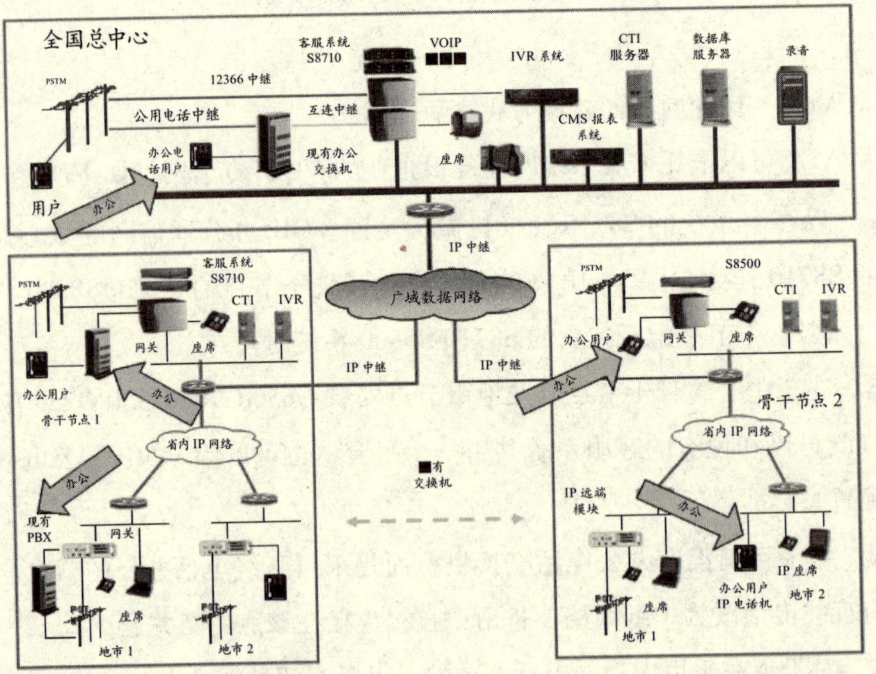

18.2 科胜通解决方案

1）Aspect Software（科胜通软件）简介

总部位于美国马萨诸塞州 Westford，业务遍及美洲、欧洲、亚太地区。Aspect（科胜通软件）公司作为世界客户联络中心行业的创始人和领袖公司，100%的业务专注于客户联络中心技术的研发和在各行业的应用，引领着客户联络中心行业新的发展方向。

自 1973 年发明世界第一套 ACD、1981 年发明世界第一套预测外拨产品以来，Aspect 公司整合了世界上具有 30 多年客户服务中心行业使用历史的优秀产品和技术，推广到各个行业的客户服务、催收催缴、电话销售和市场营销等相关业务应用中，帮助客户在自主建设或经营外包客户联络中心过程中，实现重要的业务流程。今天，遍及全球的 5000 多个银行、航空、电信、保险、金融服务、高科技公司等行业的企业客户，依赖 Aspect 公司提供的产品和服务，完成每天超过 1.25 亿人次的客户交互联络等业务。这些灵活、可靠的客户联络中心解决方案包括：自动呼叫分配系统（ACD)、预测性外拨系统、劳动力管理系统、企业活动管理 (ECM）系统、多渠道客户联络系统等。

在 2006 年 4 月《财富》杂志列出的世界 500 强企业中，全球前 10 家电信公司中的 9 家，全球前 10 家银行中的 9 家，全球前 10 家航空公司中的 9 家，印度前 15 家外包公司中的 14 家，美国前 10 家外包公司中的 9 家，全部采用了 Aspect 公司客户联络中心相关产品。

在外拨产品方面，Aspect 公司更是占据了绝对领先的市场份额，根据 Frost & Sullivan 调查报告显示，在全球外呼市场，Aspect 公司在全球拥有 42%的市场占有率，在亚太拥有 48%的市场占有率，在新兴外呼市场（印度）拥有 80%的市场占有率。全美 10 大银行中的 10 家，欧洲 10 大银行中的 7 家，印度 10 大外包运营商中的 7 家都使用了科胜通软件的外拨产品。

Aspect 公司的外拨产品是全球 5 大银行（花旗银行 Citibank 、美国运通 American Express、通用金融 GE Capital 、第一银行 Bank One、苏格兰皇家银行 Royal Bank of Scotland) 指定的外拨平台，平均使用年限超过十年。

在中国，Aspect 公司于 2003 年 6 月在上海建立了大中国区业务总部，目前在北京、广州、大连和香港设有分公司和办事处，建立了覆盖全国的产品销售和技术支持服务体系。Aspect公司的中国团队，绝大多数的员工来自于国内从事客户服务中心业务的中外专业公司，都具有多年丰富的行业经验。作为国内最早开展电话营销、主动服务等外拨业务的专业公司，在中国地区积累了丰富的银行、电信、保险等行业客户服务系统及外拨系统的规划建设、业务应用经验。同时在国内建立了包括兆维博安、南京普天、博雅融科、开放科技、FDS、神州数码等多家公司构成的一级分销体系，具体负责中国地区的商务、技术支持服务等相关业务。

Aspect2003年进入中国市场以来，已经为国内的银行、电信等20多个行业客户提供了专业的外拨系统和服务。其中除广东移动、深圳翔龙通讯等数百个座席的大型电信行业外拨系统外，在中国地区银行业已经拥有建设银行总行、交通银行卡中心、农业银行卡中心、北京建行、北京农行、兴业银行及信用卡中心、浦发银行卡中心、湖南工行、浙江工行、深圳中行、平安保险等多个客户，在项目的集成、行业应用等方面积累了比较丰富的经验。

Aspect公司致力于提供全套的呼叫中心解决方案，除系统架构层面的Unified IP产品线外，还提供针对运营管理的Performance Edge产品线，包括eWorkforce Management劳动力管理套件，Quality Management质检管理系统、Performance Management绩效管理系统、e-Learning在线学习系统和针对外呼活动优化的Campaign Management外呼活动管理套件（含ALM即Advanced List Management与ECM即Enterprise Campaign Management），为客户电营中心在建成之后逐步提高运营管理水平与座席生产率、客户满意度等提供更多的产品选择。

Aspect公司在美国、英国、印度建立有全球技术支持中心。2008年更在中国大连设立了第四个全球技术支持中心，以英文、中文和日文为主要语言，主要面向中国大陆、中国香港、中国台湾、日本和韩国的客户，具有丰富的技术支持和服务经验。大连中心的成立，对中国区的客户服务的提升，发挥了更好的作用。

根据项目的具体情况和客户的具体需求，Aspect公司会提供来自原厂的业务规划、项目实施、现场开发、项目管理、运营指导、开发与管理人员培训等相应的服务，协助系统集成商和客户完成项目开发实施、项目指导、项目管理、业务规划与运营管理等工作，确保项目质量。在项目上线运行后，与有关项目的系统集成商、区域分销商共同配合，提供多层次及时、全面的专业化、本地化技术支持与售后服务。

Aspect 公司提供的技术服务包括（部分标准内容，供参考）：

- 在线支持
- 电话支持
- 调度控制中心
- 产品技术支持
- 质量个案审查与管理
- 问题升级管理

服务支持通过以下地点提供：

- 主要客户服务支持中心 PCC

每年 365 天，每周 7 天，每天 24 小时值班。

- 大连全球技术支持中心

North China – China Netcom (CNC): 10-800-712-2478

South China – China Telecom (CT): 10-800-120-2478

2) 解决方案

- Unified IP 系统特点

作为专业化、技术成熟、功能完整的呼叫中心方案，结合呼叫中心业务的需求，具有较高的性能价格比，主要包括：

统一的解决方案，在 Unified IP 系统中包含 Aspect 三十多年的呼叫中心经验，集成了 ACD、Dialer、IVR、Internet Contact、Recording 五大组件。

强大的外拨功能，Unified IP 系统提供包括预测、预览、自动、IVR 外拨等多种外拨模式和功能，最大程度满足在开展业务中根据不同业务需求，灵活采用不同的业务模式和外拨模式的业务需要。

作为统一的呼叫中心解决方案，开发集成工作量小，复杂程度低，上线时间短，维护、开发工作容易。客户可以根据业务需求，及时进行客户化的业务流程修改和定制，满足用户业务所要求的功能定制灵活、系统效率高、准确度高、控制和降低骚扰率等特点。

多外呼活动并发也是考验外呼系统专业性的一个重要指标，Aspect 的外呼系统可以同时支持 100 个以上的外呼活动并发。

- **平台特征** 一体化平台，包含了 IVR/CTI/ 录音等全部功能，可独立组建系统。

系统维护简单，建设、扩容成本低；

单 DCP 可支持 250 个座席、BHCC 值可达 60000，接听达 12000；

单系统支持 8 台 DCP 互联，支持 2000 座席。多系统可通过 ECM 工具，实现对最多 32 套系统即 64000 座席的统一管理；

专业预测外拨技术，使应答机检测率高达 97%；骚扰率低于 3%；

大容量的活动设置，可以支持 1024 + 的外呼活动设定，并可以支持上百个任务的并发，适应大企业的集中建设、集中管理；

高稳定性，支持组件冗余及负载均衡；

开发接口全面而简洁，兼容性强，可快速集成应用；

嵌入式 OCX 控件集成，可方便集成国际主流 CRM 系统；

集成开发建设周期短，开发量小，系统可快速上线执行业务；

功能强大，支持呼入、呼出、Web、E-mail 等不同渠道的统一路由多级别、多技能的全服务统一控制，使得多服务间可以共享座席；

实时监控、实时调整服务指标，参数即时生效，而不用中断服务；

不同号码的不同检测方式，大大提高了系统拨叫的灵活性和效率；

灵活的外拨日程 / 假日管理，使管理人员不用再手工起停服务。

- **业务特征** 专业源于细节，系统功能齐全，实现简单，提供的每一个功能都紧紧围绕着用户的实际业务应用，避免了复杂的集成业务开发。

丰富的外拨活动管理功能；

通过配置就可实现复杂的活动管理；

多外拨活动并发，完美支持外包业务；

处理结果代码可灵活设置；

实现了与业务的结合，免去了应用层面开发；

强大的录音搜索功能，实现了按照业务结果的查询；

预约回拨功能由平台提供，不再需要研发；

强大数据过滤功能，有效提高号码拨叫效率、实现了灵活的目标销售；

Do not call 有效避免了骚扰投诉；

强大的监控管理，提供全方位的座席管理与考核。

18.3 恒生 IPCC 解决方案

1) 恒生 IPCC 简介

恒生通信是恒生公司 (600570.SH) 旗下的独立核心业务单元，专注于企业通信市场，是恒生公司独立化品牌战略中最核心的品牌之一，是中国领先的企业通信解决方案供应商。

恒生通信拥有 HSIPCC、HSVCC、HSIPT、HSCRM 等多个自主知识产权的企业通信核心平台，为各行业客户、伙伴提供统一通信、呼叫中心核心平台、多行业呼叫中心业务平台、移动及网络应用、数字广播等顾问式企业通信整体解决方案，同时依托深厚的通信领域技术，完善的质量流程体系，灵活的业务模式和高素质的软件研发团队，为全球范围内客户提供软件运营和定制服务。

恒生公司创立于 1995 年 2 月，现注册资本 6.2375 亿人民币，于 2003 年 12 月在上海证券交易所主板上市（600570.SH)。公司总部设在中国杭州，在全国 28 个主要城市设有分公司或办事处，同时在日本、美国、香港设有分支机构，拥有一支约 2300 人的高素质专业队伍。

恒生通信致力于成为中国领先的企业通信解决方案供应商。

恒生通信，在呼叫中心及统一通信等领域已拥有超过 15 年的核心产品及行业整体解决方案服务经验，在业界树立了良好的品牌形象。作为恒生公司的核心独立业务单元，恒生通信将持续专注于企业通信领域，继续保持在中国 IPCC 市场的领导地位，为各行业客户、伙伴提供创新、领先的企业通信整体解决方案。

恒生在创立之始就开始不同层次、领域、方向的关注并参与企业通信发展。2010年，为落实恒生“产品化、集团化、国际化、网络化”的四化发展战略，恒生集团整合恒生电子旗下呼叫中心及统一通信业务和恒生科技旗下通信及嵌入式系统业务，成立恒生通信，专注于企业通信领域，开始独立化业务品牌战略。

恒生通信将秉承“持之以恒，生生不息”的恒生精神服务好各行业客户及合作伙伴，坚持客户第一的服务理念，进一步加速产品研发及新技术、业务领域探索，进一步加强项目交付、服务能力，深入聚焦产业，提升整体解决方案精细化能力，继续打造更丰富、更创新的呼叫中心、统一通信、移动及网络应用、数字广播等产品及专业服务，一如既往的与各行业客户、伙伴一起成长，持续成就客户价值，使恒生通信成为之最有价值的商业伙伴。

HSIPCC 典型案例列表（部分）

期货

1) 上海东证期货联络中心；

2) 永安期货联络中心；

3) 西部期货联络中心；

4) 中期期货联络中心；

5) 国泰君安期货联络中心；

6) 良时期货联络中心；

7) 中粮期货联络中心；

8) 中银国际期货联络中心；

9) 安信期货联络中心；

10) 湘财祈年期货经纪有限公司；

11) 安信期货经纪有限公司；

……

银行

1) 交通银行总行数据中心；

2) 台湾华一银行联络中心；

3) 山东省威海市商业银行联络中心；

4) 浙江省宁波市鄞州银行联络中心；

5) 浙江省嘉兴市商业银行联络中心；

6) 浙江省台州市商业银行联络中心；

7) 浙江温州银行联络中心；

8) 浙江省绍兴市商业银行联络中心；

9) 浙江省湖州市商业银行联络中心；

10) 四川省南充市商业银行联络中心；

11) 四川省乐山市商业银行联络中心；

12) 广东省中山市农村信用合作社联络中心；

13) 广东省东莞银行联络中心；

14) 广东省农村信用社联合社联络中心；

15) 辽宁省辽阳市商业银行联络中心；

16) 辽宁省朝阳市商业银行联络中心；

17) 辽宁省营口市农商行联络中心；

18) 江苏银行联络中心；

19) 江苏省锡州农村商业银行联络中心；

20) 江苏省吴江市农商行联络中心；

21) 江苏省张家港农村商业银行联络中心；

……

保险

1) 上海宜保投资咨询有限公司电销中心；

2) 天安保险股份有限公司客户联络中心；

3) 天安保险浙江分公司电销中心；

4) 新光海航保险股份有限责任公司联络中心；

……

基金

1) 泰达荷银基金管理有限公司联络中心；

2) 海富通基金管理有限公司联络中心；

3) 富华基金管理有限公司联络中心；

4) 中英基金管理有限公司联络中心；

5) 新世纪基金管理有限公司联络中心；

6) 浙商基金管理有限公司联络中心；

7) 国投瑞银基金管理有限公司联络中心；

8) 方正富邦基金管理有限公司（筹）；

……

2) 解决方案

HSIPCC平台，是恒生公司自主研发并完全拥有自主知识产权，基于Softswitch（软交换）技术的纯IPCC平台。该平台集IPCTI、自动语音/传真应答IPIVR/IPFAX、短消息SMS、电子邮件Email、录音监控、电话会议、统一智能路由、呼出管理等功能于一体，可用于构建各类联络中心、自动语音系统、热线电话、会议电话、电话销售等系统。平台开放的体系架构，丰富的编程接口及业务部件和多样的二次开发工具，轻松满足各行业客户、合作伙伴等便捷、灵活地构建各类联络中心系统。

- 基于先进的VOIP技术，支持分布座席、分布接入，并可实现多个分布式呼叫中心互联，负载均衡；
- 支持多种媒体渠道形式，含电话、传真、邮件、短消息、视频和NGN、3G等；
- 统一智能路由，具有丰富的路由策略，支持混合式路由策略；
- 提供完善的管理、监控、统计和分析功能，模块化管理，方便运行和维护；
- 提供丰富的二次开发接口和工具，包括图形化的业务生成环境、座席话务控件、测试工具等；
- 开放式架构支持标准的第三方软硬件设备，以及灵活的组网方式能够满足各类联络中心建设需求。

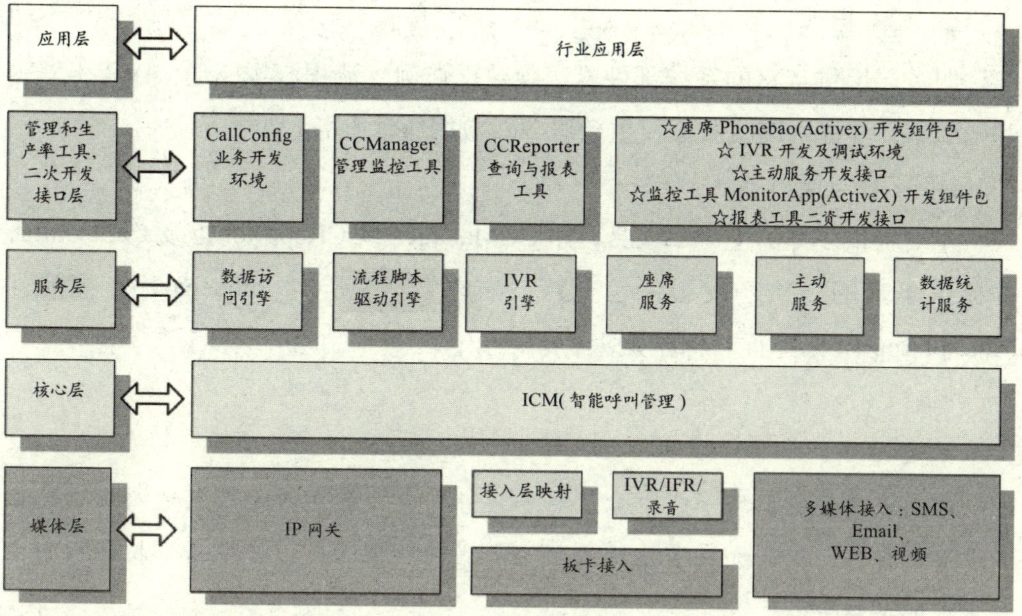

HSIPCC 体系结构

● 媒体层

媒体层负责 PSTN 和 VoIP 网络的接入，以及对 Voice、Email、SMS 等多种媒体的处理。媒体层负责将相关数据转换为支撑层能够接受的MAI进行表达。

得益于系统平台化、模块化以及多层的体系结构，某些即使现在尚不能支持的 PBX 或语音板卡，也能够方便地通过增加驱动的方式得到支持，而不会影响上层的应用。

在媒体层，我们还提供 Email、SMS 等其他非 CTI 类型媒体的支持。在将来我们可以通过增加相应媒体驱动的方式来实现对新出现的各类媒体的支持。

媒体层全面丰富的媒体支持是对用户层需求的响应和能力保障，同时也是系统实现多种异构设备组网和强大的联网能力的保障。

● 核心层

核心层是整个系统中最核心最复杂同时也最具智能化的一个部分，它完成呼叫控制、智能路由、座席管理、流程脚本解释以及系统互联等功能。媒体层和核心层之间采用统一消息接口（UMI）进行通讯。

- 服务层

服务层提供丰富的系统部件以实现数据访问、流程脚本驱动、IVR 引擎等基础引擎，并提供座席服务、主动服务、数据统计服务。

- 工具与接口层

主要提供多样的生产率工具，如 CCManager、CCReporter 以及 CallConfig，并提供丰富的二次开发组件包支持，如座席话务控件 Phonebar，监控控件 MonitorApp 以及基于文本的模拟环境。

摘要

本章以三家典型的呼叫中心厂商介绍呼叫中心解决方案以及呼叫中心选择和部署的标准，同时介绍了集中式和分布式呼叫中心，以及电话外拨等呼叫中心方案的关键中点。

思考

18.1 你的企业适合集中式还是分布式呼叫中心？为什么？

18.2 请根据三家呼叫中心厂商的介绍说出之间的区别和各自优势？

18.3 如果你们企业要选择呼叫中心系统，你会考虑哪些系统？为什么？

第五章

规划实施

19　建立 CRM 战略

目标：在读完本节后，您应该能够——

了解战略规划的必要性；

定义项目目标；

定义项目范围；

定义战略方向；

定义技术实现；

系统地规划 CRM 项目。

导言

很多公司在面临信息化建设和上马 CRM 的时候会普遍遇到一些问题，例如作为项目的甲方，如何进行 CRM 的规划？如何定义内部的需求？如何定义项目的目标？如何定义项目的范围？如何进行软件和实施方的选择？等等。

作为关系企业发展的一个关键管理工程，没有做好规划和准备的项目，是很容易偏离风险控制的。项目功能的无限扩大，却没有解决企业关注的问题和重要的问题；定制过程中不断提出的新的需求，将项目的范围和周期无限期地延长；软件的质量问题和局限性使很多重要的需求得不到满足，而实施方的能力和经验将直接影响项目的成败……

这决不是危言耸听。看看以前的 CRM 项目的调查，没有好的规划和好的执行是 CRM 项目失败的首要原因。还有另外一个重要的因素，企业需要意识到 CRM 不是一套解决方案，一套软件系统，而是一种经营战略，以客户为中心的经营战略和营销模式。

这就要求企业能够摆正姿态，正确认识到 CRM 工程的本质和实质，能够进行切实可行的 CRM 战略规划，这样才有利于企业 CRM 应用的顺利部署。

19.1 规划的必要性

如果简单地将企业应用 CRM 看作为一个项目，那么项目的第一项工作就是先做好规划，项目管理大多在不断迭代的规划、控制和变革中进行的。

但是，前面已经讨论过，CRM 不能仅仅看做是一套软件，一套解决方案，一个项目，而是涉及经营战略、业务流程、人员与技术等的复杂的管理工程。从这个角度而言，规划的必要性就更加重要了。当企业认识到这一点，它就不会匆忙地上马 CRM 系统，而是从培训、咨询和规划开始，从企业的战略、流程和理念开始。

从前几年的企业用户比较盲目地或者比较冲动地部署 CRM 项目，到现在的企业用户先规划自己的 CRM 前景，再进行咨询、培训和流程优化，最后才开始准备部署 CRM 系统，这是一个最终用户的成熟标志，也意味着国内 CRM 应用市场更加成熟和理性。

当不再是企业老总进行一番热血沸腾的演讲之后就马上进入 CRM 时代的时候，企业开始考虑：企业自身的问题是什么？CRM 的目标是什么？CRM

实现的阶段应该分为几个阶段？每一阶段的成功标准是什么？如何来有效地结合企业的实际环境和条件来实施部署？这就是一个规划的开始，当企业开始规划的时候，就意味着企业的CRM离真正的成功更近了。

一个企业的管理系统工程要取得成功，就必须站在主动的位置上，无论是CRM还是ERP项目。如果总是被软件供应商或者咨询服务商推着走，那么企业的管理工程项目就不会有真正明显的效果。同样，如果企业没有好的规划，就只能跟着软件供应商或者咨询实施商的步伐走，自己不能把握节奏和方向，自然就不能控制风险。

19.2 项目目标和范围

一个项目总是有一个目标的。并不是所有的企业部署CRM项目都是同一个目标，而是不同的企业在不同的阶段面对不同的问题，它的CRM项目的目标也是不相同的。企业的CRM项目总是要为企业的管理服务，为企业解决实际的问题。所面临的问题不同，所处的阶段不同，目标自然不同。

但是，令人担忧的是：企业遇到的问题实在是太多，哪一些是紧迫的？哪一些是重要的？哪一些是关键的？哪一些是可以暂时搁置的？哪一些是可以在第二阶段或者第三阶段解决的？等等，不一而足。这就涉及到一个项目的范围，要明确当前项目解决问题的范围，这样才能抓住重点，确保资源优势投入到解决主要矛盾上。

1) CRM的战略目标

作为企业战略层面的客户关系管理，战略目标关注的是可维持的增长和收益，核心就是加强客户确认、细分，客户获得和客户忠诚。以客户为中心的企业的运营流程都是围绕这个目标而来的，从确认目标客户群，进行客户细分，通过客户细分对运营流程的指导尤其是营销流程和销售流程，实现一对一营销的差异化，最终获得客户创造价值，通过交付和服务使客户建立忠诚度，继续产生价值并产生推荐销售和交叉销售。

实现这个CRM战略目标，需要从多个角度去实践，最主要的有四个方面：

- **明确了解客户生命周期内的需求**

企业要对客户尤其是客户细分后的有价值的客户在其整个消费生命周期内，包括当前和未来的需求有明确的看法。这就需要企业有效地进行客户信息采集尤其是消费信息的采集，并进行科学的分析，及时地了解客户状态的变化及其原因，明确地了解客户在整个生命周期内的需求，从而以客户的需求为导向进行企业运营流程的优化与调整。

● **加强客户对企业及其服务的理解**

企业不仅仅是销售产品和服务，更重要的是在客户心目中加深对企业的理解，树立起企业品牌的影响力。营销的目的不一定就仅仅是推销产品，更重要的是推销企业和企业的服务，这些东西是构成企业品牌的基础，而一旦在目标客户群中建立起良好的品牌影响，那么企业与客户的距离就更近，企业才能够更加有力地把握住核心客户群，不光树立品牌，更能够产生更高的价值和利润。

● **提高客户满意度和忠诚度**

客户满意度与忠诚度是企业 CRM 战略的重要指标，我们经常说哪一个企业客户满意度达到 99%等，企业需要有效地监控和测评客户的满意度，并对企业的流程进行监督和优化，从而提高客户的满意度，并有效地产生忠诚度高的客户，从而延长客户的平均生命周期，在保留低客户成本的基础上创造更多的价值。

● **以客户需求为导向**

以客户为中心、以客户需求为导向并不是一些口号而已，而是要企业认真地了解客户的需求，分辨客户的经济价值，迅速有效地回应客户需求。客户的需求是个性化的，尤其是企业的目标客户群的需求，只有建立起这样的一个响应体系，才能够实现一个 CRM 企业。

2) **CRM 项目目标**

CRM 的项目目标是 CRM 从远景到系统集成的无缝实施。而这个无缝实施，直接体现在一个递进的发展阶梯上。它分为三个阶段：

● **构建 CRM 远景并关注业务发展潜力最高的领域**

CRM 项目的规划策略是自上而下，实施策略是自下而上。在构建 CRM 远景规划时会首先基于一个战略高度，从企业的整体发展战略和业务流程，并关注近期与远期内企业关注的业务发展潜力最高的领域，为 CRM 项目的拓展和实现提供一个有高度的目标。这一阶段主要围绕企业的战略、流程、组织架构等软的方面，不涉及技术层面的问题。

● **将 CRM 远景转变成与客户化技术概念结合的 CRM 战略**

有了高度，最终还是要落地。企业要把 CRM 远景规划成可以实现部署的 CRM 战略，这个 CRM 战略是与客户化技术概念相结合的，也就是要考虑企业的个性化需求的客户化技术的实现程度和方法，比如：什么样的技术？什么样的部署架构？什么样的客户化开发？如何将业务流程与系统结合？如何将绩效考核与系统结合？

● **通过可靠的 CRM 过程和系统，确保可维持的实施**

当业务远景规划与技术实现相结合的方案成熟后，就需要通过一个有效控制的 CRM 实施过程，一套成熟并适应企业需求的 CRM 系统，基于一个持续优化的实施部署来最终实现企业的 CRM 应用。这里既强调了 CRM 的过程，也强调了 CRM 系统，同时也强调了实施的持续性，这是企业在部署 CRM 项目时需要注意的。

19.3 CRM 目标设定

CRM 目标的设定并不是一个简单的事情。要进行客户需求分析，并基于同行业的或者同规模企业的标杆分析和最佳实践分析，并对现有 CRM 的评估包括任何与 CRM 相关的部分，同时要在目标中体现 CRM 远景和目标系统的开发，并能够对企业发展的潜能有准确的预测。看起来这是一个不可能完成的任务，但不要灰心，让我们来慢慢地分解它，完成它。

1) 目标设定的关键问题

在进行目标设定时，企业需要不断地提问和回答一些关键问题，甚至在整个 CRM 规划过程中也要不断地反思这些关键问题，因为这些问题直接影响这 CRM 项目目标的设定。

● **客户细分：CRM 提出的客户细分是什么？什么是客户需求细分？**

很多企业经常忽略客户细分的重要性，更多的是偏重于产品细分和市场细分。CRM 的核心就是客户细分，因此企业在规划 CRM 目标时一定要理解客户细分的目的、宗旨和重要性，而基于客户细分的共同需求提炼，即客户需求细分是企业以客户需求为导向的主要依据。企业在规划和部署 CRM 的时候，一定要先做好客户细分和客户需求细分。

反观国内很多的 CRM 项目，恰恰忽略了客户细分的重要性，从而造成 CRM 项目仅仅是一个 CRM 系统，而这个系统缺少了客户细分的基础，就变成一个没有灵魂的工具，不能真正地体现 CRM 之于企业的价值。

● **标杆和最佳实践：何谓 CRM 应用软件引发的标杆和最佳实践分析？**

当企业进行 CRM 目标设定的时候，要将自己放到整个行业内进行分析。要获得整体的战略高度和远期的规划前景，需要对比整个行业的发展和实践。因此，针对同行业内已经部署 CRM 应用软件的标杆企业和成功案例，企业要虚心地去学习和分析，取其精华，去其糟粕，作为自己设定目标的参考。通过类似企业寻求参考：系统是否能够支持它的规模、行业和主要业务，以及它们在进行类似的业务或流程变革时是否取得了成功？

同一行业的标杆企业，意味着自己的发展方向和发展中可能遇到的问题都具有可比性，基于标杆设定的前景是比较符合企业的实际发展趋势的。而基于部署了 CRM 的企业的最佳实践，可以有效地借鉴 CRM 实践中的经验和可取之处，为自己的 CRM 部署奠定成功的基础。

● **客户信息采集：当前的客户信息匮乏怎么解决？**

在第二章的客户数据采集中提到，企业面临的客户信息主要分为三类：特征信息、影响信息和交易信息，而这三类数据可能来自于企业不同的部门、不同的数据采集点，而且这些数据可能是结构性的，也可能是非结构性的，因此可见客户信息采集是一个关键问题。

那么，怎样解决客户信息匮乏的情况？怎么解决客户信息的不准确、不及时的问题？

很多企业在部署 CRM 的时候，设定项目目标时忽略了客户信息采集的重要性和困难性，他们大多以为客户信息采集是很简单的事情，是很底层的事情，是理所当然可以做好的事情。而恰恰是客户信息数据的准确性、有效性、时效性直接影响着CRM的地基。

要有效地采集客户信息，需要设定客户信息基础模型，确定关键的客户信息元素，让有关的采集人员明确数据采集的要求，并对这些关键点的数据采集设置质量考核点作为绩效考核目标之一，同时利用关键数据产生有价值的统计分析或者决策报告，让采集成为主动而不是被动的行为。

● **评估现有系统：该项目可以在多大程度上基于组织现存CRM系统构建？**

任何一项投资，都要保护现有的投资，确保不被浪费。在CRM项目目标设定时，需要评估分析现有的CRM系统，包括软硬件资源。看哪些是可以吸收的，哪些是可以继承的，哪些是可以保留的，哪些是可以扩展的，哪些是必须抛弃的，等等。

现有的CRM系统并非一定指真正的CRM系统。很多企业在部署CRM之前，已经有一些客户资料管理系统、销售管理、服务记录系统、投诉处理系统等等，这些与CRM范畴相包融或者交叉的系统，都可以归结在现有的CRM系统。

企业需要认真评估这些现有系统，确定整合策略，并对这些现有系统的数据进行整理分析，这些原始数据资源如何有效地整合进新的CRM系统是项目实施一个重要的工作。

● **CRM远景：作为CRM战略向导的远景是什么？**

CRM远景是一个很关键的风向标问题，它直接左右了企业CRM战略的成败。很多企业在部署或者已经部署了CRM的时候，往往是从信息技术的角度出发的，大多数的投资投在基本的信息技术基础设施及技术架构方面，而不是花在通过增进对客户的了解从而提高客户满意度和忠诚度最终创造利润上，最终看起来很完美的客户关系管理解决方案并没有使企业获得预期的竞争优势。

CRM的远景应该真正地以客户为中心，对客户给予真正的关注，而不是CRM系统或者数据仓库之类的。并不是采用了几项先进技术和CRM系统，就可以提升客户关系。CRM远景是建立在客户细分、客户价值、客户满意度与忠诚度的基础上，实现真正的以客户为中心的企业。

目标量化定义：如何定义量化和可测度的目标，以便能持续评估业务选择并追踪实施过程？

CRM 体现的是一个客户关系管理的闭环流程，包括市场营销、销售与客户服务。然而现有的很多已经部署了 CRM 软件的企业并不能很好地完成一个闭环的流程，这是因为大部分企业认为 CRM 过程是自动化的，是不需要评估和推动的。

CRM 过程和流程存在许多阶段和过程变量，这些变量将产生很多反馈数据，真正合理的做法是主动地去分析它，进行数据分析后判断是否发生偏差，再进行优化或者改进下一次的流程。而要做到这些，就必须针对这些变量定义量化的目标，并且是可以测评的，而且还要设置一个或者多个分析人员（或客户关系专员）来分析和推动它。

只有这样，才能在持续的评估和优化中，推动 CRM 流程有效地运转并产生更大的价值而不至于偏离或者被闲置。

2) 客户需求分析

- **客户细分的定义**

定义 CRM 战略相关的客户细分，在 CRM 项目目标设定中首先提到的就是客户细分与客户需求细分，而在第二章的客户细分章节我们提到：客户细分是客户关系管理的基础。因此在进行客户需求分析时，首先要定义客户细分，根据企业关注的要素或者业务相关的要素来进行合理的客户细分，在此基础上再进行细分之后的不同客户区隔的需求分析，基于这些需求分析来设定不同的 CRM 目标。

很多企业都犯了一个错误，它们都是基于所拥有的整个客户群的普遍需求来管理和提供产品和服务，而不是根据不同客户细分尤其是最有价值的客户的需求来提供个性化的产品。这也是客户需求分析以客户细分为基础的原因之一。

- **特殊细分的 CRM 需求**

当基于客户细分的时候，这样客户需求分析可以满足特殊细分的 CRM 的相关需求。比如企业在一个阶段比较关注个人客户和公司客户的不同需求，那么在进行客户需求分析时，我们将企业的客户分为：B2C 和 B2B。在进行客户需求分析后，B2C 的客户需求是：便利、及时的信息、个性化问题的解决、接待服务、价格优势等；而 B2B 的客户需求是：降低成本、缩短处理时间、服务水平与服务的便捷等。基于简单的客户细分，我们可以根据不同客户细分的需求来设定不同的目标，B2C 客户的 CRM 目标为：客户忠诚度提升、接触更多的新客户、树立品牌形象；而 B2B 客户的 CRM 目标为：改进服务质量、改进效率、变革商业模式。

3) 标杆分析和最佳实践分析

- **确认标杆目标**

要进行标杆分析，首先要进行相关的标杆目标的确认，一般是在同行业内寻找规模相当、管理体制相当、业务发展战略相当的标杆企业。有时候，从业务的垂直角度出发，也可以寻找不同行业内在相同业务领域处理表现优秀的标杆企业。这就需要企业根据自己企业的实际情况和具体要求，确定一个标杆目标选择策略，从而来指导确认标杆目标的过程，最终确认能够为企业 CRM 战略目标设定提供价值的标杆企业。

- **收集标杆数据**

在确认了标杆目标之后，就要采集和分析标杆数据。收集标杆目标的标杆数据有很多途径，包括企业年鉴、行业报告、新闻媒体以及咨询公司的项目数据库和外部数据库。这些标杆数据可以准确而真实地反映标杆目标在部署 CRM 最佳实践时的目标、过程、过程变量等，能够给企业提供极大的参考价值。

- **标杆和最佳实践的定义**

在进行标杆目标分析和收集标杆数据后，就可以对相关的标杆和最佳实践进行定义，定义标杆目标和最佳实践的过程。这种定义，就类似一个标准或者参考标准，成为企业进行 CRM 规划的参考和指导，具有一定的航标灯的作用。

基于类似企业，进行标杆分析和最佳实践分析，可以帮助企业来认识到可行的有吸引力的 CRM 机会，就如同企业自身去试验过一样，可以避免很多弯路和问题。

- **非类似标杆目标的价值**

实际上，可以有效地进行知识传递的最佳实践也可来自于非类似的标杆目标，虽然我们一直在强调类似的比如同行业、同业务领域、同客户细分等的标杆目标的参考价值更大，但是有时候来自于并非类似的标杆目标的最佳实践，也可以有助于组合成一个整体的 CRM 解决方案。

4) 现有系统的评估

● **现有的客户接触点结构评估**

要评估现有 CRM 系统，也就是与 CRM 相关的现有系统，需要先评估企业现有的与客户的接触点，因为这些接触点是现有 CRM 系统的源头。通过运用一些特殊工具可以最大限度地进行接触点分析和对 CRM 运行的初步评估，要完全分析是有一定困难的。

现有的客户接触点的分析与评估也是要基于客户细分，比如分析客户细分 A、客户细分 B、客户细分 C 的客户接触点。这些接触点可能是不同方式、不同渠道、不同阶段等等，因此对客户接触点的评估是一个多维的基于不同客户细分的多层矩阵分析评估。

● **工具支持的细分客户接触点分析**

什么是接触点?

企业在不同阶段如售前、售中、售后通过不同渠道如电话、网络、传真、电子邮件等与客户进行接触的每一个点，都是客户接触点。

这些接触点产生什么信息?

在这些接触点上，产生的信息是不同的，比如有可能是结构化的数据，如网络上的客户表单提交；也有可能是非结构化的数据，如销售代表与客户的电话录音数据。要分析接触点产生的信息，有效地进行信息的整理分析从而为我所用。

这些信息如何整合、评估、利用?

接触点已经产生的信息基于什么样的规则进行整合？如何来评估信息的价值？如何对信息进行再利用？

补充的信息如何收集?

在信息不能全面进行客户细分的时候，需要进行补充信息的采集，如何采集？采集的信息元素是哪些？

进一步的接触点该如何设立?

当前的接触点是不是还不能完全包融客户，那么，应该如何基于客户的特点设立进一步的接触点。

从未来的信息库里期望得出什么分析结果？

对你希望从未来的信息库得到的分析结果先有个明确的目标，这样在开始的时候就能够向这个目标进行。

未来的客户描述将如何细化？

企业的客户不是固定的，随着企业的发展和产品的不断创新，客户也是不断定义的，那么对于未来的客户描述以及未来的客户细分是怎么样的？

什么是接触点的频度、强度？

与客户的接触不能太过紧密，也不能太过冷淡，不同客户细分的最佳接触方式、最佳接触频率、最佳接触强度是什么样的？这个很关键，尤其是防止骚扰的 DoNotCall 等政策，意味着这个问题的重要性。

● **现有 CRM 的文件管理和评估**

现存的 CRM 系统应该根据其与整体 CRM 战略集成的潜在可能性进行评估。可能并非是完整的 CRM 系统，却是一些与 CRM 相关的文件或者数据库表格，对这些资料的管理和评估很重要，如何整合这些原始数据是 CRM 实施的重要工作。

5） CRM 远景和目标系统的开发

● CRM 目标细化

CRM 目标需要分层次的细化，各个目标的重要性应该根据其相关性进行交互式定义。比如一个电子商务战略的目标系统，第一层次的目标是提高股东价值；第二层次细化为 3 个：提高收益率、强化品牌和提高渠道管理；在第三层次又对第二层次的三个目标进行了细化，如强化品牌细化为：客户保留、客户获得、品牌贡献、网站忠诚度、与品牌战略匹配等 5 个细分目标，具体详见以下的项目举例。

项目举例：电子商务战略的目标系统

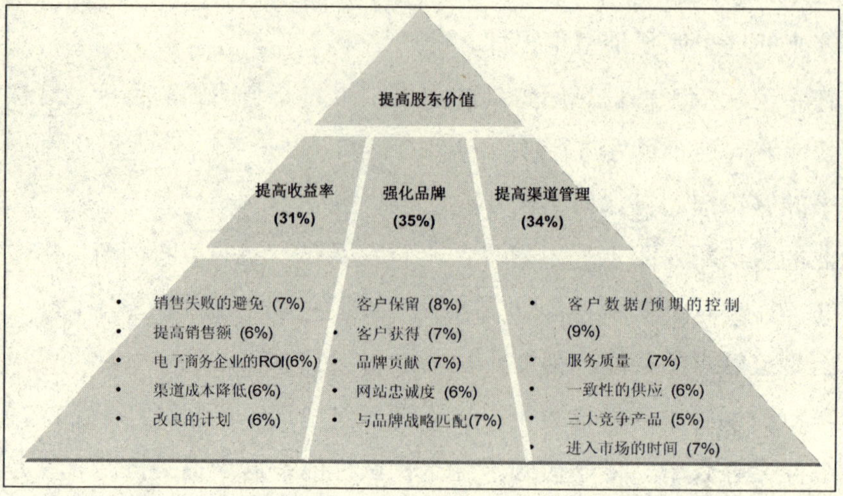

图 19.3.1 电子商务战略目标

● CRM 远景对未来的定义

CRM 远景将对客户关系的未来定位进行定义，再从未来的定义细分为不同阶段的目标来实现。

当一个企业准备设定一个远景目标为“拥有全部客户”，那么它可能要进行详细的定义：在需求范围的各个部分定义有吸引力的细分客户，并不是所有客户都适应所有的需求范围，当要拥有全部客户的时候就需要细分客户和不同需求范围的部分。

在合作伙伴的帮助下覆盖产品 / 服务的范围。

设立并交换特有的流通物（比如，“里程”，“消费积分”），这样可以有效地将不同需求范围、不同产品线、不同客户细分的忠诚度结合在一起。

提供个性化服务和基于客户行为的定价，这是在我们了解细分客户的需求范围并基于特有的流通物来有效地量化了客户的忠诚度，这样我们就可以一对一服务和价格优惠。

采用互联网（通过不同的媒体）作为主要的接触客户的渠道

封锁其他企业无论是合作伙伴或者是竞争对手进入客户入口的权限。

● CRM 目标的层级定义

目标系统的评估允许对 CRM 目标系统进行明确的层级命令定义。在前面的目标细化中提到分层次的细化，在每个企业也需要进行层级定义，我们来看一下 CRM 战略目标系统的层级模型：

CRM 战略的目标系统

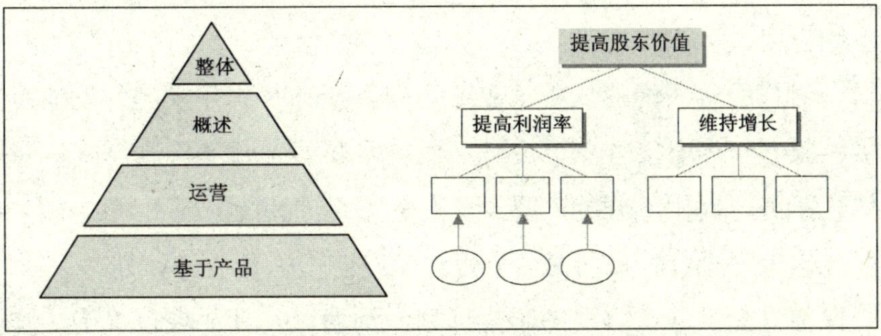

图 19.3.2 CRM 战略目标

19.4 CRM 战略与实现

CRM 战略与实现的关键问题

● 客户沟通

加强与客户沟通的机会有什么计划？如何提高对客户知识的了解以便提高客户忠诚度和交叉销售？

● 个性化客户

什么是通过客户化和附加服务来提供和开发个性化客户利益的最有前途的商业机会？

● 客户保留

什么是通过客户保留项目建立持续客户关系的最有前途的商业机会？

● 流程与组织

实施 CRM 时对流程和组织结构的必要的适应是什么？必要的变革是什么？

● 现存 IT 基础的影响

将战略性定义转变为 IT 逻辑语言时，对现存的 IT 基础结构有什么影响？

● **持续努力**

为了在稳定的IT环境中获得快速持续的结果，应该再做哪些努力？

19.5 CRM战略开发步骤

CRM战略的开发包含整体销售和营销战略内的详细内容。一个成功的CRM战略开发分为四个步骤：针对一对一的客户沟通、个性化服务、客户维持、流程与组织应用。

针对一对一的客户沟通 根据企业不同行业和客户需求的开发相关的沟通内容、接触频率和客户接触点；设计开发技术模型；开发控制尺度。

个性化服务 提供不同的产品/服务线、交叉销售，实现不同的个性化程度；并基于个性化角度进行客户接触/预测、客户合作以及业务计划。

客户保留 提供保留客户的奖金计划、沟通以及其他项目，确认客户保留的范围(客户细分/业务类型)、内容功能/过程等。

流程与组织应用 定义核心竞争力，加强与外部服务供应商的合作，定义流程/流程变更，与现存营销和销售流程的明确集成，定义组织结构，管理变革。

1) 一对一的客户沟通

一对一的客户沟通，是解决如何与客户单独接触的问题。一对一营销，其目标是与客户一对一沟通，但是在资源有限的情况下只能实现对客户细分的一对一沟通。一对一沟通的关键问题是：

基于第一阶段客户接触分析，应该在哪些接触点加强与客户的对话？当前的接触点充分吗？为了进一步提高客户忠诚度和交叉销售，还有其他有效的接触客户的附加机会吗？

进行有效客户沟通的数据需求是什么？为了预测客户的购买行为可以采用什么技术？

为了确保客户沟通的最大效率，关于客户接触点、内容和接触频率在企业内的适应性是什么？

为了保证第一阶段目标的实现，必须采取何种正确的控制手段？

针对一对一的客户沟通的业务选择的开发，根据第一阶段的结果，对集团内企业现有的客户沟通进行评估，确定相关的关键业务领域和关键业务，进行深入的一对一客户沟通。

基于一对一沟通的需求，进行技术模型的开发，定义数据需求，设计客户数据库，并进行数据来源的跨区检验，规划数据集合和网络化，定义分析与预测程序。

为了有效地进行一对一客户沟通，为每个业务选择定义合适的控制手段，并建立日常报告系统，引导实施一对一的客户沟通。

2) 个性化服务

提供个性化服务是客户价值最大化的关键。个性化服务的关键问题是：

使客户利益最大化并提高客户忠诚和交叉销售的最有前途的个性化产品和服务是什么?

考虑到不同客户的需求和潜能，什么是适度的个性化?

与客户一对一沟通如何预测客户的购买行为并使产品/服务的客户化效率最高?

为了进一步提高客户利益，外部合作伙伴参与实施现有产品/服务线的程度有多大?

对现有产品服务线进行筛选，并从中选出个性化潜力最大的产品和服务，进行选定的产品和服务的业务选择的开发，并根据不同客户的需求和潜力定义个性化的程度。

将挑选出的业务细化，使客户沟通和客户接触与客户购买行为预测同步化，同时将技术模型与实施配对，为每个业务选择开发业务计划。

互联网是个性化提供的关键工具，根据产品/服务线和重点关注的客户划分软件的应用领域，为个性化程度定义控制率，比如：销售状况、潜力、互联网亲密度、接触频度等，设计互联网的接触点，并定义详细的触发点。

为外部服务和物流需求寻找合作伙伴，关注互联网和数据库营销的IT基础结构，同时在流程方面与现有销售/营销流程的集成，如果有必要，定义新的流程（比如物流、个性化产品），最后组织内部的实施。

3) **客户保留**

要建立持续的客户关系，就要加强客户保留。客户保留的关键问题是：

通过客户保留项目建立持续的客户关系的最有前途的业务是什么？

释放客户保留项目最大潜能的客户细分的标准是什么？

为了有效支持客户保留项目和利用产生于不断改进的客户关系的附加数据，对数据结构有什么要求？

对选出实施客户保留的业务选择进行细化，定义范围（包含的客户细分/企业）和客户保留项目的内容，对基本的过程和职能进行细化，定义数据支持和数据利用最大化的数据库。

4) **流程与组织应用**

CRM 战略规划，必然要进行流程变革/优化和组织调整。流程与组织应用的关键问题是：

企业需要分别保护并扩展的当前和未来的核心能力是什么？

未来的 CRM 流程及其与现有的营销和销售流程的链接怎么样？什么是必要的流程适应？

在组织结构上有什么应用？

确保信息平稳地传输给 CRM 实施的变革管理的角色是什么？

进行垂直集成最优度的定义，包括核心能力的定义、自我创新或购买分析以及潜在外部合作者的筛选。

核心 CRM 流程与流程变革的评估，从信息和交易的角度对核心 CRM 流程进行定义，分析与营销和销售流程的连接，进行必要的流程适应。

在组织结构的应用方面，定义必要的职能能力，将 CRM 与现有营销和销售组织结构集成。

19.6 技术实现

如何把 CRM 战略规划通过技术实现，需要考虑很多问题，包括业务向数据的映射，IT 基础的规划，数据模型和数据流程的规划以及软件供应商和服务供应商。技术实现的关键问题：

现存的 IT 系统如何受到 CRM 战略实施的直接影响？

现存的 IT 基础结构上是否存在一些不能实现分析客户行为并将其转移到面向交易的客户回应的功能？

客户化、集成和收益分析之间是否匹配？

基于持续变革战略，必须实施哪些附加的 IT 系统？

1）技术实现的步骤

在这里，将 CRM 战略和可持续的技术概念进行结合分为三个步骤：

- **IT 审计**

透明度的实际创造，包括现有的 IT 系统（软件）、硬件、网络、沟通、协议以及其他，确认所有负责目标 IT-CRM 解决方案的实施和操作的关键人员。

- **数据模型和 IT 基础机构计划**

开发整体的数据模型，考虑：真实的客户描述、定义目标系统、将来的 CRM 趋势（比如作为客户接触点的互联网）、确认相关的数据库、定义“数据鸿沟”并采用技术解决问题、订立目标 IT 基础结构的方案等。

- **软件 / 服务供应商的选择**

将定义的工具 / 供应商需求转化为报价要求 (RFQ)，广泛收集信息并确认最佳的实施合作伙伴，设定项目的实施计划和里程碑。

2）技术实现的计划

这里是一个简单的技术实现的计划：

- **IT 审计**

开发标准的调查问卷

与主要人员的集中访谈

描述现有的软硬件组成（面向 CRM 的 IT 规划前景）

- **设计数据模型 IT 基础结构规划**

根据定义的目标系统，确认相关数据和数据库

数据库模型的开发

数据流和 IT 系统的确认

定义移植进入 IT 基础结构的计划

- **软件服务供应商的选择**

为潜在的软件服务供应商开发报价需求 (RFQs)

供应商和系统软件选择

计划实施的部署 (与软件服务供应商的合作)

3) 全面评估过程中的客户管理决策

- **评估过程**

初始信息和对 CC/CRM 的非正式访问

对市场上所有供应商的初始选择

通过电子数据对支持可能性的选择进行评估

对招标进行邀请和编辑

为评估供应商设定标准

根据标准对供应商进行评级

邀请三家供应商做演示

通过文档、演示和报价对供应商进行评估

提供决策制订过程的管理报告

- **技术性的成功要素**

安全 确认安装防火墙，必须为各个安全层级设定不同的进入权限，为每个客户设定密码。

用户友好性 设计简单的页面结构以方便浏览，也提高页面出现的速度。

可靠性 系统应该 100%可靠。

结构 平台结构必须组件化，必须能够连接将来的应用软件和模块。

可测量性 需要建立系统的可测量性来应对数据量的不断增值。

交互连接 各个界面 (集团企业，客户，物流供应商）都需要安装双向的数据交换工具

摘要

本章阐述了 CRM 战略规划的必要性，并强调企业要重视项目目标和范围，同时展开了 CRM 目标设定、战略与实现以及战略开发的方法和步骤。

思考

19.1　为什么要进行 CRM 战略的规划？

19.2　CRM 战略开发有哪些步骤？

19.3　CRM 战略如何实现？

19.4　如何建立企业的 CRM 战略？

20 定义 CRM 需求

目标：在读完本节后，您应该能够——

了解如何定义 CRM 需求；

了解 CRM 的需求层次。

导言

企业进行 CRM 系统构建的过程中，在定义需求阶段经常会陷入一个怪圈：需求定义的是企业现有的业务需求，而忽略将来的需求，更忽略了基于长期发展而相适应的技术需求。很多企业在自己或者委托其他公司进行 CRM 构建研发的时候，只是对现有的企业业务需求进行细致的分析和提炼，更多的是企业业务的再现，这样的结果在一定周期内还是很有可操作性的。但是企业在发展，业务在调整，需求在变更，一旦环境和条件发生变化，构建的系统就会不适应企业，而在技术架构上的欠缺也使系统的拓展和更改变得代价昂贵。

因此，在需求定义阶段企业需要做的是三件事情：

定义现有的业务需求；

定义将来的业务需求；

定义长期的技术架构需求。

20.1 业务需求分类

1）现有的业务需求

CRM 项目首要目的必然是解决企业当前的管理问题，因此现有的业务需求就作为需要的第一内容，如何体现现有的业务需要并有效地进行优化提炼，是 CRM 系统能够顺利部署并能够充分应用的关键。尤其是现有业务需求的提炼和实现，将在应用中提高业务效率，解决流程瓶颈，也是推动应用的因素之一。

在进行现有的业务需求提炼的时候，不要就只放在再现业务上，而是要基于一个有高度的 CRM 战略框架之上来提炼，这样才能确保构建的 CRM 系统不至于偏离为业务系统，因为如果没有高度，没有战略框架引导，只再现企业业务部门的需求，很容易成为一个业务处理系统，这就与最初的构建目的南辕北辙了。

2）将来的业务需求

很多CRM构建系统忽略了CRM远景规划，从而也忽略了考虑企业将来的业务需求，而仅仅是再现了当前的现有业务，给未来的业务拓展留下了潜在的瓶颈。

企业是在不断发展的，其业务需求也是随着企业的发展而不断变化，尤其是构建一个CRM系统时，其拓展性普遍比成熟的CRM平台弱，因此提前考虑未来的CRM远景和CRM业务需求，并在当前的CRM构建中加以体现，将为以后的CRM拓展打下良好的基础，避免将来很多的麻烦，也可降低成本。

3）长期的技术架构需求

构建CRM系统选择技术架构很重要，一般而言对于一个长久发展的企业而言，当选择了一个技术架构之后就不会轻易地变换，而是在此基础上不断更新、升级、完善。

因此，构建CRM需要了解长期的技术架构需求，根据企业的规模、应用需求以及其他应用系统的技术等因素确定一个最合适的技术架构，需要关注的一点是最先进的不一定是最合适的。

20.2 需求的定义

由于忽略需求过程造成的项目返工是恶性的，大量的构建项目在需求阶段就注定了它的失败。我们来看一些需求过程不科学的典型例子：

开发人员在企业各个业务部门呆了两三天就埋头开发；企业业务部门告诉开发人员我要什么什么功能，但是我很忙，你先开发一个让我看看。

CRM系统构建的需求阶段包括两部分相关人员：开发人员和用户，二者可以都是企业的，前者也可以是属于委托的软件公司的。上面的这两种态度都将存在着项目的失败隐患。需求是开发者和用户交互的一个过程，任何一方的不投入都会导致项目的失败。当然，由于用户不是专业人士，开发者有义务告诉和引导用户应该采用何种态度来对待项目的需求。业务部门用户的支持是CRM构建项目的成功基础。

评判一个CRM构建项目成功的标准是看它是否解决了企业的问题，而企业的问题就是体现为企业的需求，需求也就顺理成章地成为项目的成功标准。

需求阶段的一个不慎都有可能导致软件实现阶段的大量返工，而需求的不慎不是说你小心就可以避免的，因为很多需求是隐性的，连用户都不清楚自己的需求。这时候就需要一种科学的方法来帮助 CRM 构建项目组实施需求过程。

20.3 需求的特征

1）需求是变化的

有软件大师说："没有不变的需求，世上的软件都改动过 3 次以上，唯一一个只改动过两次的软件的拥有者已经死了，死在去修改需求的路上。"

早些时候上 ERP 的企业在企业发展的时候发现原有的 ERP 系统需要改进，可是要改进或者是更改现有的 ERP 系统，唯一的方法就是重新开发一个 ERP 系统。这对于企业来说是笔不小的支出。此时，落后的信息系统就成为制约企业发展的重要因素。是什么原因造成了这种情况呢？主要的因素是传统的系统分析是在假定需求不变的情况下进行的，这样可以把企业的资源配置到最优的程度。可是在现代瞬息万变的社会，一个企业固守旧有模式，势必会在竞争中处于劣势。既然企业的需求是变化的、不稳定的，那么以变化的需求为基础建立起来的企业信息系统当然也就不稳定了。

需求是不稳定的，但对象都是持久的，例如客户、产品已经有相当长的时间。现在比较先进的面向对象的开发方法的精髓就是从企业的不稳定需求中分析出企业的稳定对象，以企业对象为基础来组织需求、构架系统。这样得出的系统就会比传统的系统要稳定得多，因为企业的模式一旦变化，只需要将稳定的企业业务对象重新组织就行了。这种开发的方法就被称为 OOAD（Object Orient Analysis & Design 面向对象的分析和设计），而分析出的企业对象就被称为 Common Business Object。

2）需求目的

在 RUP（统一软件开发过程）中定义了需求工作流程的工作目的；

业务部门和其他相关人员在系统的工作内容方面达成并保持一致；

使系统开发人员能够更清楚地了解系统需求；

定义系统边界（限定）；

为计划换代的技术内容提供基础；

为估算开发系统所需成本和时间提供基础；

定义系统的用户界面，重点是用户的需要和目标。

事实上，用简单的话来说明需求过程，就是确定系统该做些什么以及该符合什么条件。话虽然简单，实现起来可没有那么容易。所以科学的需求过程有一整套完整的理论、工具、方法来实现。就像任何企业要赢利都必须要有业务和伴随业务的管理一样，需求过程也分为需求分析过程和需求管理过程。需求管理的不足可能还可以应付小型的软件项目，可是对于大型的CRM构建项目，管理的不足就会暴露出来，而直接的后果就是项目的失败。

需求分析过程主要做的事情无非就是获取用户对系统的要求，可是需求是多变的，而我们不可能告诉企业相关人员等到把一切都固定下来再开发软件。所以需求管理过程做的事情就是保证需求变更的可管理性。

20.4 需求的层次

软件需求包括三个不同的层次：业务需求、用户需求和功能需求（也包括非功能需求）。业务需求反映了企业或业务部门对系统、产品高层次的目标要求，它们一般在项目视图与范围文档中予以说明。用户需求文档描述了用户使用产品必须要完成的任务，这在使用Use case文档说明中予以说明。功能需求定义了开发人员必须实现的软件功能，使得用户能完成他们的任务，从而满足了业务需求。软件需求各组成部分之间的关系如图所示：

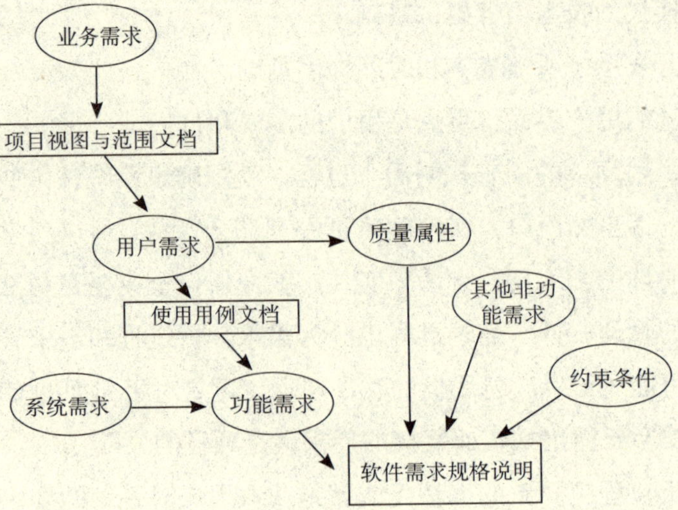

图 20.4.1 需求层次图

对应到 RUP 的工作流程，业务需求其实是 RUP 的业务建模流程（Business Modeling），主要的目的是对企业目前的业务流程进行评估，并根据要进行的项目，确定进行何种程度的业务建模（要构建一个 CRM 系统就意味着企业必须优化业务流程，而上一个部门级 MIS 项目就没有必要用“牛刀”了）。这样企业就可以规划业务前景（Business Vision），明确项目成功后会是个什么样子，并在 CRM 相关人员范围内达成一致。业务需求层次需要投入的精力视具体项目而定，而业务需求的确定对之后的用户需求和功能需求起了限定作用，业务需求就是需求过程的“宪法”，任何需求不得与之相违背。

到了用户需求层次上（RUP 的需求工作流程），重心就转移到如何收集用户的需求上，即确定角色和角色的用例。需求分析是很难的，因为很多需求是隐性的，很难获取，更难保证需求完整，而需求又是易变的。一般来说，在作需求分析的时候，更多依靠的是访问与分析企业各种原始文件。

功能需求依赖于用户需求，可以说是用户需求在系统上的一个映射（Mapping）。开发者思考的角度从用户转移到开发者。在这个层次上，为用户做一个 CRM 软件原型是一个很不错的主意。直到现在，用户对软件还是没有一个实实在在的概念，如果你给用户一个原型，用户就会说："哦，我的CRM系统原来就是这样的。"这就避免了用户在软件开发完成后才看到软件所带来的一些风险。是否有必要采用快速原型开发法和原型应开发到何种地步取决于具体的项目，很多时候，用一些非正规的方法来生成原型：如果要开发一个WEB系统，用HTML或者ASP做几个页面给用户看看；如果做一个C/S系统，用VB做一个界面给用户，都已经足够用了，甚至完全可以在黑板上画一画将来的软件的面貌都可以。如果已经有一个CRM软件作为参照，可以使用图片编辑工具进行截图拼装，也可以实现原型界面。

摘要

本节将业务需求分为三类，并讨论了具体的需求定义，同时描述了需求的不同特征以及不同的层次，以利于清晰的定义需求。

思考

20.1　如何定义企业的需求?

20.2　企业的CRM需求具有怎样的特征?

20.3　CRM需求有哪些层次?

20.4　定义需求时还要注意哪些问题?

21 CRM实现方式选择

目标：在读完本节后，您应该能够——

了解系统构建的优劣；

了解购买系统的优劣；

了解服务外包的优劣；

根据企业需求进行决策。

导言

"CRM应用：购买、构建或者外包。" Gartner Group。

企业要进行CRM应用，可以采取的模式是三种：购买、构建和外包。这三种方式是各有利弊、各有所取，不同企业所适应的方式也是不同的，每个企业在不同发展阶段也可能有不同的方式，所以并不存在一个完美方式。

虽然我们一直强调CRM超越软件的概念，但是企业也必须重视CRM软件解决方案对于CRM应用的重要性。信息技术给企业实现CRM理念和流程提供了强大的支持，自动化、海量数据、智能分析等等，都可以轻松完成。

并非购买CRM软件就是唯一的途径，钱的多少不再是企业唯一考虑的问题，企业需要综合企业的需求和前景需求，来作出最适合的决策。

21.1 系统构建

构建意味着自主研发，这种方式包括两种可能性：一是自己公司组织研发人员进行开发；一是委托其他的计算机研发公司对自己公司进行研发。当不存在一个成熟的平台或者软件包的时候，从最基本的企业的需求开始，根据企业的需求进行的完全或者大部分的个性化开发或者大部分为企业个性化开发的时候，就算作系统构建的范畴，因为他们的方法、步骤、风险等都是类似的，只不过是研发团队的归属不同而已。

另外，系统构建还有一个特点是：需求变更的时候最终用户是不能进行定制的，只能由原研发人员来进行开发。这是与系统购买的主要区别之一，关键在于最终用户是不是能够主动控制订制和需求变更后的研发。

目前国内企业很多都有自己的研发队伍，信息中心有一名或者数名技术人员，从一个个小技术项目做起来，然后遇到了企业的CRM项目；或者是因为业务涉及软硬件，企业本身有很强的研发队伍，面对企业的CRM项目时有足够的技术力量来完成。

当这些企业开始CRM项目规划部署的时候，总是会遇到一个问题：要不要自己开发？或者也会有另外一种情况：企业已经采用了很多信息系统，而信息系统的管理是交叉的，是不是可以开发一个或者多个模块来集成其他的系统从而形成一个CRM系统？

1）整合资源

企业在考虑进行系统构建的时候，大部分是因为企业已经有很多资源可以利用，可以有效地降低显性成本，比如已有的IT系统、已有的研发技术人员等等。而在将CRM项目委托计算机软件公司进行研发的时候，如何整合企业的已有资源与研发公司有效地配合，也成为一个关键。所以在系统构建方面，整合资源是一个重要课题。

● **已有的IT系统**

企业在部署和构建CRM系统之前，会已经有一些IT系统，尤其是与CRM相关联的如客户信息系统、销售管理系统、售后服务系统等，还有ERP、财务等系统。这些系统一般有CRM相关的数据，需要进行整理和集成。

在构建CRM系统时，需要考虑已有的IT系统的去留和集成策略，并考虑多种原始数据的整理和集成策略，并在系统构建时就设计好接口和数据处理引擎。

● **已有软硬件投资**

在构建CRM系统的时候，还需要考虑的是企业已经有的网络、服务器、终端等投资和软件投资。在保护已有投资的前提下，充分利用和扩展现有的硬件资源和网络资源，并结合当前的应用软件的版本，进行CRM的构建规划。

很多CRM项目在规划时喜欢选择高起点的全新软硬件投资，在不考虑预算的情况下是可以如此做的，但是哪一个企业不考虑ROI？能够充分利用已有的投资还是有必要的，至少在现有的不能满足需求的情况下再考虑新的投资。

● **技术人员**

对于构建 CRM 系统，如果是企业自己进行研发，那么对于企业内部的技术人员力量要求就很高，这是不言而喻的；如果是委托软件公司进行研发，那么企业自身的技术人员也不应该袖手旁观，应该积极参与进去。

构建 CRM 系统是一个庞大的工程，如果不从系统需求调研、建模设计开始切入，不跟踪跟进具体设计和编码阶段，是无法满足长期发展的维护和二次拓展的需要。尤其是在中国软件行业还不习惯编写非常完善和详细的设计文档的时候，有一个或者数个有经验的技术人员一直跟下来，对企业有莫大的好处。

● **行业资源**

很多企业再构建 CRM 系统时也经常忽略一个问题，就是自己在整个行业价值链的地位。很多人会想企业自己的系统构建跟整个行业有什么关系？其实，从整个行业价值链的角度考虑可以充分地让企业在构建 CRM 系统时有一个整体的高度。

企业在同行业内有无行业的代表性？如果有，哪些是有代表性的亮点？这些亮点是要在 CRM 系统构建中着重体现的，因为这是整个行业所认可的，必然是有存在价值的。

在行业内有无最佳标杆和实践的学习借鉴？从 CRM 远景目标规划来讲，借鉴行业最佳标杆企业作为参考，是有利于企业确定正确的远期目标的。

2) 规划

任何一个项目，无论是软件项目还是实施项目，规划是必不可少的。对于系统构建而言，规划意味着在定义研发周期、研发技术、研发功能、研发预算等等限制条件下无限地扩大构建能力。要基于企业的实际条件来规划而不是无边际地猜想。

规划围绕几个层面：一个是战略规划，包括战略目标、远景、架构等的规划；一个是项目规划，包括构建项目计划、构建技术、研发周期、资源调配等；一个是系统规划；还有一个是关于实施的规划。毕竟实施不是一蹴而就的，而是要持续优化的。

规划时的一个要点是尽量不要让 IT 部门或者 IT 人员主导，而是要让业务管理高层来主导，而且让整个企业的各方面部门主管或者骨干参与进来，这样可以避免整个构建项目偏离进入信息技术的角度。

在规划时系统方面就要开始定义运行系统前景和体系结构的里程碑，需要项目管理和功能小组的支持。其中系统方面的规划涉及以下内容：

基础结构和需求规划 为服务器、终端、网络等指定初始基础结构需求、初始系统与网络规模，尽快搭建开发环境。

规模和可伸缩性 计算初始数据库规模和预期的存储增长以及服务器资源的规模。

备份策略 定义系统备份和恢复策略。

意外处理机制 定义切换系统和意外事故处理方案以及系统的可用性、可靠性。

网络规模 确定网络需求规模：计算 LAN、WAN、远程连接的预期吞吐量与带宽。

系统帮助 为技术问题定义初始帮助桌面策略。

3) 时间周期

时间是很无奈的因素。企业在不断地发展，对信息系统的需求也是紧迫的；如果长时间的研发不能形成应用的话，企业的耐心和信心就会受到打击，而企业的需求也发生变化从而不能真实地反映企业的需求造成系统脱节从而闲置。

- **开发周期**

构建 CRM 系统的主要周期就是开发周期，这是一个核心的而且需要一个阶段的周期。一般的 CRM 系统的研发周期为三个月，太长会造成实际需求的变化与系统的脱节；太短几乎是不可能的，除非已经有一个比较成熟的平台，但企业构建 CRM 系统是没有这个条件的；如果委托软件公司进行，是可能在已有的平台上短期完成的，但复杂的技术测试和应用测试等都需要时间。总之，一个比较成熟能够进行商业部署的系统的开发周期是不可能短时间完成的。

- **实施周期**

企业构建 CRM 系统之后，实施部署该系统也需要一段时间，这个阶段决定着 CRM 系统应用的效果，其中包括数据整理和初始化、系统集成、流程优化、使用培训以及结合绩效考核等，这一连续的实施工作在顺利的情况下需要一个月的时间，而在不顺利的情况下可能需要更多的时间。在这个阶段，不能为了任何目的而草率地追求上线的时间。

- **试运行周期**

实施部署 CRM 系统之后，企业需要试运行一段时间，来熟悉、磨合和优化 CRM 系统，这段时间一般为三个月，在三个月内企业的大部分业务都会走上一遍，而且也能够积累一部分业务数据，有利于进行试运行优化和初步的统计分析。这也是出效果的阶段，即使效果不一定很明显，但也是很鼓舞人心的。

4) **成本**

系统构建虽然减少了高昂的一次性购买费用，但是如何全面地核算系统构建的真实成本而不是简单地统计显性成本是很关键的，尤其是进行全面核算并有效地控制构建成本是很有必要的，否则就会造成后续投入和人力、维护、协同等隐形成本越来越高，降低系统构建的成本的初衷就成为泡影。

- **人力成本**

这可能是构建 CRM 系统最大的成本之一。视选择的技术架构不同人力成本也不同，单纯技术开发人员的成本还是可控的，但是要寻找一个优秀的富有管理经验和技术研发经验的项目经理是困难的，而且代价很大，构建系统周期结束后如何安置项目经理以及开发人员是一个很大的人力资源难题。

- **资源成本**

构建 CRM 系统的研发、实施等需要调动大量的资源来支持，即使是最简单的资料打印和复印的资源费用，也是很可观的，要有效地计算构建系统的 ROI 和控制预算，就要管理好资源成本。

- **维护成本**

当构建实施完成之后，不可能将所有的相关人员都撤离 CRM 项目，需要保留 1 ~ 2 名维护人员，进行数据分析、整理和报表设计发布、问题修改版本更新等工作，需要单独的维护预算。CRM 是一个持续的事情，所以维护也是持续的事情，那么成本也是持续产生的。

● **协同成本**

在构建 CRM 系统时，我们不可能要求企业所有人都停下手中的工作来支持和配合，只能在相互协调中进行。尤其是 CRM 系统的构建在需求、测试和实施阶段需要大量的业务相关人员的配合和参与，以及维护期间新的需求沟通和问题反馈解决都需要大量的沟通协同时间，而这些有可能已经影响了企业的部分业务工作，这些协同必然也就产生了成本，只是这种成本是不明显的。

● **机会成本**

机会意味着你选择了构建系统，就丢掉了购买成熟软件系统的机会；你选择了某一种业务流程，就丢掉了另外一种优化模式的流程；当你的选择在实践中被发现不是最佳或者是次佳选择，你丢掉的机会却是最佳选择时，你已经产生了机会成本。问题的根源是：世上没有后悔药可卖，那么企业如何有效地避免损失类似的机会成本呢？

5) **技术**

系统构建采用哪一种技术也是关键因素，虽然有时候受限于当前技术人员熟悉的技术，但是技术架构是可以选择的，而且不同技术架构的综合成本是不一样的，企业在构建 CRM 系统时需要慎重选择，这是一个长期的技术架构规划的问题。

技术是为需求服务的，理论上任何技术都能满足需求，但是实现的成本、周期等就各自不一，而且维护成本和难易程度也不一样。在不考虑成本和人力的问题时，选择任何一种技术架构都可以实现业务需求，只是实现的程度和方法方式不同。

● **技术成本**

比较不同技术的相关成本，比如开发环境、应用环境、研发人力成本等。

● **技术研发周期**

不同技术对于同一需求的研发周期是有差别的，在时间要求上比较高的企业可以注重这一因素，但是研发周期快的技术在稳定性和可靠性可能会弱一些。

● **技术的生命周期**

虽然不是最先进的技术就是最适合的，但是也不能不考虑技术的生命周期，不要选择很快就要淘汰的技术，但是也不要选择最尖端最新的技术，处于生命周期前端和末尾的尽量不要考虑。

● **技术的拓展性**

是否能够提供多种拓展和接口来实现构建系统的拓展性和伸缩性，实现数据接口集成和数据加载，实现移动终端的支持等，这是远期拓展很关键的因素。

6) **架构**

基于企业的业务需要，对于系统的架构会有很多要求，比如浏览器结构、离线结构、全国区域集中同步结构等。

● **客户端结构**

客户端 / 服务器模式，又可以细分为二层 C/S、多层 C/S、瘦客户端等，适用于局域网或者网络速度与质量俱佳的广域网，互动性较好，与系统应用结合较紧密，系统的安全性和可靠性较强。

● **浏览器结构**

浏览器 / 服务器，也可以细分为单层、多层架构的 B/S 等，适应于因特网上的应用，集团内部网也有良好的表现，适合远程登陆、异地办公、客户现场展示等，同时部署简便，维护工作量较少。

● **离线结构**

可以归类于 C/S 与 B/S 之间。技术性质是 C/S 的，但是离线操作，也可以通过网络连接进行实时同步，实现了 B/S 的远程登陆、异地办公、客户现场展示等，还有 B/S 没有的离线操作的功能，这对于随时在外拜访客户的工作人员来说，在国内网络普及不理想的情况下是最有效的方式之一。

● **集中同步结构**

相当于多种结构的组合，即全国各个区域都使用一套独立的 CRM 系统（前三种模式都可以），在后台有一套远程集中同步机制平台与集团总部进行双向实时或异步出发同步，实现集团的集中同步应用模式。

7) **数据模型**

作为企业需求提炼的结果，需求报告是整个系统构建的源泉，而基于需求报告提炼分析而形成的数据模型则是整个研发构建的基础。

研发都是面向对象技术，企业的业务实体转化为系统的实体，表现在ERD（实体关系图），ERD映射到设计就是实体类，映射到数据就是数据模型和数据库。很多研发项目会在需求阶段之后进行ERD分析并建立数据模型，数据模型的建立直接反映了企业的业务关系和业务流程。

构建CRM系统自然是围绕客户这一业务对象开始，但是涉及订单、产品、价格、渠道等众多业务对象的复杂关系，CRM系统的数据模型的分析很重要。很多人认为这是技术的事情，但恰恰这应该是业务人员充分参与进来，利用业务人员熟悉的用例图等进行数据模型的描述和迭代，是需求分析的重要工作之一。

8) **测试**

对研发过程，本书就不过多地涉猎。我们关注的是企业的需求和数据模型确认后，经过这个黑箱输出的系统。系统构建到这一阶段，研发单元的内部测试已经结束才能提交，作为企业需要做的是应用测试和实际环境测试。

测试是很关键的，没有经过应用和实际环境测试尤其是实际业务数据和实际操作流程的测试的系统，是不能投入实际部署实施的。测试过程是检验所完成的工作是否实现了预期的目标，是确保构建的CRM系统的质量与可靠性的过程。

- **技术基础结构测试**

这一部分是属于技术实施的范畴，以确保平台的稳定、数据的完整性和安全性。测试内容包括：备份与恢复测试、意外处理和灾难恢复测试、可用性测试、数据加载测试、系统管理和监控测试、身份认证和安全性测试等。

- **应用测试**

对CRM系统的应用功能进行测试，检验系统功能是否实现了需求设计并检验实现过程是否存在问题和错误。应用测试一般基于演示数据按照应用测试规范进行各个功能模块和业务流程的测试，并详细记录测试结果和问题。

● **实际业务数据测试**

过程同应用测试，唯一不同之处是采用企业的实际业务数据，这些来自于现有系统或文件的实际业务数据是通过工具加载进去，主要原因是因为演示数据具有假设的正确性，而实际业务数据的复杂性和随机性可能会造成应用系统潜在的问题暴露。比如系统中演示数据理所当然预设的条件数据与实际业务数据的差距造成流程的不可用。

● **海量数据测试**

有很多工具可以选择用来做海量数据测试，而这个测试是要结合最终的应用系统和应用环境包括服务器、网络、终端等进行的，主要是测试系统环境对海量数据和高并发处理的性能指标，以能够及时发现瓶颈并消除。

● **试运行测试**

构建的 CRM 系统是好是坏，只有用起来才能体现。试运行测试就是检验最终 CRM 系统的重要环节，只有在试运行获得预期效果才可以进入正式运行推广期。

● **升级测试**

构建的系统自然会存在很多程序的 Bug，需要不断进行问题反馈和修改，不断地修订补丁，在累积一段时间就要发布升级版本，而升级版本的测试是很重要的，测试是否解决了问题并是否又引发了新的问题之后再发布是比较谨慎的风格。

9) **发布**

系统构建完毕，进过严格的单元测试和应用测试之后，就可以进行发布了。发布也是有策略的，不一定要全部构建完毕之后再发布，是可以根据系统规划一个阶段一个阶段地发布，同系统研发测试同步迭代进行。

在系统运行之后，还存在升级程序的发布，也同样适用该发布管理。

● **发布的机制**

发布一定是基于技术测试和应用测试之后达到发布的质量标准之后才能封

装发布的，构建系统的团队中可以设置专职或者兼职的质量部门 / 人员，进行质量管理并负责程序的发布并且是唯一的发布出入口，确保应用程序的唯一性，即使是存在错误也应该保证错误是唯一的、相同的，这样才利于管理和控制。如果控制不好，会造成这个问题发一个补丁，那个问题发一个补丁，这个程序员修改一个地方，那个程序员修改一个地方，最终没有一个唯一的版本。

● **应用补丁**

补丁是为了解决问题和错误而发布的程序包，没有一个系统是完美的，也就是所有系统都需要进行问题解决而发布应用补丁，如何有效地解决应用补丁的版本，以及与问题清单的对应和跟踪是一个值得注意的问题。

● **问题管理**

在各种测试的过程中会发现很多问题，在试运行和正式运行过程中也会发现很多问题，所以需要建立起问题报告机制，有统一的问题清单文档和流程，并能够区分是问题还是需求，以分别进入补丁和升级版本的处理流程。

10) **培训**

如何让企业的所有相关人员能够正确使用系统，培训就举足轻重。在构建 CRM 系统需要进行培训的方面很多，如果有效地利用了培训可以使 CRM 系统构建事半功倍。

● **启动培训**

作为构建系统，一定要切忌先从技术入手，所以在构建项目启动的时候先切入 CRM 整体战略思想和框架的培训，有利于先树立一个良好的整体观。构建 CRM 系统不要一开始就急着研发，充足的前期储备更有利于后期的方向把握。

● **理念培训**

技术是要为业务服务的，而业务是基于 CRM 理念来提炼延伸的，所以典型的 CRM 理念培训是构建 CRM 系统不可或缺的一个环节，尤其是当技术人员为大多数的时候，整个团队更需要理念培训，这样可以确保研发方向不会偏离。

● **技术培训**

技术培训包括3个层面：一个是技术架构的培训，这方面大多借鉴国外的优秀CRM系统进行技术架构的学习和借鉴，角色一般为架构师与分析员；一个是研发技术的培训，这方面主要是提升和统一整个团队对采用的技术环境的熟悉和规范，角色一般为程序员；一个是系统管理的技术培训，包括硬件系统的管理和软件系统的管理，角色一般为系统管理员。

● **使用培训**

集中式的最终用户的使用操作培训，需要注意的一点是不同业务部门需要编写不同的培训讲义，培训讲义不仅要讲述系统功能，还要结合商业情景和具体案例来进行互动培训。另外，在现场的辅导培训也可以作为使用培训的一个方式之一，这种方式效果较好，但是时间和成本较高。

● **数据分析培训**

对业务人员或专职数据分析人员进行数据分析的培训。包括如何设置数据点、建立分析模型、进行数据分析并产生决策分析报告等功能，并能够分析CRM流程中的数据变化，及时反馈信息给各业务流程节点，有效地推动业务流程的优化。

● **维护培训**

对后期维护人员的培训，涉及使用解答、问题跟踪、程序修改、系统管理、升级更新等内容。

11) **技术支持**

系统构建的技术支持还是比较有优势的，毕竟系统是内部人员自主研发的，但是也存在骨干人员流失等忧患。在当前CRM项目普遍开始关注而且相关人员又不是很多的情况下，很多企业的CRM项目人员在实施之后就被咨询公司或者软件厂商给挖走。所以要建立一套完善的技术支持体系，使其不至于在人员流失的情况下导致项目陷入瘫痪。

● **手册**

各种完备详细的手册，是技术支持的资源库。从构建项目一开始，就要做好文档编写工作，无论是需求还是设计、研发以及测试、实施等环节。许多人不太习惯写文档，但是强行养成这样的好习惯，企业会在很多时候感受到这个习惯带来的好处。

● 在线支持

CRM系统的使用、调试和程序的修改等都可以联机在线支持，在系统部署的时候就要考虑到这一点，预留在线支持的端口或者接口。比如当构建的CRM系统需要发布在Internet上利于远程实时访问，那么可能会托管，可能会申请公网IP，这时候远程控制管理是比较合理的。

● 电话支持

这是最常见的，在企业内部设置一个CRM支持热线，企业的使用者有任何问题和需求都可以进行电话沟通，一些比较低级别的问题就可以在电话中解决。

● 服务支持

问题比较紧急或者严重的，自然还是现场服务好，只是不需要现场服务的就尽量不要浪费资源，如何有效地平衡资源是管理的问题了。

● 技术文档

在整个构建项目周期中持续的活动都需要有计划和文档记录，以确保整个过程是可控和可回溯的。

● 程序指南

描述整个项目的组织、任务、角色和职责。这可能还包括功能和技术人员共享的说明，如：项目的开发方法论或传输系统的规则，类似于意外事故处理计划，定义在系统、文档和组织等方面的革新管理等。

● 管理和操作手册

有关系统结构的详细说明以及全部系统操作的详细说明，这包括操作系统管理、数据库管理、应用系统管理与监控、失效操作、备份程序等。

● 技术有效性测试规范

在系统投入运行之前用于测试技术需求和规范。测试可以包括模拟磁盘或电源失效、网线断开、删除重要文件、数据库恢复、归档、安全性问题等等。

- **应用测试规范**

在系统投入运行之前用于测试应用功能的需求和规范，包括测试用例与功能实现指标等。

- **用户指南**

面向功能，以描述用户在 CRM 系统业务应用中的工作。

其他技术文档诸如：项目计划、投入运行准备计划、移植计划等等。

21.2 系统购买

所谓系统购买，就是购买成熟的软件包或者成熟的软件平台。购买，并不意味着买了就可以马上使用。企业的环境不同、需求不同、规划不同，需要对软件包进行不同配置甚至一定范围内的个性化定制，一般而言定制是灵活的可以是由用户自己定制的，而且定制的范围控制在 20%～40%之间，否则就不是系统购买而是系统构建了。

系统购买虽然便捷，但是一次性投入费用比较高，而且系统购买的关键是实施，实施方的能力直接影响项目的成败。

系统购买与系统构建除了是购买还是研发的不同之外，其他方面还是比较雷同的，有些问题也都是共性的，因此在系统购买这一章节就不进行更为详细的介绍，相关内容可以结合系统构建章节来参照。

1）**整体规划**

无论是系统构建还是系统购买都是要进行整体规划，无论是战略目标、远景规划、技术架构、应用部署等方面。

2）**功能需求报告**

在需求定义和整体规划的基础上，形成功能需求报告作为选型招标的功能需求标书部分。

3）**选型招标**

这是管理的事情，至少三家的供应商，按照标准和标书进行应答和演示，最终确定合作方，对企业和招标方而言都是比较残酷和痛苦的事情，但是对企业而言是很关键的环节。

4）**咨询优化**

系统购买的模式一般会由咨询商或者实施方提供 CRM 相关业务的咨询优化，以更好的结合 CRM 解决方案提升企业管理。

5）**功能需求**

这一阶段的需求调研是软件厂商或者 CRM 咨询商主导的，与前期的需求以及系统构建的需求定义不太一样的地方是，这次需求是基于已有的 CRM 软件为基础的，因此其范围可能就会有所取而有所不取。

6）**客户化定制**

同于研发过程，只不过这种客户化定制是在一个成熟的平台和应用环境之上而拓展定制的，而且其主导角色部署厂商的研发人员是实施方的技术顾问，甚至企业的技术人员。它同样存在测试和发布的管理问题。

7）**数据移植**

已有系统的数据和各种原始数据，利用各种工具加载进系统，或者进行整理分析，以平稳移植到新的 CRM 系统。

8）**部署实施**

实施 CRM 系统，包括流程设置、安装培训、现场辅导等等。

9）**效果评估**

试运行阶段结束后双方或者多方进行试运行效果评估，评估 CRM 系统的实际效果，并规划持续优化方案。

10）**版本升级**

CRM 系统的版本升级由厂商统一发布，系统管理员根据升级文档进行定期升级即可。

11）**维护支持**

项目实施会培养企业的维护支持人员，同时实施方或者厂商会提供有偿服务，包括电话支持、在线支持和现场服务支持等。

21.3 SaaS 服务

国内企业对于外包服务还不是很接受，虽然 IT 外包在国外已经是很流行的降低成本的方式。外包服务在 CRM 方面的体现即 SaaS 模式，目前比较成熟的有 SalesForce、Sage CRM、RightNow 和 Siebel OnDemand、SalesNet、NetSuite 等 Host 模式的 CRM 产品服务。

1) 应用服务提供商的定义（CRM 领域）

应用服务提供商向其客户提供的是在线 CRM 系统的实施及管理服务。应用服务提供商按合同条款在客户办公地以外的场所向客户提供实施、hosting 及管理在线 CRM 系统的服务。应用服务提供商直接或间接拥有管理整套在线 CRM 系统所需的所有知识及其他。

2) 应用服务提供商的特点

● 以 CRM 产品为核心

应用服务提供商所体现的主要价值是对 CRM 产品提供接入式使用及管理的服务。它有别于提供业务流程服务的供应商，如提供人事或财会业务服务的供应商。它也有别于纯粹的 hosting 服务的供应商。后者所提供的是网络和服务器的管理和维护，而不涉及任何应用产品的管理。

● 销售接入式使用 CRM 产品的模式

应用产品供应商所体现的一部分价值是客户可以在不对软件、服务器、技术人员及其他必要资源作任何先期投入的情况下使用一个新的 CRM 系统。通常情况下，应用服务提供商拥有该系统的使用许可，或和该系统的软件商签有使用该系统的合约。而传统的 CRM 管理服务则是客户拥有产品的使用许可并对其进行实施。管理服务提供商所做的只是对 CRM 系统使用环境进行管理，有时他们也会把该环境移入他们的技术中心以方便管理。

● 远程管理

在线 CRM 系统提供商是从他所拥有的或租用的场所向其客户提供服务的，而非客户的办公地点。客户是通过 Internet 或专线远程访问在线 CRM 系统。

● 提供一对多的服务

应用服务提供商采用的一对多的经营方式。应用服务提供商和在线 CRM

系统软件商及其他IT厂商合作，在合同规定的期限内，向多个客户提供标准化产品配置（提供非常有限的或根本不提供任何客户化）。相反的，纯粹的服务提供商所提供的是一对一的服务，即按每个客户的具体需求进行产品实施。

- **按合同条款提供服务**

虽说具体的产品方案是由多个合作伙伴共同完成的，但是在客户眼里，应用服务提供商负责整个合同的执行，并按合同规定按期提供服务。一旦有出现任何问题，应用服务提供商将出面负责处理，即便真正的支持服务是由该提供商和第三方伙伴共同实现的。

3) 应用服务提供商的种类

- **可提供的应用产品**

分析型应用产品：包括任何以分析某一商业问题为目的的应用产品，如财务分析软件、客户分析软件、网站分析软件及风险分析软件。

行业应用产品：包括任何行业性质的应用产品，例如：适用于制造业的MRP等等。

企业资源管理应用产品：包括财务软件、人力资源软件等等。

客户关系管理应用产品：包括销售管理、支持与服务管理、市场营销管理、呼叫中心管理等等。

商务应用产品：包括网上销售及营销、网上采购、网上客户服务及支持。

协作式应用产品：包括email系统以及会议应用系统。

个人应用产品：包括办公自动化产品，例如：微软的Office套件等等。

- **可提供的服务**

基本服务：指一个应用服务提供商在管理应用环境及达到基本客户满意度所需提供的服务。它包括应用产品的更新及升级、24×7×365对系统进行监测，以及基本的客户支持。

管理服务：指在主服务范围以外就应用产品的支持、安全性能等提供额外的服务及承诺，例如：就应用产品性能及数据安全性所达成的服务级别合约、指定的技术支持人员以及每日必做的应用产品和数据的备份。

扩展服务：指在管理服务范围以外提供额外的专业服务，包括应用产品配置及延展、策略及计划的制订、培训及教育支持。

4) SaaS 模式流程

● **销售环节**

明确 SaaS 在该项目中应承担的责任

明确实施开始的时间

确定收费开始的日期

确定客户对 ASP 有一个合理的期望

● **项目开始阶段**

明确客户方谁决定实施的开始日期

项目前期应包括哪些内容

了解现有的网络连接状况

了解搭建环境需要多久

● **项目实施阶段**

实施阶段如出现任何问题客户应和 SaaS 的谁联系

明确实施阶段 SaaS 的责任

明确实施阶段客户方应负有的责任

制订验收标准

● **数据接入阶段**

明确数据接入的目的

如何启动数据接入

确定该阶段双方的责任

● **交付使用阶段**

系统交付使用后如遇任何问题，应如何联系 SaaS

实施队伍的职责何时结束

SaaS 何时起对客户提供技术支持

系统交付使用后如客户要求作出任何修改，处理程序应该是怎样的

- **人员的配置**

专业的销售队伍

专业的实施队伍

专业的技术支持队伍

专业的培训队伍

专业的系统维护队伍

5）SaaS 应用服务提供商（CRM 领域）

SalesForce

Sage CRM

RightNow

Siebel OnDemand（CRMOD）

SalesNet

NetSuite

21.4 项目的个性化与标准化

管理软件市场历来随着它的目标客户－企业的发展而变化，似乎每一次的信息化诱导总是受到企业发展的抵制。我们的管理软件企业过于强调推广一些什么东西给我们的客户了，而客户的真正需求和发展趋势却是管理软件厂商所不关注的。

对于国内的企业，存在不同的因素，不仅仅是规模上的大型企业应用和中端、中低端应用市场。对于同一个规模市场，比如中端应用市场，由于企业所处的发展阶段不同，其体现的需求也是不一样的。因为管理软件的特殊性，它一定是体现企业的管理需求的，因此大型企业的管理可能还是粗放型，而一个中小型企业的管理可能已经很精细化了，因此不能一概而论。

但是，好像这种言论似乎会推导出管理软件一定要个性化。不是的，对于应用简单的、规模大的而且还处于粗放型管理的企业，还是建议上标准管理软件，走过第一个过渡阶段；而经历过信息化洗礼或者管理已经进入精细化的企业，是可以从自己的管理需求出发，基于标准软件平台进行客户化，建立一个适合自己企业发展的个性化的管理系统。

就拿 CRM 软件来看，要成为最有效的，CRM 应用软件必须与它们支持的以客户为中心的业务流程紧密地结合在一起。所谓的个性化，落实到项目中就是客户化。客户化是使 CRM 软件符合业务流程的一种方法，但是实现并非轻松的事情。

大多数 CRM 应用软件会提供某种程度的满足流程需求或不变的、额外的功能，大多数软件通过内置的参数支持一定程度的定制，这种基于参数的定制称为“配置”。一些企业特别是小的和不复杂的中小型企业，通过选择一个提供 80% ~ 90% 新功能并且配置或改变它们的流程以符合软件的运行来获得合适的结果。这也是一种变通的妥协的个性化。

有更加独特或复杂业务流程的其他企业，即使在选择了好软件并进行配置之后，他们还需要通过客户化编程来扩展或修改软件以满足自己的要求。这种扩展和修改 CRM 应用软件的客户化软件编程称为“客户化”。

既然没有一个完全满足企业需求的 CRM 系统，那么在部分满足的 CRM 系统的基础上，进行客户化是一个比较可取的实现之路。而更前一步的是，完全定制开发，但是完全定制开发由于没有一个基础平台和应用平台，无论在时间周期和系统稳定性上都存在一定隐患。

客户化并非一味地按照企业的需求来开发，而是需要评估企业需求并进行高度提炼和匹配，有时候一些客户化的需求是可以基于已有的基础应用进行调配组合而实现，这需要外部顾问的专业知识和行业经验来有效地识别。

我们要清晰地看到，那种更加量身定制的软件带来的利益包括对企业的业务流程的支持，但随之而来的代价是时间、努力和客户化软件编程以及支持它们的需求。

个性化并非管理软件的主流或者主要趋势，无论是标准化的有效应用和无限制的客户化开发，都是个性化途中所遇到的正反面情况。

对于整个管理软件应用市场，既需要标准化软件，也需要个性化软件，更核心的问题在于配套的服务。标准化软件，并非意味着没有服务，或者只有低劣的服务，反而越是标准化软件，越是需要专业化的服务，尤其是在行业应用中，基于标准化软件可以演绎很多经典的行业应用，在于一个标准化软件的标准模型，如何经过专业服务演绎为符合企业管理需求的应用。而只是一个粗糙的按照客户需求进行开发的个性化软件，如果没有专业化服务进行高度提炼管理需求，并通过专业服务部署到企业的业务中去，即使是软件开发得再符合企业的实际情况，再个性化，其体现的价值也是微乎其微，最多是一个企业熟悉的系统而不是有价值的系统。

个性化与标准化是没有冲突的，而是相辅相成的。个性化一定是基于一个成熟的标准化平台，而标准化可以不断地吸取和容纳个性化软件的高度提炼的共性的部分成为标准应用，二者不是存在一个泾渭分明的界线。在管理软件的发展历史中，一定是先有标准化，基于标准化基础不断吸纳企业应用的个性化应用经验，等积累到一定的共性再成为标准化软件的一部分，在这个基础上再继续个性化，二者更多不是对立而是迭代螺旋上升。

摘要

CRM 项目可以选择企业构建、系统购买和外包服务三种模式，本章详细介绍了不同模式的方法，同时讨论了在 CRM 项目中个性化与标准化的关系。

思考

21.1　为什么企业还需要自己构建 CRM 系统呢？

21.2　企业自主构建 CRM 过程的核心要素是什么？

21.3　企业购买 CRM 套件的大体流程是什么样的？

21.4　如何看待 CRM 的企业外包服务？

21.5　如何对待企业的个性化需求和项目的标准化？

21.6　请针对某个企业的情况做一个决策：是购买还是构建？并阐明原因。

22 CRM 项目实施

目标：在读完本节后，您应该能够——

了解项目实施的方法；

了解集团项目实施的推广策略；

了解项目管理中的注意事项；

进行 CRM 项目实施实践。

导言

众多的媒体和企业认为 CRM 成功率很低，甚至更悲观的论调是没有一个成功的 CRM 项目。虽然 CRM 项目面临的环境因素和各类问题太多，但是不可否认的是，成功率低的原因在很大程度上是因为项目实施的问题。

战略再好，也要落实才行；系统再好，也要部署应用起来。这其中的关键就是实施，而实施又涉及到组织、人员、绩效考核等等，是一个复杂的过程，需要企业充分地重视。

22.1 实施方法论

方法论是项目实施的一个指导性的纲领，实施方法论的重要性在于它将艺术化的工作变得标准化，不可控的形势变得可以触摸。但是，艺术总归有它的个性魅力，而标准化总归有它的僵化迂腐，因此选择一个平衡点，选择一个最佳的度，这是实施的关键之处。

1) 矩阵实施

针对集团式或跨区域的多单元实施，基于滚动实施战略发展演变出一种矩阵实施，其核心为：点面结合，设置阶段，试点建模，督导推广，持续优化。

● 点面结合

对集团的面而言，各个单元算是点；对于整体业务的面而言，各个功能算是点。如何既能有战略层面的高度，又能把点的功能做细，是点面结合的核心。

典型业务选取试点，选择原则是：业务典型、管理水平高、人员素质好、实施基础扎实。选点的时候注意照顾面，即区域的核心点，一个典型区域不要太多也不能没有。

● 设置阶段

对整个总单元的实施和每一个单元的实施都需要进行阶段分解。无论是集团的点，还是各个单元的点，每个点的实施，设置阶段，设置不同的阶段目标即里程碑。

● 试点建模

选取集团总单元的局部业务作为试点，或者从子分公司和区域伙伴等选择1～2个完整的业务作为试点单元。试点的实施关键在于实施的基础上建立标准流程和模式，以进行推广。

● 督导推广

试点建模形成优化的具有代表性的流程和模板，下一步就是在整个总单元的范围内进行推广。在标准模式上允许实施点根据个性需求在一定范围内进行个性化实施，但要求是可控的。

在流程和模式确立后，推广实际上是很复杂很关键的事情，由督导小组和业务或区域负责人进行区域内的督导推广，对实施点进行分级管理，针对不同层次的实施点进行激励和奖罚。

不同区域和不同规模的实施点对于CRM的接受能力和执行能力是不同的，所以分层次分内容分人员的多形式的培训是很重要的。

● 持续优化

运行一定周期后进行评估和持续优化。

2）**实施五步法**

五步法将CRM实施分为五个阶段，一步就是一个阶段，一个阶段就有一个阶段的目标和里程碑，循序渐进，每一阶段强调一个核心切入点，前后环环相扣。任何一个CRM项目（如果不是太小的话），都可以考虑分成这样几个阶段或者几个细分项目来做，投资也是可以逐步按照阶段投入，效果自然也是每一阶段就体现给管理层，这样就形成良性循环，从而避免CRM实施周期过长，人员信心逐渐涣散，管理层迟迟看不到效果，投资总是没有明显的汇报等恶性问题。

● 第一步 评估 evaluate

内部需求和能力成熟度（执行力）

进行企业内部需求再调研和 CRM 能力成熟度评估，针对需求调研和评估结果进行相应的培训和讨论。

确保实施前企业对 CRM 理念和 CRM 系统以及 CRM 实施的认识是比较统一的，并有效地避免出现部分对 CRM 系统期望值过高或者过于悲观的现象。

● 第二步 采集 gather

客户数据库、消费数据和第一阶段的客户分析和商业智能分析

基于统一的 CRM 系统作为信息平台，企业与客户接触的所有部门都在统一的平台上进行客户资源的统一管理。

此阶段涉及客户信息数据、关联的消费数据以及采集、录入、有效性校验、分类、共享等功能和方法的培训、实践和优化。这一阶段是客户资源管理的基础，也是很多 CRM 项目恰恰忽略的地方，没有真实有效而且及时的客户数据，CRM 管理是无从谈起的。

在客户资源管理基本梳理明晰后，进行第一阶段的客户分析和商业智能分析，初步建立各业务部门的客户模型。

运行优化周期：1 ～ 3 个月

● 第三步 过程 progress

客户接触过程、量化管理和预测管理、BPM 绩效管理

在有效采集客户数据并进行分析利用后，第三阶段的工作是加强过程管理和过程考核。

客户接触过程（呼叫中心＋ CRM） 建立呼叫中心，与 CRM 无缝集成，有效管理与客户接触的沟通渠道，包括：电话、传真、电子邮件、短信等。基于呼叫中心的建设和技术，建立多层次的客户服务体系和多层次的客户沟通渠道。

行动管理、量化管理和预测管理 加强营销与销售的过程管理，包括行动管理、销售机会管理、量化管理和销售预测等。

在过程管理的基础上进行 BPM 绩效管理（BI + FI）和 CBA（基于客户的会计核算）。

● **第四步　流程 process**

客户流程、企业流程和第二阶段的商业智能分析

加强客户流程，如客户接待、客户拜访、客户投诉、客户回访等流程的标准化和规范化；并加强会员俱乐部和客户满意度调查的建设。

在前期实施的基础上进行第二阶段的商业智能分析。

运行优化周期：3 ～ 6 个月

● **第五步　协同 portal**

企业门户、应用集成、企业 BI 与 BPM

基于整体战略进行企业门户、知识管理、EAI、电子商务和商业智能的建设，建立集团级的企业协同。

进行第三阶段的基于企业整体战略层面的商业智能分析，提供企业决策分析报告。

22.2　实施推广策略

实施推广策略对集团企业或者跨区域的滚动实施战略来说是非常重要的。就如本章开篇案例中的情况一样，必然涉及试点实施之后的实施推广，在这种情况下，一般在 CRM 项目的总体规划阶段，就应综合考虑将来的推广策略。

对于这样的大型组织，需要使用系统实施推广管理方法来具体进行模板化和推广的管理工作。利用实施推广功能可以更有效地进行需求调研、流程梳理、功能设计、实施过程与定制开发等阶段的模板版本控制和修改控制，以保证阶段成果的可重用性。其好处有：

● 引进国外 CRM 系统先进的管理思想及成功的实施经验，并且将其模板化，以提高企业的整体管理水平；

● 试点期的实施可以充分利用其他企业的成功经验和最佳实践；

● 推广期的实施可以充分利用试点期的成果；

● 可以节省实施时间和成本；

- 可以降低推广期实施的风险；
- 可以培养一支属于企业自己的实施和支持队伍。

应用系统、操作系统版本升级时可先在标准版本上测试，然后进行推广，节省升级的时间、成本和风险。

1) 实施推广策略

实施推广策略分为三个阶段：试点期推广、核心期推广、外围期推广。

- **试点期推广**

根据集团企业 CRM 系统的实施计划，采用 1 ～ 2 家具有典型需求的单位或者区域点作为 CRM 项目的试点。

在试点期内，按照企业 CRM 项目一期计划，结合企业的这 1 ～ 2 家单位或区域点的需求，制订试点单元的总体设计方案和详细设计方案。

项目组与试点单元业务人员进行 CRM 解决方案的差异性分析，完成业务匹配，然后完成上线工作。试点期结束后，双方项目组共同确定相关文档和初步模板。

- **核心期推广**

如果集团企业有数十家甚至更多的单位或者区域单元，可以再将推广期分为两个阶段。第一阶段包含 5 ～ 6 个单元，第二阶段包含剩余单元。

在第一阶段中，由于实施单位更多，企业有更多的机会去改善实施模板。由项目实施小组负责模板改善。第一阶段结束后，优化模板将会形成。

如果试点之外的单位并非很多，就可以在这个阶段完成所有单元的实施。

- **外围期推广**

在外围期推广期，双方项目组将确认形成的优化模板已达到很高的通用性，适合各个实施单元。配合培训工作，双方项目组会设计出一套特定的课程，经过培训后，使各地实施单元能够在项目实施小组的支持下，利用优化模板迅速实施。

此时，企业可以组成业务管理部门为主的督导小组，进行外围期推广的监督和考核工作。

2）**实施模板化**

在实施推广期间应将众多的业务需求进行分类。在试点期实施的各阶段就考虑模板化工作。例如：有相似需求的功能设计模板化、实施流程模板化、实施文档模板化、接口模板化、系统定制开发模板化等。

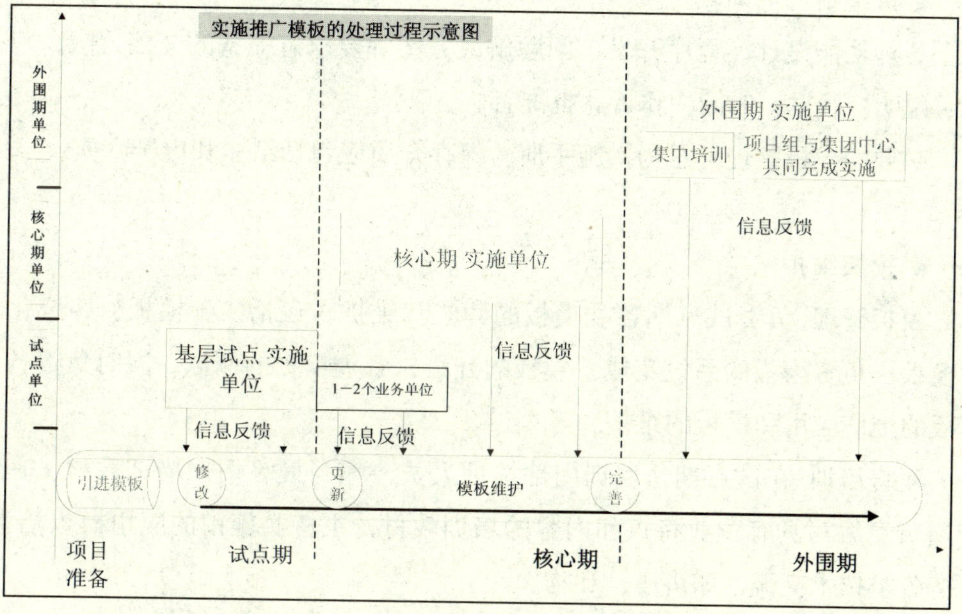

图 22.2.1 实施推广模板的处理过程示意图

模板内容

应用模板主要有：

- 业务流程功能设计及其规范
- 组织结构的合理化方案
- 业务需求设计
- 解决方案
- 实施流程手册
- 模板参数设置
- 系统基础数据

- 系统岗位设置方案
- 主要报表框架
- 客户化开发文档
- 数据转换方案及程序
- 数据接口方案及程序
- 最终用户培训教材

各种功能设计，程序开发，问题解决方案都要求有完备的文档记载，包括文字说明、版本、时间、作者和批准者。

必要的模板整理汇总为实施手册。保存介质应包括纸张和电子介质。

- **模板维护**

模板管理 负责试点期各类模板的建立和维护，包括实施模板、客户化开发模板。负责模板的系统集成、模板的升级、各类模板的测试。同时负责各类模板的推广应用和模板的维护。

教育培训 在试点期，培训内部培训人员，编写最终用户培训教材；在推广期负责编写具有企业特点和内容的培训教材，主持实施前的应用模板培训，主持各类技术交流，如讲座、刊物。

技术支持 了解各类产品的安装技术；出现故障时的诊断和排错，并在解决实际技术问题的过程中逐步积累经验；与技术支持紧密联系，得到最新的各种技术支持信息和服务。

模板控制 各类模板在提交实施推广中心存档时应由项目经理，客户项目经理和实施推广经理批准。查阅和使用模板需经项目经理同意并有查阅记录。

严格控制冻结版本的修改，一般而言修改应在新的版本内进行。

相关资源 各类模板在实施开发中心进行维护和存档。

- **模板推广**

模板和基于模板的实施复制会减少 CRM 项目实施时间和工作量。通过模板的复制确保智能化团队工作，能使项目成本得到控制和降低。

模板推广过程大致为：

确定适用模板

确定特定需求

安装模板

修改补充设置

用户培训和试用

历史数据转入

系统上线

建立或更新模板

● **模板与技术转移**

CRM 项目实施过程不仅是为客户建立新的应用系统的过程，而且是一个技术转移和知识转移的过程。通过实施客户将能逐步掌握咨询实施顾问的关于 CRM 产品技术和项目实施技术等方面的知识，从而为将来更好地使用维护本系统，为在推广期发挥主要作用打下良好的基础。

技术转移的途径

各种技术、产品培训

参与试点单元的项目实施

参与现场技术支持

项目推广实施的专门讲座

可进行技术转移的内容

业务流程优化方法

CRM 管理思想

应用产品业务处理流程

应用产品功能

项目管理方法

应用产品标准实施方法

应用开发技术

22.3 实施项目管理

规模就是效应。再复杂的系统如果只是一两个人使用也是小系统，再简单的系统如果是 1000 个人使用则是大系统，CRM 实施的项目管理也是这样。

企业实施 CRM 项目，比较容易控制的是一个点的实施，相关部门人员都在该点附近，能够很快地传达并影响到。而比较复杂的是涉及区域很大，比如人员分布很广，子分公司很多，渠道体系遍布全国等等，这样所带来的项目实施的难度远远超过系统个性化定制和部署的难度，因为在 CRM 项目中，人和业务流程远远重于系统。

1) CRM 实施规划

实施规划是 CRM 项目最关键的一个前提环节，它的方向准确性直接影响着 CRM 项目实施的方向、目标、范围和评估等。实施规划的关键任务如下：

明确企业的经营指标；

制订企业的目标；

确定企业的功能需求及技术架构；

定义 CRM 项目的 TCO（总拥有成本）；

测算 ROI，并将 ROI 指标作为实施过程的优化参照指标；

预期结果估算，与实际值进行比较并调整实施过程；

项目计划及里程碑的设定。

2) 项目实施切入点的选择

每一个 CRM 项目都会选择一个实施的切入点，这是因为不同企业的情况不同，切入各自不同的关键点会盘活整个项目。

客户角度衡量标准：切入点的关键在于能否以客户角度作为衡量标准，前面提到的客户体验和客户反馈是最好的衡量标准。

关键成功要素（KPI）：每一个点或者阶段是否成功，需要有量化的要素来衡量。

业绩指标：企业经营业绩的提升指标，这是 CRM 项目效果评估的量化目标。

下一阶段目标：项目实施的下一阶段或者二期实施的目标。

流程回顾及评估：对项目实施流程的回顾，并对项目实施进行评估。

3）内部项目管理

在 CRM 项目实施中，内部项目管理很重要。它一般围绕报告机制、问题机制和变更控制等方面，这些基本工作确保项目实施的根基稳固。

报告：一般实施以每日工作报告（项目日志）作为报告机制的基础，而项目经理汇总报告中的项目状态，形成总体项目状态。

问题：问题发现和汇报、问题的调查与解决方案、问题的相关责任追定等，都需要一个强有力的问题处理制度或者体系，以确保发生问题时知道走什么流程、汇报给谁、谁来负责解决和分配任务、谁来确认问题状态等。

变更：变更经常意味着风险，对变更要有预测和控制，确保变更的风险降到最小。变更不仅仅包括项目范围的变更，还有人员变更、技术变更、组织变更等。

4）并行策略

很多企业出于稳妥角度，以 CRM 系统与手工账务并行一段时间。两套方法并行并非最好的策略，因为有时候并行会给操作者带来轻视或忽略性情绪。

一般并行以一个月为周期，在并行过程的前后采集并验证数据，同时明晰新流程、熟练操作技巧，这样做还是比较安全稳健。

5）验收策略

CRM 项目验收策略是：一步一个脚印。项目验收要划分阶段，确定阶段目标成果，从而通过每一阶段的验收来控制项目风险，同时每一阶段都作巩固、总结与改进，这样稳扎稳打、不断推进，在项目成功的同时验收也悄然完成。

6）关注最终目标

CRM 项目最终的目标是什么？企业应该更关注最终目标。通过绩效监控的建立，规范总裁会议，并建立管理评价指标体系，实现企业的不断自我改善。

7) **持续优化**

对于 CRM 项目实施，并不是正式上线或验收就意味着结束。相反，这只是持续优化的的漫漫历程开始。

改善应用效果；

调整优化应用流程；

提高分析水平，加强客户智能分析；

辅助管理评价；

沟通最新发展。

8) **效果评估**

成本降低法：系统实施前后产品单位成本的降低，同时要剔除其他因素的影响。

利润增加法：系统实施前后企业利润的增加，同时要剔除其他因素的影响。

投入产出法：全部产出与投入（硬件、软件、实施及维护等费用）之比。

投资回收期法：计算收回系统投资的时间。

22.4 成功实施要点

实施的永恒问题是成本、时间和期望的收益。其他的与多个经营领域有关，如：技术和功能问题、人和知识问题等。

1) **管理冲突**

CRM 项目实施可能给企业带来管理冲突，比如：人员变动产生的冲突、工作习惯的问题、个人问题、流程问题等。

针对这些管理冲突，工作习惯需在培训和引导下逐步解决，个人问题分步解决，流程问题在外部咨询帮助下解决，即所谓对症下药。

2) **流程和方法论**

在 CRM 实施中选择使用一种方法论，进行实施流程和业务流程的标准化。

并通过工具软件的支持进行业务流程建模；开展差距分析；设置关键点和指标参数监控项目。

3）获得高层支持

系统实施项目应该作为公司的经营或战略项目，而不是仅仅一个系统。高级经理对项目实施的支持是极其重要的，它可促使项目成功而且高效。这要求管理层给项目提供支持和可靠性，并参与沟通策略，做出决策，领导革新，定期咨询以消除疑问，尤其是在项目组织、总体的革新管理过程和方法论等方面。

在项目负责人的支持下，项目经理必须能够在最高层管理中加强密切的关系和完善沟通渠道；如果可能，项目经理与系统开发商必须有同样高效和紧密的沟通；运用组织、革新管理或了解重组与项目实施的战略咨询顾问，有助于培养经理的积极态度。

最高层领导应该参与一些短小而高效的会议，它们和项目过程、状态和公开条款有关；在项目的整个过程中，项目经理和项目负责人都必须密切关注公司最高层领导的参与。

4）局部试运行

类似于试点推广运行，但是局部大多指一个整体的局部，不可以是独立的单元。局部试运行可以是某一个分单元的基于全部项目范围的应用，也可以是全部单元的基于某一部分业务的应用，但是其目的是相同的，都是为了正式运行的顺利。

5）项目管理

有效的项目管理是任何实施项目的中心角色，也是实施中最难的工作。在规划后对项目的积极管理是很关键的，因为制订完美的项目计划是不可能的。

企业高层领导通常要求项目经理尽可能经济而快速地实现项目目标，然而，成本是性能、时间和范围的函数。项目经理负责规划、执行和控制整个项目，包括对完工项目和日常活动的监督，还包括解决预算、资源问题以及分配优先权。

典型的项目经理的其他职责

提供方法论框架

预示实施问题

在解决问题中演示领导能力

沟通目标、里程碑、状态、偏移、变革等，不仅是对项目负责人，还对所有项目小组成员

不断沟通

项目经理需要的技巧和知识

各个层次的沟通技巧：管理、咨询顾问、最终用户、IT、硬件和软件供应商等

决策能力

领导人的能力

了解公司经营过程

咨询项目的经验

技术诀窍

了解系统实施解决方案

项目管理直接影响高级管理层的支持、项目建设与职责的定义、项目计划、沟通策略以及所有与人有关的问题，还控制项目范围。

6) 合理配置人员

项目小组可能由不同公司的人员组成，包括咨询顾问、技术支持、硬件专家、最终客户的IT人员、最终用户，或许还包括BPR专家、战略咨询顾问等。

要配备合适的小组来成功实施目标，实施范围是主要因素，它一般以经营领域、受影响的用户以及项目预算等来表述。

如果没有明确规定的角色和职责，即使用最好的过程和工具也不能带来成功的项目。对于每个项目阶段和每个可交付产品，最终用户（如核心最终用户、临时最终用户和间接受项目影响的最终用户）、IS组织中各种各样的领域（如操作、帮助或安全性），以及任何对项目很关键或者受项目影响很大的人员，

都必须清晰地理解自己的角色。明确规定角色与职责成为成功掌握应用过程的关键。

如果关键项目小组成员不能按计划实施项目或者离开项目，必须及时采取行动保证项目不出偏差，如换掉此人、将此人的工作分配给其他成员、减小项目范围；延长期限等。

项目的复杂性和实施范围各不相同，因此就必须沟通和明确描述目标和范围，遵守在项目合同中的规定并落实到项目计划中。

7) 人与知识以及革新管理

从组织经营的观点看，公司的重大变革会对人产生重要影响。在实施之前、实施过程中和实施之后，考虑文化影响是很重要的，这可以通过减少阻力和增加可靠性来减少项目的固有风险。

从系统项目实施角度看，人员需要培训和被培训，作出决策以有效地管理项目和系统、提交报告等。在应用集成中，这些因素会影响人际关系，从而有必要建立标准和程序。

8) 实施项目中的知识管理

项目经理协调不同组的小组成员，支持跨小组的知识共享。

在项目实施层有三个小组：实施组、变革组和知识管理组，他们紧密协作，甚至还共享人员。

知识管理小组可以由其他两组的专家组成，主要任务是在实施中搜集最佳实践，并积极与所有层次沟通、培训最终用户、解决问题、准备文档、支持和传递共享知识。

摘要

本节着重阐述了CRM实施的重要性，提出了矩阵实施和五步实施方法，同时对集团化实施的推广策略进行了讨论，并针对CRM实施项目的项目管理和成功实施的要素进行了详细陈述。

思考

22.1　为什么需要CRM实施方法论？

22.2　CRM实施应该包括哪些步骤？

22.3　如何进行集团化的项目推广？

22.4　CRM的项目管理应该注意什么？

22.5　请列举影响CRM项目成功实施的要素。

23 项目评估验收

目标：在读完本节后，您应该能够——

了解对项目评估的误解；

了解 CRM 能力成熟度评估；

了解 CRM 的 ROI；

熟悉项目 ROI 评估过程和评估指标。

导言

一个行业的发展必须建立一套公共的标准与规范，特点是中立、权威和全行业认同。但是，目前的 CRM 行业的发展还有待继续完善，没有一个如行业协会之类的行业自律和推动的机构，甚至连比较中立的研究、培训、教育、评估机构都少得可怜，只有 CRM 软件厂商以及那些与厂商捆绑的咨询实施服务商，于是造成整个行业的声音是一面倒的态势，企业用户越来越处于不对称的地位。

如果国内能够建立一套 CRM 评估体系，让各方基于一个体系来进行评估与评测，从而能够更加全面地成熟，而企业用户也有了有利的工具来衡量项目的成功度。类似的工作，可能更多地寄希望于第三方的监理与评估机构，中立的身份还是有必要的。

过多地对 CRM 项目的失败率进行宣传和炒作，使企业加深了客户信息投资的谨慎性。为了有效地度量 CRM 项目的成功度，就需要加强对 CRM 项目的评估，而根据企业运营管理在财务方面的需要，对 CRM 项目投资的 ROI 评估也是十分必要的。因此，随着 CRM 市场的不断发展和成熟，CRM 项目评估必然成为主要焦点。

23.1 对项目评估的误解

评估和评测 CRM 项目的 ROI 是一个热门话题，尤其是在当今各界对 CRM 项目成功率纷纷置疑的大环境下。但是，比较特殊的是 CRM 厂商却不愿意更多地讨论 CRM 项目的 ROI，而更多的是企业客户组织的内部讨论，往往还出现在企业的经理规划会议、高层管理会议等场合。然而，无论是企业用户，还是CRM厂商，乃至咨询实施服务商，随着CRM市场的成熟，ROI话题必将成为各方关注的问题。没有标准和评估，就没有真正的成熟。CRM厂商也会放弃短视的目光，而将产品和服务都纳入提升ROI的范畴之中。

围绕CRM项目的ROI，有很多争论。对于如何进行ROI评估，人们从自己的角度或者利益点出发；对ROI评估过程的方式方法以及效果都存在不同的见解和误解。要科学地进行项目评估，就需要分析和解释对CRM项目的ROI评估的误解。下面对ROI评估的误解比较整体地再现了大多数人的想法。这是国外业绩评价资源组织（Performance Resources Organization，PRO）根据其多年评估实践经验而总结的。

1）ROI太过复杂

以前的评估模型似乎太过复杂，所以造成人们对ROI评估模型的困惑。其实，化繁为简，万变不离其宗，围绕价值和财务的基本公式，ROI评估过程是很简单易懂的。而且，ROI评估模型可以简化为一个可操作的系统过程，或者通过分析软件来进行，这样大多数使用者就可以轻松地进行ROI评估了。

2）ROI评估成本太高

如果聘请著名的管理咨询公司，或者在没有进行很好的组织、控制和实施的情况下，ROI评估将产生昂贵的成本。一般而言，可以有效地通过独立顾问或者企业内部人员进行评估，同时不要将ROI评估过程作为一个独立的项目，而是将其紧密融合在CRM项目规划中，这样可以有效地共享人力和数据资源。

3）ROI评估只是高层需要

现状也是如此。在企业高层重视ROI数据的时候，这个项目才会去做ROI评估，而在管理层暂时没有意识到（大多数是暂时没有意识到或者是咨询实施方的引导规避）ROI的重要性而只是想获得统计性数据，在这个情况下有时候的确是因为软件供应商或者咨询实施方的引导说服，使企业避免去做CRM项目的 ROI 评估。原因自然只有一个：对于他们的 CRM 项目而言，ROI 的评估风险太大。

无论如何，不管企业的高层有没有进行 ROI 评估的要求，ROI 评估都应该成为 CRM 项目的一个必备的阶段，这个阶段将成为项目双方或者多方所共同认可的评估过程，同时作为长期优化的基础。

4）ROI 只是一种时髦概念

ROI，听起来一直是一个很时髦的概念词，但是它作为一种分析测量工具很早就被提出并在企业的各种领域进行了充分的实践。ROI 已经是一个成熟的概念，而不是时髦的，它作为一个重要的测量和评估工具，有着丰富的发展历史。

5）ROI 仅仅是一种数据

从最终的投资回报率而言，很多人认为 ROI 仅仅是一种数据。但实际上，在 ROI 评估的过程中，存在多种类型的数据，而且既有定性数据又有定量数据，同时包括很多种数据来源。它们是可以作为 CRM 项目实施过程中优化调整的参考的。

6）ROI 只反映过去的业绩

一般而言，ROI 评估如果是以历史数据为导向，那么的确只能反映过去已经产生的结果。要对 CRM 项目产生的效果进行精确的评估，通过历史数据是一个唯一的途径。不过，在对 ROI 评估过程进行简单的调整就可以用来预测未来的 ROI 值。

但是，从预测未来的角度说，任何一个预测模型的预测准确度都是有限的，不过可以通过一些技巧来提高预测的合理精确度，降低预测的部分风险。

7）ROI 评估过程应用很少

国外的企业，包括各个行业和各种规模的企业，都在运用 ROI 评估过程来改善项目效果。在政府部门、教育机构和非赢利性组织也同样有大量应用。

目前国内的ROI评估还是比较少，但是很多企业对此很感兴趣，只苦于没有标准和模型。有很多大型项目和政府项目，都需要进行IT审计和ROI评估。毫无疑问，随着国内CRM的ROI评估体系的建立和成熟，CRM项目的ROI评估过程的应用将会大幅增长。

8）ROI评估过程不易复制推广

企业的具体情况不同，CRM项目部署也不同，所以对ROI评估过程的复制也不太可能。这些担心是可以理解的。但是，我们要复制的不是内容，而是模型、标准和指导原则。ROI评估并非一个主观化、个性化的过程，而是一个系统性很强的过程。基于统一的方法论，CRM项目的ROI评估是可以从一个项目复制到另外一个项目的。

9）ROI评估过程主观性太强，可信度不高

在ROI评估过程中，的确有时候需要评估人的估测，但是整个ROI评估不仅仅是采用人为估测方法，而是基于科学严格的分析方法来进行评测的，对于人为估测部分也会进行误差调整，整个ROI评估的可信度还是很高的。

10）ROI不适应生产和销售领域之外的软性项目评估

CRM项目作为一种软性的项目，一部分是软硬件结合的CRM系统，一部分甚至直接就是纯软性的CRM咨询服务，因此很多人怀疑ROI评估过程能否适用于CRM项目。很多案例应用表明ROI评估过程能够成功地运用于CRM项目，无论是何种类型的CRM项目，都会推动产生硬性数据，如效益、利润、质量、成本或者时间等，也有成功的应用实践于营销活动ROI评估、客户满意度评估等。

11）ROI评估只适应于大型组织和大型项目

这是一个事实，即无论是在国内还是国外大型项目有充足的预算，来进行审计、监理和评估，而且这也是大型项目规避风险的有效手段之一。但是，作为方法模型，ROI 评估过程也是可以运用在小型企业或者小型项目的，尤其是把相应的评估过程进行简化内置到 CRM 项目之中。

12）ROI 过程没有标准

缺乏标准是评测的重要问题，如果没有成熟的标准体系，人们会怀疑 ROI 评估的严谨性和合格率，这就需要 CRM 相关行业机构或者研究机构建立 CRM 评估标准，作为评估标准的基础，同时还要建立评估案例库，从而让行业内进行和需要 CRM 评估的都可以获得最佳实践。

ROI 评估过程实际上是企业管理模式的一个转变，它被用来提供或者改善 CRM 部署的结果和效果，而并非面向每一个企业和咨询顾问。评估过程不会是顺利简单的，但是如果企业和 CRM 咨询实施顾问能够将 ROI 评估作为一个非常有价值的工具，将会为企业的 CRM 部署带来巨大的价值。

23.2 CRM 的 ROI

1）客户关系管理的投资回报

一般而言，企业在技术投资方面关心的两大问题是：公司能够多赚多少钱？投资何时回收，或者收益如何？虽然客户关系管理不仅仅限于技术投资。

可以有两个标准来判定客户关系管理的投资是否值得：增进销售收入或降低成本。成本节约有一定的限度，但是大多数人都以此为准，因为比较容易量化。而 CRM 真正有价值的回馈，在于增进公司的销售收入，也就是所谓的销售收入增长。

追根究底来说，销售收入与利润的增加有三大源头：更佳的客户管理、销售活动目标化以及客户满意度和忠诚度的增加。

2）CRM 的 ROI 模拟案例

为了更好地说明 CRM 的 ROI，这里将以虚拟的 Motive Company 为例。该公司拥有 100 万名客户，每年利润高达 1 亿美元。表面上看起来，该公司营运满意度甚高，并计划在明年增长 5% 的客户量 (15% 的客户增长，扣除 10% 的客户减少)。每位客户的平均获利为100美元，但公司并无任何改善整体获利的规划。

Motive Company最近逐一计算100万客户的个别获利能力，并将客户区分成10种获利区隔，以便集中全力留住客户。第一个区隔是前10%的客户，拥有最高获利能力；最后一个区隔是最底层的10%客户，获利能力最差。

虽然Motive Company的客户平均获利能力达100美元，但范围涵盖最顶层的平均获利1,150美元，到最底层的平均损失300美元。在财经服务、电信、公用事业和其他方面企业对客户业界，这种不平衡的获利能力司空见惯。

表23.2.1Motive Company客户的10种获利区隔

获利能力区隔	客户%	客户数	利润%	平均客户获利	合计利润(百万美元)
1	10%	100,000	115%	$1,150	$115.0
2	10%	100,000	25%	$250	$25.0
3	10%	100,000	10%	$100	$10.0
4	10%	100,000	5%	$50	$5.0
5	10%	100,000	0%	$0	$0.0
6	10%	100,000	-2%	-$20	-$2.0
7	10%	100,000	-5%	-$50	-$5.0
8	10%	100,000	-8%	-$80	-$8.0
9	10%	100,000	-10%	-$100	-$10.0
10	10%	100,000	-30%	-$300	-$30.0
总计	100%	1,000,000	100%	$100	$100.0

谈到客户获利能力的分配时，人们通常会联想到80/20原则；事实上，大多数业界的获利分配状况更糟糕，几乎全部的利润都是不到10%的客户所贡献的。国外研究者进行了涵盖35家公司的研究(跨越财经服务、电信与零售业)，在已经开始测评基本获利能力的企业中，有获利能力客户百分比最高的达25%，有的低至2%，而平均则是15%。

Motive Company深深了解不可单纯地“抛弃”坏客户，因为实际上并没有所谓的“坏客户”，获利不佳的原因大多源自于内部政策和管理实务。因此，Motive Company 致力于三大活动，以改善整体获利能力。

● **更佳的客户管理**

首先，我们来看看更佳客户管理的影响。客户管理应该是当今企业的“中流砥柱”，但是许多企业无法着手改善客户管理，因为缺乏有关如何起步与如何集中力量的信息。

Motive Company 拥有一项小优势，他们知道每一位客户的获利能力，并且可以用获利能力层级来区分客户。倘若 Motive Company 并不将所有客户一视同仁地处理，则可提升 3% 顶层的客户利润，提升 5% 其他 4 层客户获利率，然后减少 10% 的损失。虽然本分析重点不在强调改善获利能力，但仍有许多方法可以采用，处置的重点在于：附带销售增殖产品或服务、使用更多已有产品、调高手续费、停止不收费或折扣政策、将客户转移到成本更低的配销渠道上，以及削减过剩产能和沟通渠道成本。

Motive Company 只花极少力气，就提升 11% 的平均利润，相当于每位客户 11 美元。成果显示如下表。

表 23.2.2Motive Company 区别对待客户的成果

获利能力区隔	利润 %	平均客户利润	平均利润的 % 变化	新的平均利润
1	115%	$1,150	3%	$1,185
2	25%	$250	5%	$263
3	10%	$100	5%	$105
4	5%	$50	5%	$53
5	0%	$0	0%	$0
6	-2%	-$20	-10%	-$18
7	-5%	-$50	-10%	-$45
8	-8%	-$80	-10%	-$72
9	-10%	-$100	-10%	-$90
10	-30%	-$300	-10%	-$270
总计	100%	$100	11%	$111

对将近 60% 的客户而言，每年的金额变动大约是 5 美元，甚至低于 5 美元。Motive Company 必须针对最佳的客户提升 35 美元利润，并针对最差的客户降低 30 美元的损失。上述改善目标决不嫌高，大部分企业应该都很容易达成。

● 目标化销售活动

第二个改善源头是分析销售活动目标化的影响。大多数企业仍专注于数量目标，极少或完全不在乎所获得客户的品质。

Motive Company 期望增加 15% 客户数量，也就是 15 万客户。若继续专注于数量目标，就一定会在广大的潜在客户中撒网，无论好坏客户都一网捞之。换句话说，所获得的客户极可能与现在散落于各区隔的客户完全一样，而这些新客户的获利能力当然也和已有客户一样。

Motive Company 能不能透过调整执行业务的方式，瞄准目标群，稍微修正新客户的分布呢？由于 Motive Company 没有目标定位技术的经验，我们来看看获得更多能够带来利润的客户，而少数无法获利的客户时的状况如何。下表列出各获利能力区隔的原来状况与目标定位客户百分率。

表 23.2.3 获利能力区隔原状况与目标定位百分率

获利能力区隔	平均客户利润	原状销售 % 分配	原状销售总利润（百万美元）	目标化销售 % 分配	目标化销售总利润（百万美元）
1	$1,150	10%	$17.500	20%	$34.500
2	$250	10%	$3.750	15%	$5.625
3	$100	10%	$1.500	15%	$2.250
4	$50	10%	$0.750	15%	$1.125
5	$0	10%	$0.000	10%	$0.000
6	-$20	10%	($0.300)	5%	($0.150)
7	-$50	10%	($0.750)	5%	($0.375)
8	-$80	10%	($1.200)	5%	($0.600)
9	-$100	10%	($1.500)	5%	($0.750)
10	-$300	10%	($4.500)	5%	($2.250)
总计	$100	100%	$15.000	100%	$39.375

若不采用标定销售方式，Motive Company 将新增 15 万客户，而平均获利为 125 美元，总值 1500 万美元。稍微调整客户的分布之后，可增加同样数量的新客户，而平均获利却高达 263 美元，总值 3900 万美元。成效差异达 2400 万美元，比原来增加 163%。

目标化销售是否值得呢？答案一定是肯定的。

- 提升客户满意度和忠诚度

最后一个改善源头是提升满意度和忠诚度。

企业流失客户的原因有许多。因为服务领域、客户满意度和其他问题，传统上 Motive Company 每年流失 10% 的客户。我们可以推断，Motive Company 流失的客户随机分散在各获利能力区隔，因此流失 10% 客户 (相当于 10 万名客户)，就等于流失 1000 万客户利润。

Motive Company 能不能运用与定位新客户的相同技术，来提升客户满意度和忠诚度呢？当然不可能留住所有的客户，甚至可能还是会流失 10% 客户，但是获利能力的分布却改变了。我们来看看，Motive Company 是否能够在较有价值的客户上减少损失，而在价值较低的客户上获得更多利润，如下表所示。

表 23.3.4　客户保留率提升前后获利比较

获利能力区隔	平均客户利润	原状客户流失分配	原状损失利润 (百万美元)	提升客户留住率分配	提升后损失利润 (百万美元)
1	$1,150	10%	($11.500)	5%	($5.750)
2	$250	10%	($2.500)	5%	($1.250)
3	$100	10%	($1.000)	5%	($0.500)
4	$50	10%	($0.500)	5%	($0.250)
5	$0	10%	$0.000	5%	$0.000
6	-$20	10%	$0.200	15%	$0.300
7	-$50	10%	$0.500	15%	$0.750
8	-$80	10%	$0.800	15%	$1.200
9	-$100	10%	$1.000	15%	$1.500
10	-$300	10%	$3.000	15%	$4.500
总计	$100	100%	($10.000)	100%	$0.500

若未提升客户保留率，Motive Company 一定会全面性地在各获利区隔中流失 10% 的客户，每年损失 1000 万美元。然而，若在高价值的客户群中提升保留率，而适度地让价值较低的客户“流失”，可能就会转亏为盈。由于价值较差的客户流失反而可以增加利润，实际执行之后，Motive Company 增加了 50 万美元的利润。

3）**案例评论**

现在我们已经讨论过增进销售收入的三大源头，而最终对纯收益的影响如何呢？若 Motive Company 继续以往的经营模式，增加 5% 客户数量而客户获利分布维持不变时，当然可以增加 5% 纯利。但是，透过良好的客户管理、销售与留住客户，Motive Company 仍然可以增加 5% 客户数量，而整体利润增长却可高达 10 倍，真正是事半功倍。即使 Motive Company 只达成 50% 的目标，仍然可以获得 5 倍的成果。

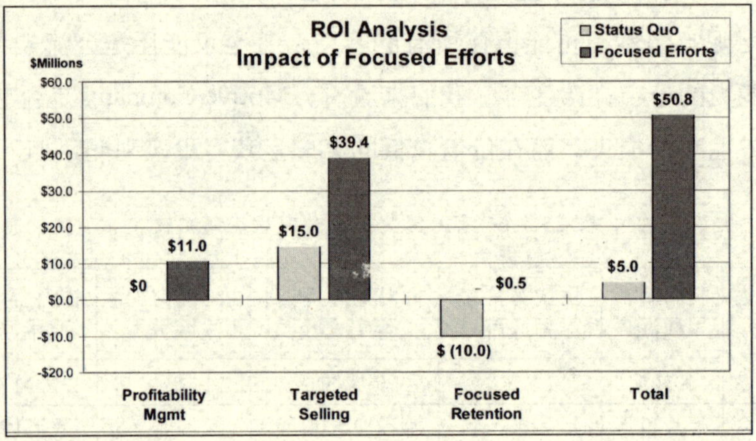

图 23.2.1　ROI 分析图

虽然上述分析稍嫌简单，而且是比较理想化的，但仍清楚地显示了几个重点：

各企业的客户获利能力与整体价值各有差异；

客户获利能力是 CRM 活动投资报酬的关键因素；

针对各客户区隔采取差异化对待可以获得更大的效益；

虽然听起来很可笑，大多数企业对客户关系管理活动的获利评估都很粗糙，各企业如何着手获取上述报酬呢？简言之，各企业必须建立稳固的CRM分析能力。

CRM 分析能力就是客户智能分析，必须包括详尽的客户获利能力、资料分析与预测模型；也必须包括营销分析工具以衡量和管理互动项目；拥有最佳营销与分析背景的人员以规划和执行销售、附带销售来留住项目；管理和分配客户情报给需要的人员提供执行的能力；以及将客户知识融入所有面对客户的应用当中。

4）CRM 系统的 ROI

下面以一个 CRM 系统的 ROI 评估表格作为例子，来认识一下在 CRM 系统供应商角度的 ROI 评估。当然，从软件供应商角度的 ROI 评估表格可能有一定的片面性，我们要从扬弃的角度来吸收消化。

- **评估主表**

功能	描述	数量	降低成本	增加收益	总收益	
营销	线索产生的增长数量					
	可用 (1= 是 , 0= 不)	1				
	线索产生的平均数量	8,000				
	线索产生增长的百分数	20%				
	线索的平均成本	10				
	每年节约成本		$ 16,000		$ 16,000	
	分配到销售的优质线索的增长数量					
	可用 (1= 是 , 0= 不)	-				
	优质线索的平均数量	2,000				
	优质线索生增长的百分数	10%				
	赢得几率	15%				CRM 使企业更好地了解客户，更多的目标数据库营销，提升线索质量，消除公司内传递线索丢失的可能性
	每客户的平均收入	100,000				
	每年增加收入			$ -	$ -	

转到销售的 web 线索					对很多企业而言，网络是一个蓬勃发展的市场机会。CRM 系统通过 web 捕获线索并自动进行记录。还可以通过过滤器过滤线索并评价线索，同时还可以自动进行传真应答和 Email 回复
可用 (1= 是，0= 不)	1				
平均销售额	20,000				
每天 web 线索数量	10				
每年工作天数	250				
转到销售的 web 线索百分比	1%				
每年增加收入			$500,000	$500,000	
减少邮件目录费用					通过 CRM 你可以把握你公司的所有联系人，付费邮件目录可以导入，邮寄并标记直到有人响应，记录就标识为有效 多数营销策略其中之一就是在你已有客户基础上的升级销售与交叉销售。CRM 基于强大的柔性流程管理实现流程自动化
可用 (1= 是，0= 不)	-				
邮件目录租赁数量的减少 / 年	2				
每个邮件目录的平均租赁费	15,000				
每年节约成本		$ -		$ -	
减少数据库合并与整理的费用					CRM 系统可以定位重复和无效的数据，这个功能避免你再将数据库关闭并送往数据库服务商进行合并整理或者购买第三方数据整理软件
可用 (1= 是，0= 不)	1				
每年数据库合并整理的次数	2				
每次的费用	15,000				
每年节约成本		$ 30,000		$ 30,000	

	营销活动效果的前期预见力					CRM 提供采集每次营销活动的费用并度量每次市场活动的效果以及线索和收入的产生。通过对响应率和购买模型的及时把握，你可以测定是否与你的 ROI 目标相符，如果不符，你可以尽早停止活动以减少增量费用
	可用 (1= 是 , 0= 不)	-				
	一次营销活动的平均费用	80,000				
	在前期停止的活动数量	2				
	避免活动停止的百分数	33%				
	每年节约成本		$ -		$ -	
	减少市场调查费用					CRM 可以帮助企业通过网络、电话（服务电话和销售电话）等采集潜在客户的调查信息
	可用 (1= 是 , 0= 不)	-				
	市场调查工作的平均费用	50,000				
	消除的调查数量	2				
	每年节约成本		$ -		$ -	
	减少资料打印的费用					产品资料和销售资料的打印是比较昂贵的，大约 \$0.75 到 \$1.50/ 页。更多的人使用传真和 Email 甚至短信，你可以通过 CRM 系统向客户发送多种电子媒介
	可用 (1= 是 , 0= 不)	1				
	打印页的平均成本	$ 1.20				
	每年邮寄的页数	75,000				
	减少百分数	33%				
	每年节约成本		$ 29,700		$ 29,700	
销售						
	增加销售					
	可用 (1= 是 , 0= 不)	1				
	每年销售额	250,000,000				
	销量提升 %	1%				
	佣金 %	10%				
	每年增加收入			$ 2,250,000	$ 2,250,000	

改善赢单率 可用 (1= 是 , 0= 不) 每年销售管道中的交易数量 平均销售规模 当前赢单率 赢单率提升 % 佣金 % 每年增加收入	 1 2,000 100,000 15% 5% 10%		$ 9,000,000	$ 9,000,000	通过 CRM 系统的销售管道方法来有效地度量每一个销售代表在管道的不同阶段，从而可以定义团队的最佳实践并进行团队知识传递，最终会提升你的赢单率
缩短销售周期 可用 (1= 是 , 0= 不) 每年交易关闭的数量 平均销售规模 当前销售周期 (月) 销售周期减少 % 由此而交易关闭的数量 佣金 % 每年增加收入	 1 300 10,000 6 15% 345 10%		$ 405,000	$ 405,000	
易增加的业务 (客户份额的增长) 可用 (1= 是 , 0= 不) 每个客户平均潜在的增量销售价值 现有客户数量 使用 CRM 的转换率 每年增加收入	 1 15,000 300 5%		$ 225,000	$ 225,000	企业很少对客户有一个清晰的认识，许多研究表明最好前景的客户就是你的老客户。CRM 可以协助你与老客户进行交叉销售，并确定客户可能感兴趣的产品或服务，从而可以协助你快速销售增殖产品

每个电话销售的更多的有效销售电话 可用 (1= 是 , 0= 不) 平均电话数量 / 日 电话增加 %/ 日 平均赢单所需电话数量 销售电话的赢单 % 平均销售规模 每年工作天数 电话销售代表数量 佣金 % **每年增**加收入	 1 35 10% 6 1% 10,000 240 1 6%		 $ 13,160	 $ 13,160	电话销售的效果更多地依靠快速把握客户在销售周期的阶段并给出正确信息，持续跟踪。CRM 使电话销售能够看到致电客户的任何记录(资料发送、调查、以前会谈等)，电话销售会快速确定销售策略，或者如果你喜欢，CRM 可以帮助确定最佳销售策略
远程销售代表的效率增加 可用 (1= 是 , 0= 不) 销售提升 % 每个代表平均年销售额 销售代表人数 每年增加收入	 1 30% 1,000,000 1		 $ 300,000	 $ 300,000	远程销售代表不能及时获得线　索，CRM 系统解决了这个问题。通过 CRM 系统，使远程销售代表关注在有质量的潜在客户和线索上
线索质量提升 可用 (1= 是 , 0= 不) 不合格线索消耗时间 % 每个代表平均年销售额 销售代表人数 每年增加收入	 1 10% 200,000 5		 $ 100,000	 $ 100,000	通 过 CRM 系统流程，只有合格的线索才分派到现场销售，从而节省了不合格线索的时间浪费
从技术支持或客户服务传递来额达销售线索 可用 (1= 是 , 0= 不) 每年每个人传递的线索数量 使用 CRM 的支持服务人员 线索转换率 % 平均销售规模 每年增加收入	 1 5 6 5% 10,000		 $ 15,000	 $ 15,000	CRM 系统支持公司任何人提供新的销售线索
丢单赢单原因的提前预见力 可用 (1= 是 , 0= 不) 因快速响应的赢单数量 平均销售规模 每年增加收入	 1 3 10,000		 $ 30,000	 $ 30,000	

增加客户保留 可用 (1= 是 , 0= 不) 现有客户数量 每年平均客户流失率 保留客户每年平均价值 减少客户流失 每年增加收入 :	 1 500 25% 10,000 5%		 $ 62,500	 $ 62,500	通过 CRM 系统增加客户满意度，从而保留客户。老客户更容易进行销售并且大部分比新客户更愿意与你交易。80% 的收入来自你 20% 的客户，80% 的收入来自于你的老客户
附加维修收入 可用 (1= 是 , 0= 不) 每年维修协议数量 每年维护率 % 每年维修协议的平均价值 通过自动提醒产生 % 每年增加收入	 1 300 20% 2,000 10%		 $ 60,000	 $ 60,000	CRM 协助企业跟踪所有的维修协议，根据设置的商业规则进行自动提醒等
来自满意客户的推荐 可用 (1= 是 , 0= 不) 每年的推荐数量 推荐成交率 % 平均销售规模 每年增加收入	 1 10 10% 10,000		 $ 10,000	 $ 10,000	老客户经常会向一些潜在客户提及你公司的服务，CRM 提供战略优势来确保你的客户的满意度并使他们能够热情地推介你的产品
服务					
服务代表的效率改善 可用 (1= 是 , 0= 不) 服务效率的平均改善 平均服务代表每年工作负荷的成本 使用 CRM 的服务代表数量 每年节约成本	 1 25% 30,000 3	 $ 22,500		 $ 22,500	CRM 提供一个统一的客户视图，并易于访问客户的所有信息，从而改善服务代表的效率并可以减少服务代表的数量

	技术支持人员的效率改善					
	可用 (1= 是 , 0= 不)	1				
	最近 10 个电话的通话时间 (分钟 / 日)	20				
	活动数量 (分钟 / 日)	10				
	平均技术支持每年工作负荷的成本 ($k)	30,000				
	平均每个技术支持的分钟工作负荷成本	$ 0.25				
	每年工作天数	250				
	使用 CRM 的支持人数	50				
	每年节约成本		$ 93,750		$ 93,750	
MIS						
	多数据库的关联费用					多个数据库的维护不及 CRM 系统的单一数据库
	可用 (1= 是 , 0= 不)	1				
	平均每个数据库的费用	10,000				
	每个数据库每年的支持费用	8,750				
	整理过的数据库	5				
	每年节约成本		$ 93,750		$ 93,750	
企业						
	企业执行效率的改善					所有员工的 Email、传真以及给客户和潜在客户的 Email 等，通过 CRM 系统的自动化执行，企业可以每人每天节约 15 分钟
	可用 (1= 是 , 0= 不)	1				
	每天处理传真邮件的时间节约（分钟）	15				
	平均员工每年工作负荷的成本 ($k)	50,000				
	平均每个员工的分钟工作负荷成本	$ 0.42				
	每年工作天数	250				
	使用 CRM 的员工人数	100				
	每年节约成本		$ 156,250		$ 156,250	
管理						
	管理报表效率改善					CRM 提供强大的统计分析和管理报表功能
	可用 (1= 是 , 0= 不)	1				
	每部门制作报表的时间节约 (分钟 / 日)	36				
	平均员工每年工作负荷的成本 ($k)	50,000				
	平均每个员工的分钟工作负荷成本	$ 0.42				
	每年工作天数	250				
	部门数量	4				
	部门管理人员	2				
	每年节约成本		$ 30,000		$ 30,000	
	总计		$ 455,950	$ 12,470,660	$ 12,926,610	

增加税收	19%		$ 2,369,425		
增加税后利润		$ 455,950	$10,101,235	$10,557,185	
三年财务分析					
		第一年	第二年	第三年	
CRM 投资		$ 599,800	$ 6,950	$ 6,950	
ROI 投资回报率		1760%	3480%	5161%	
投资回收期(月)		0.68			

- **投资表**

许可证费用	数量	单位价格	价格
CRM 许可证	50	$ 695.00	$ 34,750.00
总许可证费用			$ 34,750.00
维护费用	Years	Rate	Price
每年维护 / 支持	1	20%	$ 6,950.00
合计			Price
总许可证费用 s			$ 34,750.00
每年维护 / 支持			$ 6,950.00
总计			$ 41,700.00
专业实施服务			$ 55,200.00
小计			$ 96,900.00
U.S. Exchange Rate	$ 1.00		$ -
其他成本			$ 502,900.00
总投资			$ 599,800.00

其他成本表

其他	单位	价格	合计价格
咨询			
规划	0	1,500.00	0.00
定制	0	1,500.00	0.00
			0.00
培训			
系统管理员培训	12	1,500.00	18,000.00
最终用户培训	120	1,500.00	180,000.00
			198,000.00
第三方软件			
SQL Server	1	3,500.00	3,500.00
报表工具	36	400.00	14,400.00
			17,900.00
Hardware			
Server	1	15,000.00	15,000.00
Workstations	136	2,000.00	272,000.00
			287,000.00
Total Other			502,900.00

- CRM 的 ROI 工具

不仅仅是 CRM 软件供应商，还有第三方中立软件开发商，基于标准模型和方法，开发 SFA/CRM 的 ROI 评估工具软件。在此介绍国外一款典型的 CRM 的 ROI 工具软件 CFX，网址是 http://www.customerfx.com，可以访问更多有关 CFX ROI Calculator 工具软件的详细信息，从中大家也可以从多个角度去体会一个 CRM 系统或者项目的 ROI 评估过程。

23.3 项目 ROI 评估过程

一个 CRM 项目的咨询过程要切实可行，它要充分体现可行性、公正性。作为 CRM 项目的一部分，首先要满足企业客户的需求，正因为企业的需要才有 CRM 项目，也才会有 CRM 项目的 ROI 评估；而客户不需要一大串长长的公式、模型之类的东西，而是易于操作、易于理解的，更重要的是他们需要一个 ROI 评估过程来了解 CRM 项目的真实有效的信息。当然，对于整个行业的发展来说，在 CRM 行业研究机构和审计机构也需要这样一套评估过程来支持研究和审计工作；而他们需要的是一套完善的公式、模型、情景和理论等，并且是经过实践的东西。因此,必须形成一个可行有效的 CRM 项目 ROI 评估过程。

1) 评估层次

国外研究机构提出了咨询 ROI 的五层次评估框架，此框架也适用于 CRM 项目的 ROI 评估。这五个层次，也同时可以作为 ROI 评估的指标。

- **项目反应与满意度**

评估 CRM 项目参与者对 CRM 项目的反应，以及利益相关者对 CRM 项目与实施方案的满意情况。

一般可以通过问卷、调查等方式来进行评估，在这一层次的评估中还可以采集获得针对不同问题的信息。这个层次的评估，类似于客户满意度评估，但是客户的满意并不意味着忠诚，这个层次的评估也是如此，即使评估结果再好，也不代表项目参与者能够切实实施 CRM 方案。

- **知识能力**

评估与 CRM 项目相关的知识、技能、态度等的变化情况。

知识能力的情况评估着重获取 CRM 项目参与者通过 CRM 项目的部署所学习和提升的信息。这种类似于学校的学习检查，有助于相关项目参与者从 CRM 项目中吸收新的技能，并了解如何运用这些知识推动 CRM 项目的成功。在这一层次，意味着 CRM 项目参与者拥有了成功的能力，但并不意味着项目的成功。

- **应用与实施**

评估业务工作中具体业绩表现的变化情况。

通过各种各样的评估方法来评估项目参与者运用 CRM 相关知识、技能和流程等的情况，其中运用频率和运用程度是两个重要指标。同时，CRM 项目实施的步骤、任务和流程等也是这一层次考核的一部分。这是 CRM 项目实施的成功度测评中关于项目过程的一个重要评估层次。

- **业务经营影响**

评估 CRM 项目所带来的业务经营的影响。

这个层次的评估重点在于评估 CRM 项目实际获得的效果，比如销售收入、利润、成本、时间、客户满意度等评估指标。如何有效地计算引 CRM 项目实施而带来的增量收入、利润等非常重要，但是要做好这一点并非易事。

- **投资回报**

评估企业经营影响的货币收益与 CRM 项目的总成本消耗，通常使用为百分比的形式。

最后层次的评估就是 CRM 项目所带来的货币收益与 CRM 项目总成本的比较，最常用的方式就是收益 / 成本的百分比形式。只有在 ROI 评估之后，整个 CRM 项目的评估过程才算完整。

2) 评估指标

前面的五个层次，再加上无形测量指标，这六种类型的数据可以作为 CRM 项目评估的六项指标。这些指标的数据可以在 CRM 项目过程中采集，能够从一个全面均衡的角度评估 CRM 项目的成功度。最终的评估报告对成功的 CRM 项目形成一个总结，同时也揭示了失败的 CRM 项目失败的原因。

- 客户反应和满意度
- 学习效果与能力提升
- 咨询应用和执行的成功度
- 业务变革影响指数
- 实际投资回报率
- 无形测量指标

这六类数据对 CRM 项目形成一个均衡的评估，同时，对 CRM 项目的评估过程还能够及时发现 CRM 项目中的问题，迅速进行调整和优化，从而提高 CRM 项目的成功度。

3) 评估过程

对于整个 CRM 项目的评估，实际上需要在不同的阶段、不同的时间，从不同的数据点采集不同的数据。因此，CRM 项目的评估过程也有着严格的标准要求。

CRM 项目评估过程可以分为四个阶段：评估计划、数据采集、数据分析和评估报告。其中，在数据采集阶段中，一是 CRM 项目实施过程中的数据采集，多为项目满意度与客户反应和知识能力方面的数据；二是 CRM 项目实施后的数据采集，多为 CRM 项目的应用实施数据和企业经营的影响数据。在数据分析阶段要将数据转化为货币价值，从而计算 CRM 项目的 ROI 和无形收益。

● 评估计划

首先要设定 CRM 项目评估的目标，尤其是终极目标，比如客户满意度目标、ROI 目标等，没有目标就不能纲举目张。

基于评估目标，制订详细的评估计划。由于 CRM 项目评估过程包括两块重要部分：数据采集和 ROI 分析，因此评估计划包括两个计划：数据采集计划主要说明采集的数据类型、数据采集方法、数据源、采集时间以及任务职责安排等；ROI 分析计划主要说明如何分离数据、转化数据、进行收益评估等。

案例

CRM 项目 ROI 预测

一家金融机构计划购买和部署客户关系管理软件，使公司客户经理与主要客户保持定期的联系与交流。经过对内部需求的初步分析，该公司决策层认为有必要通过咨询公司来部署 CRM 项目从而实现这个目标。

CRM 项目的内容包括：

对公司需求的系统归纳和全面描述；

选择适当的 CRM 软件系统；

为软件的应用进行必须的实施工作；

对公司人员的理念培训和操作培训等。

在整个 CRM 项目启动之前，该金融公司要求咨询公司向公司决策层提交该 CRM 项目投资回报水平的预测报告。

首先，咨询人员明确了 CRM 项目的实施将会影响变动的四项业绩指标：

现有购买客户量的增长；

减少客户投诉事件数量；

缩短客户需求响应时间；

提高客户满意度。

许多人对 CRM 项目的积极效果发表了看法，他们认为随着 CRM 系统软件投入使用，公司客户经理可以更加高效地实现与客户的沟通交流，可以很方便地集和管理客户数据，CRM 软件还为管理人员提供了日程安排和活动计划的功能等等。咨询公司从以下几个方面收集了评估意见作为参考依据：

1. 公司内部的软件开发人员。这些人员对应用软件具有丰富的专业知识，因而可以对每个业绩指标在 CRM 软件采用后的预期变化进行有效的预测和估计；

2. 公司的客户经理。作为 CRM 软件的直接使用者，客户经理对 CRM 软件可能对日程工作、业务流程造成的影响，以及业绩指标的变动情况进行估计；

3. 客户公司对 CRM 项目实施的倡导者和其他决策者就希望通过该项目可以实现的收益进行了描述，并对业绩改善的程度进行了估计；

4. 对 CRM 软件供应商进行了调查。

基于主观估计的参考意见很有可能与实际结果的偏差较大，但是金融机构的决策层却希望预测报告中少一些分析，多一些知名专家和专业人士的估计意见。在就数据来源以及价值转化方法等方面进行了反复探讨和协商后，最终达成了以下共识：

1. 根据销售的边际利润率可以很容易地将销售量指标的增长转化为具体货币价值；

2. 客户投诉事件的单位成本可以通过对目前公司内部通行的标准进行适当调整而得，这个数据得到普遍接受；

3. 对于客户需求响应时间因没有做过专门得记录，缺乏必要的数据支持，从而很难对此指标的单位成本进行精确计量，经协商作为无形收益加以分析；

4．对于客户满意度的增长没有普遍接受的通行价值标准，因此将这些指标作为潜在的无形收益进行分析。

收益的指标已经可以从数据采集中加以转化分析，而 CRM 项目的总成本则比较容易计算：软件购买、设备购买、会议场地费用、学习培训的时间成本补偿以及评估成本等。在对 CRM 项目总收益和总成本分别进行预测之后，就可以预测出具体的 CRM 项目投资回报率估计值。

整个预测过程力求简单，运用可以获得的最可靠的数据尽可能迅速完成预测任务。

● **数据采集**

数据采集不仅仅是指事后的数据，还要及时采集 CRM 项目过程中的数据，以确保能够对 CRM 项目及时进行必要的优化和调整。

数据采集按照时间阶段可以分为：CRM 项目过程中的数据采集和 CRM 项目实施后的数据采集。过程中的数据采集，大多围绕 CRM 项目反应与满意度、知识能力；而实施后的数据采集，大多围绕应用与实施效果、业务经营影响等。

数据采集是 CRM 项目评估的基础工作，数据不准确或者没有代表性和时效性，就失去了 ROI 评估的意义。在项目实施后的数据采集中要特别注意实施前后的差别。

数据采集包括很多方法，在这里只作一些简单介绍：调查问卷、访谈、项目现场观察、测试与评估来评估知识能力、企业经营业绩监控等。调查问卷与访谈是数据采集的主要方式。

案例

调查问卷范例

CRM 项目对工作绩效的预期改善效果

作为该 CRM 项目实施的成果之一，您将采取哪些具体行动对从 CRM 项目中所获得的新知识和新技能加以合理应用？

1.

2.

3.

请您预测一下您的行动对哪些具体业绩指标、收益或业务流程产生影响?

1.

2.

3.

在您作出以上预测之后，请对您所在公司将会从这些变化中获得收益的情况进行估计。将其转换为一年期具体货币价值量为 ________ 元。

您进行估计的依据是什么?

____

您对自己估计的正确性有多大把握?请以百分比表示：

(0% =无把握；100% =肯定，有把握)

● **数据分析**

做数据分析，分三个步骤:分离 CRM 项目的成果、将数据转化为货币价值、计算 ROI。其中，计算 ROI 包括 ROI 计算和无形收益计算。

步骤一：分离 CRM 项目的成果

主要原因在于企业的很多业绩数据，并不是仅仅因为 CRM 项目而引起或促成的。要对 CRM 项目进行评估，必须将因为 CRM 项目而带来的数据变化分离出来，作为评估的基础。

分离CRM项目的成果并非易事,它可以分为工具和人为两部分。运用工具，可以运用企业的趋势图分析,预测正常的值,与 CRM 项目后的实际值进行比较；也可以建立预测模型来对 CRM 项目的收益进行分离。而人为，包括通过项目咨询实施人员、业务部门人员以及管理人员来评估 CRM 项目的作用；也可以引进外部专家或者研究机构进行评估 CRM 项目的收益；当然还可以通过客户来反馈因为CRM项目而产生的影响。

步骤二：对采集的数据进行转换

转化为货币价值表现才能进行投资回报的评估。在数据转化上有一些工具和方法，在具体的评估过程中应该根据实际的数据类型和情况而定。

在转化上，每一单位业务的成本是可以计算的，员工的时间节省是可以转化的，也可以通过项目咨询实施人员、业务部门人员以及管理人员来估计某数据指标的成本或价值。总之，这个转化工作是极富挑战性的。

步骤三：计算ROI

在转化了项目价值后，还需要CRM项目的成本，这个包括直接成本和间接成本。在CRM收益和CRM项目成本出来后，我们就可以计算CRM项目的ROI：ROI=净CRM项目收益（CRM收益－CRM项目成本）/CRM项目成本。

在计算ROI的同时，还需要关注无形收益。大多数CRM项目除了有形的、货币化的收益以外，还会产生无形收益。而且，这些无形收益有时候对企业而言有着极其重要的价值，它们所产生的影响作用与收入增长的影响不相上下。它一般包括：品牌、客户满意度、客户服务改善、客户响应时间提高等。

- **评估报告**

CRM项目评估过程的最后一个步骤，就是将评估活动的成果文件化，并与不同的目标受众进行沟通交流。整个评估报告首先说明评估的过程和步骤，并阐述评估过程的方法论、指导原则、关键概念等，报告的主体将多个评估指标数据通过逻辑性的语言表达出来，从而成为全面评估CRM项目成功度的一份正式咨询报告。

CRM项目ROI评估报告在最终的沟通交流阶段，需要针对不同的目标受众的具体需求，分别撰写合适格式和内容的报告进行交流。

案例

客户投诉项目评估过程

NewTime医院，客户投诉的实际数量逐渐上升，高级管理层认为这种现象已经比较严重，而且这种现象与客户流失率之间存在联系，该医院的客户流失率已经超过行业平均水平。该医院希望通过部署 CRM 项目来分析问题的原因，实施 CRM 解决方案，减少投诉现象，降低客户流失率。

项目概况

名称：预防客户投诉

目标受众：一级、二级管理人员和非管理层员工

持续时间：六个月，包括规划、CRM 项目实施

项目目标：找出客户投诉过多的原因；确定客户投诉现象与客户流失的关系；建议的解决方案以及 CRM 解决方案的实施

项目启动的原因：管理层关于需求分析与评估的指示

协调部门 / 人员：客户关系专员 / 经理

项目目标

员工能够对客户投诉引起重视并对 CRM 项目作出有效的反应；

管理人员能够理解并实施公司有关客户投诉的政策；

员工能够明确那些引起客户投诉的不当行为；

管理人员能够参与调查并讨论有关客户投诉的问题；

客户投诉减少 20%；

客户流失率将降至 20%。

CRM 项目实施过程中的数据采集

访谈

提问

测试

CRM 项目实施后的数据采集

调查

问卷

经营业绩监控

分离 CRM 项目作用

投诉：趋势分析和补充估计

流失：趋势分析、预测、补充估计

将数据转化为货币价值

投诉：投诉事件的历史成本以及专家的意见

流失：外部研究，同行业参照

减少投诉的货币收益

一次客户投诉的价值 =24343 元

与项目相关的年度进展 = 14.8 次投诉

小计：24343 × 14.8 = 360276 元

客户流失率降低的货币收益

流失一次的价值 = 20887 元

与项目相关的年度进展 – 136 次流失事件（预防）

小计：20887 × 136 = 2840632 元

CRM 项目的成本

软件费用、设备费用、实施费用等（本案例不再详细列表）

总计：277987 元

第一层成果项目反应与满意度

总体满意率：4.11/5

93%的管理人员提供了 CRM 项目执行计划

第二层成果知识能力

项目实施前测试平均分 51 分

项目实施后测试平均分 84 分（提高了 65%）

成功的技能实践示范

第三层成果关键问题

96%的管理人员召集了员工 CRM 会议并完成了会议记录

通过对非管理层员工的调查，发现了显著的行为变化：4.1/5

第四层成果业绩指标

客户投诉问题的绩效	CRM 项目前一年	CRM 项目实施一年后
客户投诉的总成本	1655000 元	852000 元
客户流失率（年度数值）	24.2%	19.9%

ROI 计算

ROI = 项目净收益 / 项目成本 = （(2840632 + 360276 − 277987) /277987）×100%=1051%

无形收益

客户满意度的提高

公司形象的提升

压力的减轻

4）**评估原则与技巧**

指导性原则

项目评估可以促使 CRM 解决方案达到更高的水平

如果一项评估用于较高层次，那么较低层次不必过于复杂

对高层次所需的数据必须来源于低层次

至少用一种方法分离 CRM 项目的作用

如果 CRM 项目参与者没有提供进展情况数据可以认为无进展

为防止估计错误，应当对绩效提升的估计进行调整

ROI 计算不应当用极端的数据和缺乏合理支持的结论

对于短期 CRM 项目，ROI 计算必须只使用第一年的收益

ROI 分析中，应当全面确认 CRM 项目成本

- **评估技巧**

提前对 CRM 项目评估进行计划

将评估融入 CRM 实施过程

不同角色分担项目评估任务

运用样本选择需要详细分析的项目

数据分析和收集过程中应用合理的估计

培训评估项目人员评估的能力

简化报告过程

运用项目管理软件

摘要

本节首先讨论了对于CRM项目评估的误解，同时围绕案例阐述了CRM的ROI定义和方法，并基于不同的案例进行了CRM项目评估过程的详细分解。

思考

23.1 CRM项目能够进行评估吗？

23.2 如何评估CRM的投资回报率？

23.3 CRM项目的ROI评估相关指标有哪些？

23.4 评估一个CRM的投资回报率的过程是怎样的？

23.5 CRM项目的ROI评估有哪些原则和技巧？